陕西师范大学学术著作出版基金资助出版

道家哲学与古代文学理论

高起学 著

中国社会科学出版社

图书在版编目（CIP）数据

道家哲学与古代文学理论/高起学著．—北京：中国社会
科学出版社，2009.3
ISBN 978‐7‐5004‐7484‐5

Ⅰ．道… Ⅱ．高… Ⅲ．道家—哲学思想—关系—古典
文学—文学理论—研究—中国 Ⅳ.B223.05 I206.2

中国版本图书馆 CIP 数据核字（2008）第 211544 号

责任编辑 罗 莉
责任校对 石春梅
封面设计 毛国宣
技术编辑 李 建

出版发行 中国社会科学出版社
社 址 北京鼓楼西大街甲 158 号　　　邮 编 100720
电 话 010—84029450（邮购）
网 址 http://www.csspw.cn
经 销 新华书店
印 刷 北京新魏印刷厂　　　　　　　装 订 丰华装订厂
版 次 2009 年 3 月第 1 版　　　　　印 次 2009 年 3 月第 1 次印刷
开 本 880×1230 1/32
印 张 9.625　　　　　　　　　　　插 页 2
字 数 231 千字
定 价 23.00 元

作者简介

高起学　男，汉族，1927 年生，原籍山西省万荣县，共产党员。1949 年至 1952 年，在天津河北师范学院中文系上学，1952 年底转入北京师范大学中文系学习。1953 年大学毕业后，留校在中文系做研究生，师从黄药眠先生攻读文艺学。1955 年研究生毕业后，被分配到西安师范学院中文系从事教学工作。历任助教、讲师、副教授、教授。硕士研究生导师。曾任陕西师大中文系文艺理论教研室主任，"全国马列文艺论著研究会"理事。是"全国文艺理论研究会"会员。

多年来，从事文艺理论、古代文论的教学与研究工作。在教学方面，讲授过《文学概论》、《文艺学专题讲座》、《马列文论》、《古代诗论》、《古代文论》等课程。在科研方面，先后在《文艺研究》、《人文杂志》、《陕西师范大学学报》、《西安晚报》、《陕西戏剧》等报纸杂志上，发表了《文艺的真实性与理想性》、《巴尔扎克的世界观与创作》、《李白杜甫诗歌主张异同漫议》、《皎然的诗味说》、《马克思论艺术生产与精神文明》、《悲剧形象应该多样化》、《毛泽东独树一帜的诗论》等学术论文三十余篇,有的文章被收入《美学文学论文集》、《马列文论研究》等书,《对马克思主义人性观的几点理解》一文,获"1981年陕西省社会科学研究优秀成果奖"二等奖,曾与教研室其他同志一起编写了《文学理论常用术语简释》一书,由陕西人民出版社出版。

传略见《中国当代艺术界名人录》第五卷上册,又见《中国教授名录》,海天出版社 1988 年出版。

目　录

自 序

一

　　中国古代文学理论，是中国古代文学家、文学理论批评家对文学创作、文学欣赏以及各种文学现象的认识和总结。中国古代的文学理论，有自己产生的土壤，有悠久的历史传统，有自己的名家，有各种形态的理论著作，有自己特殊的范畴、概念和理论体系。这些，构成了中国古代文学理论的民族特色。

　　一种文学理论、文学思潮、文学流派的形成，总是与特定时代的政治、经济、哲学、道德、宗教等分不开的。综观中国古代的文学理论，能够形成体系并对后世发生了深远影响的有三家，即儒家、道家和释家。儒家以孔孟为代表，重视文学的社会政治作用，强调言志、载道，尚实用，重功利。道家以老庄为代表，他们谈道论德，融宇宙人生为一体，在这些玄虚的论述中，触及了文学艺术的本质、特征、规律等一些重要问题，他们的思维方式，与艺术的审美思维相契合，这就形成了重审美、重艺术的一派。释家是外来的思想文化，它既是一种宗教，又是一种哲学，一种理论。它自从汉代传入中国，就与中国传统的思想文化，特别是道家的思想文化在一定程度上结合了起来，对中国的文学和文学理论产生了深远的影响。

儒家和道家，是中国土生土长的传统的思想文化。在先秦，儒道和其他各家，竞相争鸣，自由发展。自汉武帝"罢黜百家，独尊儒术"以后，道法诸家几乎被视为异端，而儒家的思想一直占统治地位，历来受到学者们的重视，研究成果也富。道家的哲学、美学、文学思想没有受到应有的重视，事实上道家在这方面的影响是巨大的、深远的。老庄虽然没有直接谈论文学创作和文学理论批评，但他们在谈哲学、政治、道德、养生等问题中，却更深层次地接触到一些美学和文学问题，在对社会现实和文学艺术的否定中，包含着对文学理论的深刻启示，他们对文学现象比儒家有着更为本质的理解。在先秦，以老庄为代表的道家的美学观、文学观，与以孔孟为代表的儒家的美学观、文学观，可以说是双峰对峙，二水分流，都是中国文学和文学理论产生和发展的重要源头。儒家的文学思想中的积极因素，对中国文学和文学理论固然产生了重大的影响，构成了中国文艺传统中主导的一面，但是其中保守的成分却禁锢着文学艺术的发展。道家的美学、文学思想则对儒家的美学、文学思想体系起着冲击和解放的作用。可以设想，如果没有道家强调的精神自由、超功利、重审美的文艺思想的追求，那么，中国的文学观念始终被束缚在儒家的明道、征圣、宗经、美刺、教化这些范畴内，艺术和艺术美学就不会有如此重大的成就和发展。因此研究道家的哲学、美学和文学思想及其对中国古文论的影响就有着重要的意义。

二

研究道家哲学对古文论的影响，主要是研究老庄哲学对古文论的影响。道家本是以老子和庄子为代表的学派。"道家"之名始见于西汉司马谈《论六家之要指》。其文称道家为"道德家"，列为九流之一。道家创始人为春秋末年的老子。他著有《道德经》，亦称《老子》。据《论六家之要指》所载，老子之后有杨朱，其学说是主张"重生"、"贵己"、"全性葆真，不以物累形"，反对墨子的"兼爱"、"尚贤"和孔子的伦理思想。杨朱之后，在齐国稷下出现了道家的几个流派，其中有主张"澹然与神明居"的"关尹派"（庄子《天下篇》曾把他与老子并列），有主张"情欲寡浅"、"见侮不辱"、"禁攻寝兵，救世之战"的宋钘、尹文派，还有主张"弃智去己，齐万物以为首"的田骈、慎到派等。这些学派在当时受各家的影响，其学说或杂有墨家的主张，或杂有法家的学说，不完全是道家之旨。例如田骈、慎到派，虽然庄子《天下篇》把他们与道家并列，司马迁的《史记·孟荀列传》说他们"学黄老道德之术"，但他们又倡导"法"和"势治"，主张"抱权处世"、"无为治天下"，要君主持权位之势以行法，所以荀卿又称他们"尚法"，而宋钘、尹文派的主张则与墨家相差无几。老子学说的传承者主要是庄子。《史记》以老庄同传，称庄子"其学无所不窥，然其要本归老子之言"。老子学说经庄子创造性的发展，达到了全盛，所以后世称道家主要是指老庄学派。由于时代的不同，认识的差异，老子和庄子的思想并不完全一致。比如，在矛盾对立及其发展的问题上，清静无为的问题上，他们的认识就存在着差异。由于这些不同，在道家思想就呈现出复杂的现象。

道家思想又是在与儒、墨、法、释等各家相互排斥、相互吸收的矛盾斗争中发展的。由于诸家的世界观和方法论不同，对同一个社会现象就有不同的看法，对医治社会弊病所开的"药方"，自然也就大相径庭，因而各是其是，互相辩难。但由于他们又是同一个社会的意识形态，有着相同或相近的利益和要求，而又互相吸收，互相融合。特别是到了封建社会的后期，儒、道、释的融合成为主要的趋势。例如，明代释德清说："为学有三要：所谓不知《春秋》，不能涉世；不精《老》《庄》，不能忘世；不参禅，不能出世。"(《憨山老人梦游集·说〈学要〉》)。由于这种原因，就使得中国古文论呈现出错综复杂的情况，一个作家，一部作品，往往杂有儒、道、释各家的思想，一个理论概念，如"虚静"，儒、道、释都有相同或相近的看法，这就又增加了辨析道家对古文论影响的困难。遇到这种情况，我就注意了多方面的考虑和分析，以定其主次，辨其正误。

三

在学习研究中，我注意了以下几点：

首先，探讨道家美学文学思想体系。

在先秦，文学创作总的说来是不发达的，对于创作经验的理论概括亦少有，诸子的美学、文学思想一般地说都是在谈论哲学、历史、道德、社会等问题中表现出来的，而且都比较零碎分散，没有系统的美学、文学理论著作，老子、庄子也是这样。后世学者对老庄的研究，大都致力于他们的哲学思想，至于美学和文学思想的研究则比较少，而且对具体问题着眼多，对文学思想体系探索少，使人有难窥全豹之感。鉴于此，本书试图对老庄的文学思想体系作些探索。我们知道道家的哲学核心是"道"，"道"虽然是他们虚构出来的，但它却包含了自然、社会、人生许多有价值的东西，给文学及其理论以宝贵的启示。从这一情况出发，我们认为道家的文学思想体系，也仍然是围绕着"道"展开的。以道为中心，以直观体知为基本思维方式，以自然论、虚静论、形神论、言意论为主要内容，以对现实的批判和对理想的追求为归宿，形成了对后世文学文论影响很大的道家文学思想体系。如果顺着这个思路去探索、去理解，那么，他们关于美学、文学方面的见解及其内在联系，或许就较为易于掌握了。

其次，把老子和庄子对后世文学及其理论的不同影响加以区别。

老子是道家哲学的创始人，他把"道"提高到宇宙本体论的高度来认识，大大超过了殷周以来"道"的概念，在哲学上对后世的影响很大，但在美学和文学思想方面的影响却不如庄子。老子对后世文学思想的影响，大都是间接的启示，而直接谈论的却很少。庄子则不同，他是孔子之后，同孟子一样，从事文学活动的重要人物。所不同的是，孔孟文学活动的对象是《诗三百》，这是前人创作的结晶，孔孟多从社会学和鉴赏论的方面进行阐释。而庄子文学活动的对象，是自己的散文、寓言，着眼点是自己的精神感受，因而他们对后世的影响，主要是在创作方面。由于老子和庄子的这些不同，所以后人对老庄的研究，着眼点也就不同，在美学、文学思想方面往往重庄而轻老。本书试图加强对老子美学和文学思想的探讨，以便全面了解道家文学思想。

最后，研究的原则。

道家的哲学、美学和文学思想，作为中国传统的思想文化，内容丰富，源远流长，对中国文学艺术的发展，民族特色的形成，起到了重大的作用，是中国思想文化一宗宝贵的遗产。这宗遗产又是过去时代的产物，打着时代的阶级的烙印，正确和错误并存，精华和糟粕互见。根据这一情况，我们认为在研究上必须坚持马克思主义批判继承的原则，科学地加以整理，作为建设具有中国特色的马克思主义文艺理论借鉴的思想材料。那种忽视或蔑视中国传统思想文化，盲目崇拜西方近现代某些哲学、美学、文学的态度和做法，是我所不取的。反之，不加分析批判地宣扬传统思想文化中消极有害的东西的行为，也不敢苟同。我们认为只能以科学的态度和方法去对待它。

一种文艺思潮，一个理论观点的出现，不是孤立的现象，而是有其经济的、政治的、文学传统的等外部和内部的原因。本书探讨道家哲学对中国古文论的影响，力图与外国文艺现象中有关之点联系起来，通过分析比较，定其优劣，也试图看看现在我国文艺领域内所出现的新现象，所取得的新成绩，与道家的哲学、美学、文学思想有什么关系，探其源，究其实，对其作出科学的评价。

第一章 道家之道

　　"道"是老庄哲学的核心，也是他们所有思想的基础，老庄的政治、道德、历史、美学、文学诸观念，都是与"道"紧密联系在一起的。因此，要了解老庄哲学思想对中国古代文学理论的影响，首先就要弄清楚老庄的"道"。

一　"道"的概念

　　"道"在中国哲学史上是一个古老的概念。早在殷周时期，人们就谈论着"天道"、"人道"的问题，这里的"天道"有两个含义，一是指主宰着一切的有人格的"神"即上帝，一是指日月星辰等天体运行的过程。前者是唯心主义的天道观，后者是唯物主义的天道观。唯心主义的天道观，被殷周奴隶主统治者作为神权统治的工具，如《书·汤诰》："天道福善祸淫，降灾于夏。"《国语·周语下》："吾非瞽史，焉知天道？"这里的"瞽史"是专门传达上帝旨意的使者。到了春秋末期，周天子大权旁落，这种社会变动反映在观念形态上，则是以上帝为中心的宗教迷信的"天道观"开始动摇，人们赋予"天道"以朴素唯物主义的内容，如周内史叔兴认为宋国境内落下陨星和"六鹢退飞"的异常现象，是"阴阳之事，非吉凶所生也"，并指出"吉凶由人"(《左传·僖公十六年》)。吴国伍子胥说："盈必毁，天之道也。"(《左传·哀公十一年》) 越国范蠡说："天道皇皇，日月以为常。"(《国语·越语下》) 郑国子产更把"天道"和"人道"对立起来，以"人道"否定"天道"，他说："天道远，人道迩，非所及也。"(《左传·昭公十八年》) 这些都表现了人们思想认识上的进步。

"道"在中国哲学史上是一个极为复杂的概念。各家各学派"道"的含义互不相同。就先秦说，孔子所说的"道"，其自然观指的是"天命"，其社会内容如"仁"，则指的是奴隶主阶级的政治主张和原则，他所说的"道不同不相为谋"(《卫灵公》)等就是这样。墨子的天道观则是"天志"，其社会内容如"兼爱"、"非攻"、"非乐"、"节葬"等，则是小生产者的政治主张和理想。法家的"道"则另有内涵，如韩非说："道者，万物之所然也，万理之所稽也。"(《解老》) "所然"，即事物自身的规定性，是使该事物成其为该事物的东西，即自然变化的规律。就社会内容说，他提出的"法、术、势"，则是指新兴地主阶级的治国驭民之术。道家的"道"，则是宇宙的本体，其社会内容则是农民小私有者的思想意志。不仅各家各派的"道"含义不同，就是同一家同一学派，在不同历史时期和不同人那里，含义也不尽相同。就儒家来说，孟子的"道"不同于荀子的"道"，董仲舒的"道"与扬雄的"道"迥异。唐宋时期，古文家的"道"与理学家的"道"大相径庭。为什么"道"会有如此大的歧义呢？因为不同的哲学家、思想家所处的时代和社会条件不同，立场观点不同，思维方式不同，代表的阶级阶层的利益不同，因而所标举的"道"的含义也就不同。

"道"的本义是"路"。《说文》释之云："道，所行道也，从行，从首。"这段话的前一句，是说道是人行走的路。"从行"，是说路是人走出来的，正如鲁迅所说："其实地上本没有路，走的人多了，也便成了路。"（《故乡》）"从首"，是说人们走路要靠眼睛和耳朵辨别方向，注意障碍，而眼睛和耳朵是长在头上的，所以从首。这是从文字学的角度来揭示"道"的本意。

"道"的进一步引申发展，则是指事物的法则、规律。因为路一旦形成，行人就必须共同遵守，如果胡行乱走，就要碰钉子，吃苦头，因而"道"就超越了本义而具有法则、规律的意义。这一法则、规律体现在自然方面就是所谓"天道"，体现在社会方面就是所谓"人道"，即人事或社会规范。随着自然、社会及科学的发展，"道"的含义就日益复杂了。哲学史上所谈的各种"道"，虽然都是属于哲学的概念，并用同一个文字符号"道"来表示，但其内涵却相当复杂，因为只有具体的分散的"道"，没有固定的统一的"道"。只有老子才把"道"上升为哲学的最高概念，视为宇宙的本体，形成了以"道"为核心的道家思想体系。

二　道家之"道"

道家论道，当首推老子。老子是春秋后期的哲学家，道家的创始人。老子姓李名耳，字伯阳，又称老聃，楚国苦县（今河南鹿邑东）厉乡曲仁里人，曾任周朝管理藏书的史官，后见周朝衰微遂退隐，著有《道德经》，亦称《老子》。庄子名周，生活在战国中期，宋国蒙（今河南商丘东北）人，曾做过蒙地方的漆园吏。他继承和发展了老子的哲学，成为道家学派的代表人物。《史记》以老庄同传，称庄子"其学无所不窥，然其本归于老子之言"。由于庄子所处的社会环境不同，他对老子的"道"有所发展，但其基本观念却是一致的。

老庄的"道",内容丰富,名称不一,根据他们的阐释,其主要特征有以下几点。

(一)"道"是太初浑朴状态的物质实体

老子对于"道"作了这样的描述:"有物混成,先天地生。寂兮寥兮,独立而不改,周行而不殆,可以为天地母。吾不知其名,强字之曰'道',强为之名曰'大'。"(《老子》第二十五章)这就是说,在天地未辟之前这个浑沌的实体就存在着,它独立自在,任何外界因素都不能干扰它、改变它。它迷漫宇宙,充斥六合,无所不包,无所不在。它没有声音,没有形体,没有名称。老子没有办法叫它,给强起了个名字曰"道",曰"大"。在老子看来,道是不可以名称,不可以用语言文字表达的,能够用语言文字表达的就不是真正的道("道可道,非常道")。又说:"知者不言,言者不知。"(第五十六章)既然永恒的常道不能用语言文字表达出来,那么人们何以知道"道"呢?老子还是用五千言把它表达了出来,所以后人对这点颇有质疑。白居易在《读老子》中说:"言者不知知者默,此语吾闻于老君。若道老君是知者,缘何自著五千文?"这确是老子不能自圆其说的矛盾。

庄子继承了老子的主张,对"道"的特征作了这样的描绘:道"自本自根,未有天地,自古以固存","在太极之上而不为高,在六极之下而不为深,先天地生而不为久,长于上古而不为老"(《大宗师》),"六合为巨,未离其内;秋毫为小,待之成体"(《知北游》)。这也就是说,"道"在天地未辟之前的洪荒时代就独立地存在着。它自本自根,无形无为,大至六合,小至秋毫,无所不在。正因为它迷漫宇宙,总括一切,庄子也把它叫做"大"。他说:"夫道,覆载万物者也,洋洋乎大哉!"(《天地》）庄子也认为"道"不可以用语言文字表达，他说："夫大道不称，大辩不言。"又说："道昭而不道，言辩而不及。"（《齐物论》）这也就是说，"道"是不可以用名字来称呼的，也不是用语言文字能够说清楚的，否则，就不是真正的"道"了。

（二）"道"又是"有情有信"的精神实体

"道"作为太初浑沌的实体，是物质性的，还是精神性的？老庄的看法似乎不同。老子说："有物混成"，又说："'道'之为物"，这就是说道是一种物。这种物"惟恍惟惚"，"其中有精；其精甚真，其中有信"（第二十一章）。这里所谓的"精"，指的是细微之物，即极为细小的粒子状的东西，而这种极为细小的物质像空气一样，不是耳目所能直接感觉到的，正如老子所形容的："视之不见，名曰夷；听之不闻，名曰希；搏之不得；名曰微。此三者不可致诘，故混而为一。"（第十四章）正是这样无数的极细微的物质构成了整体的"道"。对于这样道体的特点老子反复用形象的语言加以描绘，说："其上不皦，其下不昧，绳绳兮不可名，复归于无物。是谓无状之状，无物之象，是谓惚恍。迎之不见其首，随之不见其后。"（第十四章）"皦"是明亮，"昧"是黑暗。一切具体的东西，光线照射到上部就明亮一些，光线照不到的下面就黑暗一些，而"道"却不是这样，它是通体透亮的，是"无状之状，无物之象"，似有似无，似隐似显，呈现为恍惚的状态。老子用了许多玄奥深邃的字眼，如"冥"、"幽"、"湛"、"希"、"微"、"寂"等来形容"道"，使"道"成为难以捉摸的东西了。

庄子对"道"的这一特征也作了描绘。他说："夫道，有情有信，无为无形；可传而不可受，可得而不可见。"（《大宗师》）"视乎冥冥！听乎无声。冥冥之中，独见晓焉；无声之中，独闻和焉。故深之又深，而能物焉，神之又神而能精焉；故其与万物接也，至无而供其求，时骋而要其宿。"（《天地》）庄子对"道"的认识，一方面与老子是相同的，认为"道"与万物接，即以物的形式显示，它有形有状，在冥冥之中能够看到形象，听到和声。另一方面，又说"道""有情有信"，神而能"精"，这样就赋予"道"以精神的实体，使"道"神秘化了。所以在"道"的性质上老庄的认识有所不同。老子认为它是物质实体（"道之为物"），而庄子则认为它是一种精神实体（道"有情有信"），老庄对"道"认识上的这种差异，就使得后人对"道"的理解众说纷纭。

（三）"道"是产生宇宙万物的总根源

老子说"道"："先天地生，……可以为天地母。"（第二十五章）又说："天下有始，以为天下母。"（第五十二章）道不仅产生了天地，也产生了万物，老子说："道者万物之奥"（第六十二章），"渊兮，似万物之宗"（第四章）。老子还进一步描述了这个产生的过程，他说："'道'生一，一生二，二生三，三生万物。万物负阴而抱阳，冲气以为和。"（第四十二章）"一"在道家哲学中指的就是"道"，因为在老子看来，道是"无物之象"的精气，浑然一体地存在着，所以道就是"一"。"一"与"道"在老子的哲学中经常当作同义词，如："天得一以清"（第三十九章），"圣人抱一为天下式"（第二十二章）等，其中所说的"一"就是道。"道生一"就是道产生自己，即"自本自根"之意。"一生二"，就是说在道的浑一体中，存在着两种矛盾的因素，这两种矛盾的因素，分化为两种对抗的力量，即阴阳二气。"二生三"即阴阳之气互相矛盾运动的结果产生了新的第三者。这第三种新生物，又"负阴而抱阳"产生了万物，而"道"

本身却没有别的东西可以产生它、影响它。所以老子说："吾不
知谁之子，象帝之先。"（第四章）这也就是说，"道"是先于上
帝而存在的，这样对造物主的新解释，就动摇了上帝创造世界的
神话。老子的"道"论，虽然还不能说是彻底否定了殷周以来
以上帝为中心的神权观念，但却可以说它是从古代信仰人格神和
巫术迷信的世界观，到后来唯物主义世界观的一个过渡阶段和中
心环节。正因为这样，老子的"道"，一方面无所不能，具有产
生万物的伟大力量，其作用同"神"非常类似；另一方面，它
发生这些作用，又完全是无目的、无意识的，不同于人格化的
神，这就使得后人对老子的"道"既可作这样的理解，又可作
那样的理解。

　　庄子对"道"的作用也作了论述，他说："道者，万物之所
由也，庶物失之者死，得之者生，为事逆之则败，顺之则成。"
（《渔父》）这似乎是说道是物质的，道生万物，万物的生存发展
都要顺物自然，这同老子的看法是相一致的。但另一方面，他又
认为"道""有情有信"，"神鬼神帝"，这样就把"道"解释成
为一个人格化的天帝了。这一观念庄子在《知北游》中说得更
明确，他说："物物者非物。"既然产生和支配万物的不是物质
的东西，那就只能是精神的东西了。这样，庄子所说的"道"
就具有唯物主义和唯心主义二元论的性质了。

　　道生万物，也就是"无生有"。老子说："天下万物生于有，
有生于无。"（第四十章）这里的"有"是有名有形之物，"无"
是无形无名之物。"道"是由后者所构成，它虽然无形无名，但
产生着天地万物。在这里老子是把"无"与"虚"作为同一概
念使用的。他说："'道'冲，而用之或不盈。"（第四章）"冲"
训为"虚"，即是说，道体是虚状的，但它却能发挥无穷的作
用。他作了个比喻："天地之间，其犹橐籥乎！虚而不屈，动而

愈出。"（第五章）这就是说，天地之间是虚状的，但万物却从这虚的状态中蓬勃生长，可见这虚空中却存在着物质的矛盾运动，含有无穷无尽的创造因子。老子在这里把物质的无形无状的"无"与空虚乌有的"无"有时混淆起来了。他说："有之以为利，无之以为用。"（第十一章）并举例说：器皿中间空虚的地方才可以盛东西，起了器皿的作用。老子这里说的器皿中间空虚部分的"无"，是什么东西也没有的，而不是隐形的物质的"无"，并且把这一种的"无"说成比"有"更为根本，这就造成了理论上的漏洞。庄子正是利用老子理论上的这个弱点，对"有产生于无"作了唯心主义的理解，他说："古之人，其知有所至矣。恶至乎？有以为未始有物者，至矣，尽矣，不可以加矣。其次，以为有物矣，而未始有封也。其次，以为有封焉，而未始有是非也。是非之彰也，道之所以亏也。"（《齐物论》）庄子所谓"古之人"就是指认识最正确的人，这样的人认为世界最初空虚无物，后来有了物，随之有了名词概念，再后来就有了是非。是非观念的明确化就意味着"道"的完整性遭到了破坏。庄子把"无"理解为"空虚无物"，这样就把"无生有"解释成为精神产生物质，回到上帝创造一切这个唯心主义的老命题上来了。

（四）"道"是宇宙运动的总规律

"道"不仅是宇宙的本体，万物的总根源，也是宇宙间万事万物运动的总规律。老子说："执古之道，以御今之有。能知古始，是谓道纪。"（第十四章）"道纪"就是道的规律。道体虽然不为我们所认知，但它作用于事物所显示出来的规律，却是我们所能感受到的，这规律就是"独立而不改，周行而不殆"。老子说：道曰大，"大曰逝，逝曰远，远曰反"（第二十五章）。无名氏在《道德真经解》中释之曰："强名曰大，惟其大也，故能涉天下之用，无所不往；穷四海之物，无所不往，所以曰逝；无所不至，所以曰远；道至于远，故返以复初，而使终而有始，以周行，此所以远曰返也。"这种周而复始循环不已的规律，实际上是老子以直观的方式观察宇宙间日月星辰运动而得出的结论，并用"大"、"逝"、"远"、"反"来描绘"道"，道生万物，万物死灭后，复归于道，周而复始，循环不已，这是宇宙运行的总规律。至于各个具体事物，也还有自己运行的规律，但这些规律必须服从"道"这个总规律，这些具体的特殊的规律，老子把它们叫做"德"。"德"是"道"落实在自然和社会人生层面上的具体化。老子说："孔'德'之容，唯'道'是从。"（第二十一章）这就是说，具体事物的规律是受这个总规律支配的，老子又说："天之道，损有余而补不足。人之道，则不然，损不足以奉有余。"（第七十七章）这"天之道"、"人之道"都是自然界和社会人生的具体规律，都是"道"的一部分，服从"道"的总规律，所以"老子五千言"又称作为《道德经》。

庄子看到了万事万物都处在"无动而不变，无时而不移"的运动中，但这个运动仍然是"道"在主宰着，一切事物得到了"道"就生，失去了"道"就死，办任何事情，顺应"道"就成功，违逆了"道"就失败，这样，"道"就成了支配一切事物的总规律。在这里，庄子对"道"的总规律表现了认识上的矛盾，一方面，他继承了老子的朴素唯物主义观点，认为道是物质自身的矛盾运动所体现出的规律，例如，他在《齐物论》中谈天籁时说："夫天籁者，吹万不同，而使其自己也，咸其自取，怒者其谁耶！"这是说风是自己在吹，并不是有什么外在"怒者"使它发出声音，这样就似乎否认了人格化上帝的存在；但另一方面，他又相信有一种精神力量在冥冥中主宰着人的命

运，这又把主宰事物发展的规律神秘化，走上了唯心主义的
歧途。

三 "道"的产生及老庄对"道"认识上的异同

老子的"道"是他从观察宇宙万物运动的规律中虚构出来
的。老子生活的时代，奴隶社会已经进入末期，新的封建生产关
系正在形成发展，在这个社会大变动的历史时期，奴隶主和奴
隶、奴隶主和新兴的地主阶级，以及奴隶主与农民、自由民之间
存在着尖锐复杂的矛盾。阶级的对抗和冲突，带来了许多前所未
有的虚伪、残暴和罪恶等现象。面对着这一现实，诸子百家都从
不同的立场和态度出发，认识现实，著书立说，解决矛盾，探求
出路。儒家的孔子，站在代表社会前进力量的方面言谈行事，老
子则站在代表社会落后力量的方面著书立说。老子看到一切罪恶
的现象都是"文明社会"发展所引起的，而人们对物质生活和
精神生活的享乐追求，都是违反人的自然本性的，要消除文明社
会所带来的种种罪恶，就要停止对物质的和精神的享乐追求。为
了解决这一矛盾，老子以直观体知的思维方式，对宇宙万物进行
了观察思考。他看到大自然并没有有意识、有目的地去追求什
么，但却无形中完成了一切，达到了目的。因此老子以自然为蓝
本，建构了自己哲学体系的核心——"道"。

从老子建构他的"道"来看，老子的宇宙观是直观的唯物
论，他的思维方法是自发的辩证法，他的认识论是超验的认识
论。所以他的"道"在实际中是不存在的，是老子虚构出来的。
虽然如此，它却是老子观察自然和社会所得；它虽然还不是科学
的抽象，但它却是老子亲身体知的结晶，其中包含了许多有价值
的经验；它虽然是虚构的，但却并非虚幻，而是有很强的现实内

容。所以当道家把"道"作为客体来探讨它的特征时，这中间有许多符合实际的认识给后人以深刻的启示。

由于老子哲学内部存在着矛盾，所以后人对它就有着不同的理解和发挥，或者继承它、丰富它、发展它、改造它；或者篡改它、损伤它、利用它。生活在战国时期的庄子，虽然是老子哲学的继承者，道家学说的集大成者，但由于他所处的历史条件不同，认识问题的思想方法不同，因而他的"道"的含义与老子就不完全相同。

庄子同老子一样，都是从本体论的意义上谈"道"，认为"道"是太初就存在着的一个浑沌而恍惚的实体，自本自根，迷漫宇宙，充斥六合，产生天地万物，有自己运行的规律。老子认为"道"是形而上的，不可名状，落实到社会人生层面上就是"德"。庄子不同于老子的是，他认为"物物者非物"，"道"作为一种精神，可以产生天地万物和鬼神。庄子不同于老子的地方，还在于对"自然无为"的认识，正如范文澜所说："老子主张无为，目的在于有为、无不为，主张任自然，目的在于效法自然规律来治国、驭众、固位、保身。庄子以'物（人）不胜天'（《庄子·大宗师篇》）为中心思想，说无可奈何的叫做命，不可违离的叫做天。他把无为说成是无是非，无成败，无梦醒，无生死，无空间（'天地并'）、时间（'无古今'），一切归于无；把任自然说成弃绝人世，学做浑沌，不视不听不食不呼吸，回到无人类的世界里去。"［《中国通史简编》（修订本）第一编］庄子不同于老子的地方还在于：如果说老子的"道"体现在社会人生上，流露出一种冷漠感，那么庄子的"道"体现在社会人生上，表现出对精神绝对自由的追求，不论其积极方面或消极方面，都这样或那样地与美和文学艺术的内在审美特征有着更多的契合。

老庄"道"的内涵虽然不完全一致，但其基本内容和主导倾向却是一致的。这种相同点和不同点都构成了老庄哲学美学文学思想及其对后世影响的复杂性。

四 "道"对中国古文论的影响

"道"是老庄一切思想的基础，也是他们文学思想的基础。但是"道"又是形而上的，不为人所感知。为了解决这一矛盾，老子又让它落实到社会人生层面，通过具体事物显现出来，是谓"玄德"。而社会事物千姿百态，纷纭复杂，但总其归途，不外乎物质现象和精神现象这两个方面。文学理论属于精神现象，但它又与物质现象紧密联系在一起，因而"道"对文学理论的影响又是多方面的，涉及文学的本质、特征、社会作用、产生发展的规律，等等。"道"对中国古代文学理论的影响，简要而概括地说主要表现在以下问题上：

它开启了人们审美认识活动的广阔天地。老子构想的"道"，动摇了上帝创造一切的神权观念，还原于万物生长发展的自然性，不论是物质的还是精神的，其特点和规律，都应该到其本身中去寻找，而不是从神的观念中去探求，这样就把艺术的审美活动，作为人们的社会问题来思考，使人们对艺术这一认识世界的特殊思维活动，进入一个新的历史阶段，特别是庄子强调了"道"的精神因素，幻想打破时空界限，超越现实中一切"物"的障碍，而获得精神的绝对自由。这种自由虽属幻想，但它却表明，道家对作为精神现象的审美和文学活动的实质有着更深刻的理解，道家的文学思想更接近文学本身的特点和规律。

"道法自然"。道的这一特点启示人们，为人处事要"顺物自然"，不背谬，不妄为。文学艺术要自然真实，不矫揉造作，不因袭模仿。"道"的这一无目的而又合目的、合规律、合法则的特征，与艺术创造的合目的、合规律、合艺术法则的特征相合，艺术创造如果违背了这个特点和规律就要失败。

清静无为的政治主张，谦卑退让不争的处世哲学和道德观念，对后世的隐士文学以及超功利、宿命论的文学思想，产生了深远的影响。

"文源于道"说。"道"是宇宙的本体，万事万物的总根源，一切物质的和精神的东西都是由"道"派生出来的，文学理论是一种精神现象，也概莫能外。从这一原理出发，后世的文论家探索文艺起源的时候，把它归之于道，归之于自然之道或理念之道，刘勰的文道观、司空图诗学的本体论、朱熹等人的"理"式说，都不同程度、不同侧面地受到了这一理论的影响。

美丑观。老庄从"道"出发，认为真、善、美都包含在"道"中，体现了"道"的事物，就真就善就美，违背了"道"的事物，就假就丑就恶。"道"是大美，完整而不可分割，谈局部就破坏了"道"的大美。老庄从反对文明社会的立场出发，处处揭露和批判文明社会中与真、善、美对立的现象，强调美和艺术的超功利性，这与儒家维护文明社会，强调真、善、美的统一，强调美和艺术的功利目的，形成了鲜明的对照。

物化论。机械唯物主义者让主体统一于客体，主观唯心主义者让客体统一于主体，都没有正确处理主客观的关系。辩证唯物主义者既承认主体对客体的反映，又承认主体对客体的主观能动性，两者是辩证的统一。道家主张人和自然的统一，又强调纯任自然。在人和自然的统一中，由物我同一，到物我两忘，这种最高的境界就是所谓的"物化"，庄子所说的"蝴蝶梦"就是这种境界。这种理论，对后世的创作心理学有着深远的影响。

艺术方法。老庄都处在奴隶社会向封建社会过渡的时期，面对着这一现实，他们一方面对新旧统治者的智巧伪诈、巧取豪夺进行了深刻的揭露和批判，这种精神，对后世的批判现实主义文学发生了很大的影响。另一方面，他们对巨变的现实，虽然感到不满，而又无能力去改变，只好逃避到理想的王国里去寻求精神安慰，这又影响到后世的浪漫主义。他们的哲学中有许多辩证法的因素，特别是老子，如难和易、祸与福等。这些因素相互对立，相互依存，相互转化，导向积极的成果，自然也有消极的因素。庄子思想中虽然不乏辩证法因素，但他把辩证法中对立的因素发展到了极端，成了相对主义甚至成为诡辩。老庄哲学中的这些辩证法因素，被后世文学、文论家所继承，并经艺术实践和经验的积累，总结出一整套艺术表现中的辩证法，如浓与淡、情与景等，丰富了艺术创作的方法和技巧。

人性观。道的归真返朴，使老庄对阶级社会里人性的异化进行了尖锐的批判，他们要求人们从儒家的礼乐教化的束缚中解放出来，回复到人的自然本性。这种人性的复归，影响到后世的文论，其积极方面，是暴露统治阶级及其意识对人们的毒害，要求人们保持纯真朴素的人性，要求文学艺术表现和赞美这种人性；其消极方面，是抹煞了人的社会性，表现了复古倒退的历史观。

虚静与构思。"道"是"虚无"的，人们何以把握"道"？曰虚静。老庄认为，人们靠实践认识的方式是不能把握"道"的，而要认识"道"就要靠静观玄览的方式去领会，也就是庄子所说的"心斋"。道家的这种认识方式对作家创作中的构思有着重要的意义。作家创作进入构思阶段后，就要像体道之士进入"心斋"一样，排除感官所接受的外界事物的一切干扰，保持虚静状态，内视内听，专心致志，潜心默想，只有这样，才能天机顿开，思路畅通，迁想妙得，佳句纵横，进入创作的最佳境界。

"道"的恍惚与形象思维。老庄认为"道"是无状之状、无物之象，不可触、不可闻、不可见，这与艺术中的意象、意境，以及创作过程中的形象思维是相通的，后世的诗文论家谈意象、意境以及什么象外之象、境生象外等，大都是由此得到启发并立论的。

形神论。对形神关系的认识和处理，是中国哲学史上一个重要的问题，亦是道家哲学中一个重要的范畴。老子主张形神合一，强调养生；庄子重神轻形，强调养神。形神问题发展到魏晋，玄学家曾展开一场大辩论。这一哲学命题影响于古文论的，是关于人物形象和性格的创造。文学家、文论家或强调形似，或强调神似，或强调形神兼备，各有轩轾。

言意论。老庄认为"道"不能用语言文字去表达，只能"意致"。老庄的言意观，到魏晋玄学兴盛时，曾引起一场大辩论。道玄的言不尽意论被引进古文论，就是后来诗论家所标榜的"韵外之致"、"不着一字尽得风流"等玄虚空灵的美学原则。它虽有缺点，但标志着艺术审美理论深入发展了一步。

文质观。道家崇尚质朴，反对"残朴以为器"（《庄子·马蹄》）。儒家注重文饰，要求文质彬彬。道家主张自然之质与自然之文相统一，儒家强调社会之质与礼乐文饰相一致。儒道两家的文质观是对立的，道家虽然对儒家的"文灭质，博溺心"的观点进行了批判，但儒家对中国传统文化的继承、创造和发展所起的作用，却远远超过了道家。

道与手法技巧。中国艺术创造有两种美：一是天然美，一是人工美。前者渊源于道家，后者以儒家特别是以荀子为宗。道家主张"法自然而为化"，荀子主张人为的作用。体现在艺术审美中，前者重天然美，后者重人工美，李白的诗属于前者，杜甫的诗则代表了后者。这二者又不是绝对对立的，所谓"巧夺天工"即是人工创造达到了天然美的境界。

意境论。道是浑朴而不可分割的整体，"浑全之境"就是道的境界，"大象无形"就是道的境界的形象和说明。道的这一特征被引进文学文论，则要求诗文的境界开阔，气象浑沌，词理意兴，无迹可求，这是意境美的上乘。

道家哲学对古代文论文学的影响是深广的、多方面的，上面所谈，只是简要地勾画出一个轮廓，后面将分章加以论述。

第二章 自然论

　　自然无为是老庄哲学的一个根本观念，这个观念是基于现实而产生的。老庄目睹春秋战国社会的动乱，厌恶统治者庸碌浮华和社会风气的虚伪巧诈，于是面向天地、怀抱自然。他们发现寂寞无为是天地万物的根本特性，也是医治社会弊端的一剂良药，于是主张法天贵真，崇尚自然，厌弃物欲，反对伪诈，这便形成道家的自然观和社会观。这些观念对后世的文学艺术及其理论批评产生了深远的影响。

一 老庄的自然观

（一）"道"与"自然"

　　"自然"这一观念在老庄哲学中占着特别重要的地位，老庄的哲学常被称为自然的哲学。那么，自然和老庄的道是什么关系呢？老子说："人法地，地法天，天法道，道法自然。"（第二十五章）对于这句话王弼解释说："道不违自然，乃得其性。法自然者，在方而法方，在圆而法圆，于自然无所违也。"（《老子注》）可知"道法自然"，这不是说在"道"之外还有个自然，"道"要遵守它，而是说，"道"以它自身固有的内在矛盾为依据，决定着自身的存在和发展，自由自在，毫不勉强，不受外界任何力量的支配和影响。所以这里的"自然"一词，不完全是指客观存在的自然界，而主要是一个修饰语，是老子用以形容"道"的具体状态的，所以这里的"道"与自然的含义是完全一致的。老子认为，"道"不仅本身固有的特性是自然，而且它对待万物也是自然。不仅道法自然，而且天、地、人都要法自然，顺任它自身的状况，自然地发展。因为在老子看来，事物就具有内在的可能性，自然地自由地发展，不需要外在的意志和力量去干预它。人也是这样。老子说："悠兮其贵言。功成事遂，百姓皆谓：'我自然。'"（第十七章）这就是说，为政治国理民，不要政令的干涉，而让百姓自然而然地做，功成事遂，人民感到是自我发展的结果，自由自在，"百姓皆谓自然"。老子说："'道'生之，'德'畜之；长之育之；亭之毒之；养之覆之。生而不有，为而不恃，长而不宰，是谓'玄德'。"（第五十一章）这就是说，道虽然生长万物，但它却无目的，无意识，不居功，不自傲，不主宰，不占有，让事物顺着自己固有的特性去发展，这就是"道法自然"的根本含义。

与此不同，西方的天主教，也宣扬上帝创造世界，创造人类，但它不像"道"那样，"生而不有，为而不恃，长而不宰"，让事物自然地发展，而是要主宰一切，让事物根据自己的意志行事，否则，就要在上帝面前祈祷忏悔，甚至要受到惩罚。教徒在吃饭时，也要在胸前画十字，默默祈祷表示对上帝恩赐的感谢。所以西方的天主，是人格化的神，与老子的"道"，是两种不同的性质和形态。

（二）非情的"天人合一"

"道法自然"是道家对人和自然关系的认识。人类在长期的生存斗争中，与自然界结成了一定的关系，如何认识这种关系，无论在东方或西方，都是一个古老的命题。人们所处的时代不同，以及立场、观点和学派的不同，因而对这个问题在认识和处理上存在着很大的差异性。

儒家持人本主义思想，一方面讲"厚生"、"利民"，即从物质生活需要方面认识和处理人与自然的关系；另一方面，讲"比德"，即从精神需要方面来认识和处理人与自然的关系，孔子所谓"智者乐水，仁者乐山"（《论语·雍也》），荀子所谓"夫水，大遍与诸生无为也，似德"（《荀子·宥坐》）等，就是以"比兴"的思维方式，把自然山水与人的精神品质加以比拟象征，以获得精神上的慰藉。儒家从仁政思想出发，认为自然和人类、天道和人道息息相关，要求伦理意义上的人符合伦理本原的天，达到天与人的统一。这种"天人合一"说在孔子那里并不完全以神学的面目出现，例如他说："天何言哉？四时行焉，百物生焉。"（《论语·阳货》）他对殷周以来的天命观持有保留的态度，而与道家的自然观倒是一脉相通。但孔子又提出了"畏天命"，这就为唯心主义留下了地盘。到了战国时期的思孟学派，则进一步提出了"天人感应"说，把自然与人的关系神秘化。后来董仲舒强调"天人之际，合而为一"（《春秋繁露·深察名号》），以至东汉发展成为谶纬之学，更具有了封建迷信色彩。到了宋代，理学家程颢更认为"天人本无二，不必言合"（《二程全书·语录》）。理学家从"理"、"性"、"命"方面论证"天人合一"，把儒家的"天人合一"说推到了极致。

道家持朴素的自然主义思想，他们谈人与自然的关系，旨在从大自然的观察体悟中求得人类存在之谜的解答，探求人的生命价值和护生养神之道，以求得精神的解脱，即便是宇宙，道家的着眼点也是宇宙为我所用。所以道家的"天人合一"说是自然

的人合自然的天。这是一种非情的自然观。这一点老子说得很清
楚。他说："天地不仁，以万物为刍狗。"（第五章）这就是说，
天地不过是一个物理的自然现象，并不具有人类的感情，不以偏
私好恶掺杂其间，任凭万物自然地生长发展。他还说："天道无
亲，常与善人。"（第七十九章）这并不是说，有一个大公无私
的人格化的"神"去帮助善人，而是说善人遵循自然的规律行
事，所以能够得到好的结果。老子把天道和人道加以区分，认为
"天之道，损有余而补不足。人之道，则不然，损不足以奉有
余"（第七十七章），人道应该效法天道，人类应该回归自然，
达到天人合一。

庄子继承和发展了老子纯任自然的思想，提出了人应该齐
同万物，顺物自然的主张。他在《大宗师》中提出："知天之
所为者，知人之所为者，至矣。""故其好之也一，其弗好之也
一。其一也一，其不一也一。其一与天为徒，其不一与人为
徒。天与人不相胜也，是之谓真人。"（《大宗师》）这就是说，
天与人总是合一的，不管人承认不承认，喜好不喜好，都是合
一的。能够认识到天人合一，并顺应着自然生存、行事，就与
自然同类，否则，知人而不知天，把自然和人对立起来，就与
人同类。与天同类，就是所谓"天和"，"庸讵知吾所谓天之
非人乎？所谓人之非天乎？"（《大宗师》）庄子在《齐物论》
中也提出"天地不仁"的思想，并说："天地与我并生，而万
物与我为一。"所谓的"天"是自然性的天，"人"是自然本
性的人，以自然本性的人，合自然本性的天，人与自然，息息
相关，天人一体，亲和无间。在天人一体中，庄子更强调的是
天，他说："无以人灭天"（《庄子·秋水》），认为一切人为，
都是对自然的损害。庄子认为要达到天人合一的境界，只有
"真人"、"全人"才能做到。他在《天下篇》中说："不离于

宗，谓之天人。"又说："介者侈画，外非誉也；胥靡登高而不惧，遗死生也。夫复谓不馈而忘人，忘人，因以为天人矣。"（《庚桑楚》）他认为通达生命实情的人，"弃事则形不劳，遗生则精不亏。夫形全精复，与天为一。"（《达生》）庄子甚至认为只有昆虫鸟兽，才能与天然契合。他说："唯虫能虫，唯虫能天。"（《庚桑楚》）他把鸟兽看得高于人类，人类要归返自然，只有恢复人的动物本性才能做到，这样就否定了人的社会性，为后来文学上的自然主义开了先河。

（三）清静无为的政治主张

"顺物自然"的思想表现在社会问题上，就是老庄提出的"清静无为"的政治主张。"清静无为"是老子从社会现实的观察中所得出来的。他看到由奴隶社会进入封建社会后，产生了种种虚伪、丑恶、残暴的罪恶现象。统治者智巧伪诈，生活奢侈，道德堕落。他们为了一己的利益，肆意伸张权欲，挥霍享乐，为害百姓。人民承受着物质的和精神的压力，生活在水深火热之中。老子说："天下多忌讳，而民弥贫；……法令滋彰，盗贼多有。"（第五十七章）他尖锐地指出："朝甚除，田甚芜，仓甚虚；服文綵，带利剑，厌饮食，财货有余，是为盗夸。"（第五十三章）这是老子给贪暴者的画像。面对着这一社会现实，儒家进行仁义礼智的说教，而老子则认为孔子所提倡的仁义道德不但无益，而且有害，指出："大道废，有仁义；智慧出，有大伪。"（第十八章）为了消除政府的暴虐，人们的纷争，战争的祸害，人民的痛苦，老子提出了"清静"、"无为"的主张，要人们取法道的自然性和自发性，清静无为；要求统治者不要以法智巧诈治国，不要干涉人民的生活。他说："'道'常无为而无不为。侯王若能守之，万物将自化。"

（第三十七章）又说："我无为，而民自化；我好静，而民自正；我无事，而民自富；我无欲，而民自朴。"（第五十七章）在老子看来，由政府到人民只要都能清静无为，一切罪恶的社会现象就会消失，社会和平安宁，一切目的就会达到，"悠兮其贵言。功成事遂，百姓皆谓：'我自然。'"（第十七章）若暴政扰民，那就像"飘风不终朝，骤雨不终日"（第二十三章），政权就维持不了多久。

庄子继承了老子的这一思想，也主张无为而治。他在《刻意》中说："恬淡寂漠虚无无为，此天地之本而道德之质也。故圣人休焉，休则平易矣，平易则恬淡矣。平易恬淡，则忧患不能入，邪气不能袭，故其德全而神不亏。"庄子认为圣人能本着恬淡寂漠无为之道行事，这样的生活和思想是美的。他在《在宥》中说："故君子不得已而临莅天下，莫若无为。无为也而后安其性命之情。故曰：'贵以身为天下，则可以讬天下；爱以身为天下，则可以寄天下。'故君子苟能无解其五藏，无擢其聪明；尸居而龙见，渊默而雷声，神动而天随，从容无为而万物炊累焉。吾又何暇治天下哉！"意谓君子要治理天下，就要采取"无为"的做法，加强自身的修养，摒弃圣智巧诈，使民安其性命之情，自然而然地步入轨道，天下就可以大治。

对于"清静"、"无为"，《淮南子·修务训》曾经这样解释：清静无为不是"寂然无声，漠然不动，引之不来，推之不往"，"所谓无为者，私志不得入公道，嗜欲不得枉正术，循理而举事，因资而立，权自然之势，而曲故不得容者。事成而身弗伐，功立而名弗有"。这就是说，清静无为，不是什么事情也不干，无所作为，而是顺任自然，不强作妄为，有国者不要以"私志"、"嗜欲"去治国理民，不要超越客观现实而轻举妄动，不违背事物发展的规律而贪功冒进。事成之后，不居功，不骄傲，使百姓不感觉到政府力量的干扰，而是自我力量发展的结果。《淮南子》发展了老庄"无为"的思想，强调了"无为"不是消极的行为，而是积极的行动，强调人们只要不违背自然规律行事，便没有什么事情做不成，这无疑符合老庄无为的精神，也是对"无为""无不为"主张的强调与发展。

　　老庄自然无为的思想体现在社会政治问题上有积极的一面，它对稳定社会秩序、发展生产、安定人民生活都曾起过重要的作用。例如，汉初实行黄老无为而治的政策，经济得以恢复和发展，学术思想活跃，百姓安居乐业，国力大盛。唐初也是这样，在政治和经济方面休养生息，发展生产，国富民安。在学术思想上，儒、道等并存，自由发展，学术思想空前活跃，体现了道家"无为而治"的积极因素，正如李白在《古风》中所描述的："圣代复元古，垂衣贵清真。"当然，这种无为而治的思想也有消极的一面。"道法自然"是老子从自然界观察中所得出的结论。自然生命的活动，在它的生长变化形成的过程中确实有"无为"而又"无不为"的特征，显得既是合乎必然的，又是自由的，合乎目的的。但老子把这一现象概括为宇宙间的根本原则，并把它运用到社会政治上，这样就使这一哲学命题带上了颇为神秘的色彩，否定了人在改造自然、改造社会过程中的主观能动性，使人消极地被动地顺从自然，做自然的奴隶。更有甚者，"无为"思想包含着一种愚民政策，像老子所说："不贵难得之货，使民不为盗；不见可欲，使民心不乱。……常使民无知无欲。"（第三章）"使民无知无欲"，实际上就是要熄灭人民群众的生活欲望，这与儒家的"民可使由之，不可使知之"是同一思想，就是要把群众变成群盲，由圣哲贤人任意支配。这一思想就为后来宋代理学家"存天理，灭人欲"的反动说教开了先河。

（四）退让不争的道德观念

老庄"顺物自然"的思想表现在道德上，就是强调自隐、谦让、卑柔、不争、敦朴。老子说："'道'生之，'德'畜之；长之育之；亭之毒之；养之覆之。生而不有，为而不恃，长而不宰，是谓玄德。"（第五十一章）这就是说，人们的道德行为要像日月普照，大地承载着万物那样，生长抚育，满足他们的要求，公平对待，有的也给予灾害，但为而不依赖，生而不占有，长而不主宰，这种道德行为是高尚的。道家爱以水作为道德品质的象征。老子说："上善若水。水善利万物而不争，处众人之所恶，故几于道。居善地，心善渊，与善仁，言善信，政善治，事善能，动善时。夫唯不争，故无尤。"（第八章）老子赋予水以美好的性格，用水比喻具有上德的人，如果实行了这种道德规范和涵养，在上者无欲，在下者不争，国家就会太平，社会矛盾就会解决。这是老子为解决社会弊端而开的"药方"。这种道德的和政治的说教是老子著书立说的根本目的所在，不过这种说教是空想的，根本不可能实现。

有人说，无为、退让、不争，是"弱者的哲学"，完全是消极的。其实并非如此。无为、退让、不争，表面上看来是消极的，被动的，其实它包含着积极、主动的因素，也就是说，它包含着"柔能克刚"、"后发制人"的权术思想，无怪乎有人说老子是个阴谋家。这话虽然说得有些刻薄，但这种观念确也包含着这样的思想因素，后世有些政治家如曾国藩等，就从老子那里吸取了斗争经验，玩弄权术，表面上谦卑、退让，实际上却潜伏、伪装，暗里窥测方向，伺机而动，后发制人，克敌制胜。这种斗争的策略和方法，与老子的这一思想有着千丝万缕的联系，这也是老子哲学思想不同于庄子哲学思想的一个重要的方面。

二　自然无为与文论

（一）"文源于道"说

在老庄看来，"道"与"自然"本为一体，而"道"是产生天地万物的总根源，文学和文论作为一种精神现象，当然也是由"道"（自然）派生出来的。刘勰就是持这种观点的理论批评家之一。他像老庄把"道"作为"天地之母"一样，把文学产生的根源也归之于"道"。他在《原道》篇中，开宗明义说："文之为德也大矣，与天地并生者何哉！夫玄黄色杂，方圆体分，日月叠璧，以垂丽天之象；山川焕绮，以铺理地之形；此盖道之文也。仰观吐曜，俯察含章，高卑定位，故两仪既生矣。惟人参之，性灵所钟，是谓三才。为五行之秀，实天地之心，心生而言立，言立而文明，自然之道也。"这里刘勰谈了"天文"、"地文"、"人文"，前二者是"道之文"即自然之文。那么"人文"是不是"道之文"呢？也是。在刘勰看来，人与天地并生，是"五行之秀，天地之心"，"心生而言立，言立而文明"，所以"人文"的产生同样属"自然之道"。不过刘勰把人文的产生归之于圣人深通神明之理的结果，这当然是错误的。不过从他所谈的人文的产生以及他一再强调的"自然之道"来看，他的美学思想与道家的自然观是相通的，他强调"文源于道"，说明宇宙间的"形文"、"声文"、"人文"无一不是自然形成的。他用这一美学思想来反对和矫正齐梁时期文学创作中所表现的淫靡文风和形式主义倾向，从而使文学创作走向健康的发展道路。刘勰的这一动机，在《文心雕龙·序志》篇中说得很明确："盖文心之作也，本乎道。"这里的"道"，虽然包含了"自然之道"的因素，但主要指的是儒道。在刘勰看来，齐梁不正确的文风是社会问题，要矫正这种文风使之淳朴自然，还要靠儒道，所以他说"矫讹翻浅，还宗经诰"，这表现了刘勰文学思想的复杂性。

司空图的文道观也是建立在老庄哲学基础上的，不过他的"道"的内涵，更多地带有魏晋玄学家王弼的思想色彩。司空图在《二十四诗品》中把"道"与诗美结合起来加以描绘说明。如"由道返气，处得以狂"（《豪放》）、"忽逢幽人，如见道心"（《实境》）、"俱似大道，妙契同尘"（《形容》）等。在这些"道"的含义中，有个别的概念包含了强烈的社会政治内容，如在《悲慨》一首中说："大道日丧，若为雄才"，表现了司空图为李唐王朝的没落崩溃发出的哀鸣。除此而外，"道"的含义大都是指"自然之道"，与道家之道，含义基本相同，司空图对自然的诗美还专门写了一首诗并加以描绘说明："俯拾即是，不取诸邻。俱道适往，著手成春。如逢花开，如瞻岁新。真与不夺，强得易贫。幽人空山，过雨采蘋。薄言情悟，悠悠天钧。"（《自然》）司空图认为诗要写得自然，就要不用典，不追求工律，不矫揉造作，不把话说尽，这才有玩味咀嚼的余地，就像幽人隐居空山，雨后采蘋那样悠闲自得，出于自然；也像花开岁新一样，自然而来，自然而往，毫不勉强。否则苦心孤诣地强写硬写，就必然要"夺"，要"强得"，这样的诗，就难免失之真实，诗味贫乏，削弱艺术效果。而要避免这些弊病，司空图认为还是要从根本上下功夫，即"俱道适往，著手成春。"庄子在《天运篇》中说："道可载而与之俱也。"老庄认为道本身就是自然，既与道俱而再适往，自然无所勉强，如画工之笔一样，信手绘成灿烂之春。司空图对"自然"的描绘和说明，都是道家精神的体现，甚至有些词语，如"天钧"、"妙契同尘"、"泠然希音"、"超以象外，得其环中"、"畸人乘真"等，都是从老庄和魏晋玄学那里引进的，共同组成了司空图的诗歌美学。

（二）诗文的自然美

"诗贵自然"。这是中国古代的诗文论对诗文美的基本要求。魏晋时的阮籍强调"五声有自然"（《阮籍集·乐论》）嵇康也强调"自然之和"（《嵇康集校注·声无哀乐论》），他们以老庄的自然观反对名教，开创了一代"正始"文风。南朝的刘勰也追求"文法自然"，认为"雕削取巧，虽美非秀矣。故自然会妙，譬卉木之耀英华"（《文心雕龙·隐秀》）。差不多与刘勰同时，钟嵘也倡导"自然英旨"，反对形式主义文风。因为"永嘉"时，一些诗人受黄老思想的消极影响，虚谈玄理，忽视形象思维，"理过其辞，淡乎寡味"（《诗品序》）；有些人在创作中过于用事用典，讲求声病。针对这些形式主义的诗风，钟嵘提出"自然英旨"的主张，并通过汤惠休评颜、谢诗曰："谢诗如芙蓉出水，颜如错采镂金。"（《诗品》卷中）倡导自然平易的诗风，反对雕琢摹拟之弊。至于唐代的诗仙李白，不仅在理论上倡导"清真"、"自然"的诗风，更通过写作实践，创造了大量优秀的诗篇，把这种诗风推向了极致。

倡导自然文风的诗人和批评家，在受道家自然观的影响中，受庄子"天籁"、"天乐"的影响尤为突出，唐李德裕的"自然灵气"说，司空图的"自然"、"造化"说，宋苏洵的"风水相遭"说，苏轼的"随物赋形"说，以及明清时袁宏道等人的"信心而出，信口而谈"、"自然工妙"等各种不同的主张，都与老庄的"天籁"等审美思想一脉相通。宋包恢说得更明确具体："古人于诗不苟作，不多作。而或一诗之出，必极天下之至精……有穷智极力之所不能到者，犹造化自然之声也。盖天机自动，天籁自鸣，鼓以雷霆，豫顺以动，发自中节，声自成文，此诗之至也。"（《答曾子华论诗》，《敝帚稿略》卷二）宋黄彻论述了自然与雕镂文风之不同时说:"坡云:'辨才诗如风吹水,自成文理。吾辈与参寥,如巧妇织锦耳。'取况亦类此。渊明所以不可及者,盖无心于非誉巧拙之间也。"(黄彻《䂮溪诗话》卷五)。清代以天籁论诗者更多,李重华说:"庄生所云'天籁'者,言为心声,人心中亦各俱窍穴,借韵语发之。其能者自然五言六律,与乐相和,此即'吹万不同'之谓也。"(李重华《贞一斋诗说·诗谈杂录》七十二),黄遵宪云:"十五国风妙绝古今,正以妇人女子矢口而成,使学士大夫操笔为之,反不能尔。以人籁易为,天籁难学也。"(《山歌题记》)这些诗文论家的论述,都说明了老庄自然的审美思想对中国古代诗文创作和理论批评的影响。

创作怎样才能达到自然美?

文学创作尽管是一种复杂的精神活动,但总其归途,不外是感物、吟志两个方面。"诗以自然为尚"这一审美特点,要求诗文在创作中,从感物到吟志,即从表现的对象到诗人表情达意的方式,都要符合自然的要求。

首先,从主观表现上说,作家对客观事物引起的感受,必须任情放性,信口而发,抒发真感情、真思想,情真意切,发乎自然,不能无病呻吟,矫揉造作。要做到"诗来寻我",而不能强迫自己"有意作诗"。有这样一首词:"少年不识愁滋味,爱上层楼。爱上层楼,为赋新词强说愁。而今识尽愁滋味,欲说还休。欲说还休,却道天凉好个秋。"(辛弃疾《丑奴儿·书博山道中壁》)抒情主人公以自己的切身体验,说明了情感与诗的关系。少年时本无愁,为了赋诗而强说愁,为文而造情,不真实、不自然,写不出好诗。经历了一番人生的坎坷与困顿,愁肠百结,感情悲凉,而要赋诗,却又无可奈何,无话可说,只好言不由衷地说了一句淡话。可见没有感情,就没有诗,感情太强烈了，也没有诗，只有痛定思痛，把感情赋诸形象，使情与象有机地统一起来，才能成为好诗。

　　然情志有高下之分，通塞之际，文有佳庸之别，只有思路畅通，才能率口成章，写出佳作，正如刘勰所说："率志委和，则理融而情畅；钻砺过分，则神疲而气衰。"（《文心雕龙·养气》）作者只有理通情畅，才能肆口而发，写出自然美的诗文。苏轼谈创作时，也强调要率真自然。他说："夫昔之为文者，非能为之为工，乃不能不为之为工也。山川之有云雾，草木之有华实，充满勃郁而见于外，夫虽欲无有，其可得耶！"（《江行唱和集序》）苏轼谈自己的创作经验说："吾文如万斛泉源，不择地而出，在平地滔滔汩汩，虽一日千里无难。及其与山石曲折，随物赋形而不可知也。"又说："大略如行云流水，初无定质，但常常行于所当行，常止于不可不止，文理自然，姿态横生。"（《答谢民师书》）苏门四学士之一张耒也主张写诗要有真情实感，自然抒发。他在《东山词序》中说："文章之于人，有满心而发，肆口而成，不待思虑而工，不待雕琢而丽者，皆天理之自然，而性情之至道也。"到了明代，前后七子强调复古、拟古，因袭、模仿之风很盛，使诗文创作走向歧途。而李贽则针对七子之弊，主张文学创作要真实自然。他说："且夫世之真能文者，比其初皆非有意于为文也。其胸中有如许无状可怪之事，其喉间有如许欲吐而不敢吐之物，其口头又时时有许多欲语而莫可所以告语之处，蓄极积久，势不能遏，一旦见景生情，触目兴叹；夺他人之酒杯，浇自己之垒块；诉心中之不平，感数奇于千载，既已喷玉唾珠，昭回云汉，为章于天矣，遂亦自负，发狂大叫，流涕恸哭，不能自止。"（《杂说》，《李氏焚书》卷三）在李贽看来，作者只有对生活有了真感受，抒发了真感情，表现了真性情，并能使文章"结构之密，偶对之切；依于理道，合乎法度；首尾相应，虚实相生"，就会写出"天下之至文"。在李贽的影响下，袁宏道在谈弟中道的诗文创作时说："大都独抒性灵，不拘格套。非从自己胸臆流出，不肯下笔。有时情与境会，顷刻千言，如水东注，令人夺魂。"（《序小修诗》）这些经验表明，作家只有把感于外而形于中的思想感情信笔抒写，随物赋形，自然流泻，如水东注，这样的诗文，才会有自然真实之妙。当然这样的佳作，得来并非容易，而是从艰苦磨炼中得来的，正如王安石所说，"成如容易却艰辛"，"凡构思，当于难处用工，艰涩一通，新奇迭出，此所以难而易也"。上述各家的论述，都强调了写诗应该以"兴"为主，有感而发，不矫揉造作，才能创造出诗的自然美。

其次，从表现的对象看，作家要把客观生活中美的事物作为感受和表现的对象。因为作家的审美情感不是凭空产生的，而是由客观事物所引起的，所谓"感物起兴"说的就是这个问题。作家如果能把感物后所引起的审美情思和客观事物的本来面目质朴地、本色地表现出来，表里相符，情貌不差，这样的作品便具有自然美。所以"写什么"，对作家自然真实文风的形成有着很重要的意义。魏晋时期的玄言诗之所以枯燥乏味，重要原因之一就是玄言诗人不是把生活中具体感性的美的事物，作为感受和表现的对象，而是谈玄说理，抽象地议论，没有审美的情感和形象，所以不能感人。刘勰批评说："江左篇制，溺乎玄风，嗤笑徇务之志，崇盛亡机之谈。"（《文心雕龙·明诗》）他认为美的根源在客观事物的本身，并列举了龙凤、虎豹、云霞、草木之美，又说："夫岂外饰，盖自然耳。"（《文心雕龙·原道》）钟嵘也批评了玄言诗的"理过其辞，淡乎寡味"、"平典似道德论"。钟嵘还针对当时诗歌创作中"用事"、"用典"等不良风气，提出了"直寻"的主张。在钟嵘看来，诗的特点是"吟咏情性"，它就要以诗人的"即目"、"所见"作为感受和表现的对象，如果能把自己的情感融化于形象之中，造成情景交融、完美和谐的意境，就是"诗之至也"。近人刘师培则明确指出玄言诗这种不正诗风与庄子思想的关系。他说："江左诗文，溺于玄风，辞谢彫采，旨寄玄虚，以平淡之词，寓精微之理。故孙、许、二王，语咸平典，由嵇、阮而上溯庄周，此南文之别一派也。"（见《南北文学不同论》）这就指出了老庄思想对平淡自然文风积极影响的同时，也产生了一些消极的影响。

最后，作家主观的审美感受与客观事物美的天然契合。客观事物中美的因素，如果不能通过作家的审美感受物化在作品中，仍然是一种自然形态的美而不是艺术美；反之，作家主观的审美情思如果不以客观事物为感受的对象和汲取的源泉，那么，他的审美情思也会贫乏和枯竭，只有二者融为一体，才会成为自然真实的佳作。当然，在二者的融合中，作家的审美感受起着主导的作用，这也就是黑格尔所说的"心灵化"（《美学》）。这种融合在中国诗歌美学中是以道家"天人合一"说为基础的，这一点在司空图的诗论中表现得尤为明显。司空图受道玄思想的影响，以"大道"、"真体"等术语表示客观实在的范畴，以"素"、"性"等术语表示主观思想的范畴，主观的素性与客观的道体的契合，自然本性的人与"则天成化"的"天"相融合，道素同体，融合无间，就达到了司空图诗美的最高境界。毋庸讳言，司空图的这一诗学思想，在强调诗的自然美方面有积极意义，但是这一诗学思想却是建立在唯心主义哲学基础之上的。他以老庄对宇宙本体的神秘直观的体知方式认识自然和社会，把道玄的先验论和审美直觉贯通起来，建构自己的诗学理论体系，这种哲学和审美思想体系是不足取的，但他所强调的文学创作中作家的主观与客观相契合，无疑是有积极意义的。

这种作家主观的心灵与被反映的对象相契合的要求，宋人也很强调。苏洵曾以"风水相遭"为喻说："此二物者，岂有求乎文哉？无意乎相求，不期而相遭，而文生焉。是其为文也，非水之文也，非风之文也。二物者非能为文，而不能不为文也，物之相使而文出于其间也，故此天下之至文也。"（苏洵《仲兄字文甫说》）这里他用"水"比喻创作的源泉和艺术修养，用"风"比喻创作冲动不能自己而形于言的一种状态，"是水也，而风实起之"，"是风也，而水实形之"，满而上浮的水，必有待于风的鼓荡，而风的兴起，若无上浮的水，亦难以成文，槃深的根柢与淋漓的兴会两相凑泊，才能自然成文，奇伟美观。清人王夫之也竭力强调这一点，他说："天壤之景物，作者之心目，如是灵心巧手，磕着即凑，岂复烦其踌躇哉！"（《古诗评选》卷五）又说："诗中透脱语自景阳开先，前无倚，后无待不资思致，不入刻画，居然为天地闲说出，而景中宾主，意中融合，无不尽者。……'蝴蝶飞南园'……'池塘生春草'……笔授心传之际，殆天巧之隅发，岂数觏哉？"（《古诗评选》卷四）。

要达到主客观的感触交融，两相凑泊的最佳状态，就是天人一体，即人和自然的契合，而要达到这种境界，就要像庄子所说的那样，要"斋戒"。梓庆之所以能创造出鬼斧神工的"鐻"，就是因为在斋戒中排除了"庆赏爵功"等一切私心杂念，专心致志地进行技艺创造，所以才能制造出自然精美的工艺品，如同姜夔所说的"自然高妙"。在白石道人看来，好诗应该达到四种高妙，即"理高妙"、"意高妙"、"想高妙"、"自然高妙"。所谓"自然高妙"，就是"非奇非怪，剥落文采，知其妙而不知其所以妙"（《白石道人诗说》）。这种说法虽然有点玄虚，实际上就是强调写诗要精思构想，天然自得，文字平易自然，不雕饰藻绘，而又要"句中有余味，篇中有余意"，含蓄隽永，耐人咀嚼，能这样，就达到了"自然高妙"。

（三）"法自然"与文学的情感性

"道法自然"对中国文学艺术摆脱矫揉造作之弊，树立自然清新的文风，发生了重大深远的影响，但同时它也起了一些消极作用，这主要就是道家非情的自然观与文学以情感人的特性相牴牾，因此，有些道家的研究者认为道家否定人的情感，敌视文学艺术。这种说法有一定的道理，但不全面。

我们说它有一定的道理，是因为道家非情的自然观对文学艺术的发展确实不利。老子"天地不仁"的思想，表现在对社会人生的问题上显得冷漠无情。庄子认为"至人无亲"，"至人无情"，又说："圣人不谋，恶用智？……既受食于天，又恶用人！有人之形，无人之情。有人之形，故群于人，无人之情，故是非不得于身。眇乎小哉，所以属于人也！謷乎大哉，独成其天！"（《德充符》）庄子的这一思想，就使得他著作中出现的"至人"、"真人"、"圣人"孤寂冷峻，没有人间的烟火气。就连庄子本人，妻子死了，他还鼓盆而歌，他借秦失吊老聃说："适来，夫子时也；适去，夫子顺也。安时而处顺，哀乐不能入也。"（《养生主》）道家这种纯任自然、排除情感的理论和做法对文学艺术的发展是有害的，文学艺术要以形感人，以情动人，这就要求作家对社会生活中的善恶是非有明确的爱憎感，是其所是，非其所非，从而使文学艺术在社会生活中发挥巨大的教育感染作用，而道家的纯任自然的思想，不仅否定了人在社会发展中的主观能动性，而且也否定了作家对社会生活的责任感，甚至回避社会矛盾，成为明哲保身的庸人。所以道家的这一思想比起儒家的美刺文学思想来要落后得多。儒家许多人对于冷漠无情、明哲保身的态度是否定的。屈原是一位伟大的爱国诗人，忠而被谗，溺身殉国。班固从儒家的保守立场出发予以非议，认为屈原应该"全命避害，不受世患"，"明哲保身"、"斯为贵矣"（班固《离骚序》）。这种错误的态度受到王逸的尖锐批评："且人臣之义，以忠正为高，以伏节为贤。故有危言以存国，杀身以成仁。……若夫怀道以迷国，佯愚而不言，颠则不能扶，危则不能安，婉娩以顺上，逡巡以避患，虽保黄耇，终寿百年，盖志士之所耻，愚夫之所贱也。"（王逸《楚辞章句序》）。道家的非情思想，明显的是与这种精神相背谬的，它必然导致文学社会作用的消解。另外，道家非情的自然观对文学创作中的移情现象也有着消极的作用。人们在心理上常有一种移情现象，心情开朗时，觉得花草树木都在点头含笑；心情抑郁时，觉得山河大地都在凄凉悲愁。"感时花溅泪，恨别鸟惊心"（杜甫《春望》），"春蚕到死丝方尽，蜡炬成灰泪始干"（李商隐《无题》）等，就是因物起情，移情于物的文艺心理现象。对于这种移情现象，主观唯心主义者认为这完全是作家主观精神外射于物的心理活动，与物的本身属性无关。唯物主义的美学家也并不否认作家的主观心灵在移情中的重要作用，但这并不完全是作家的主观心灵外射于物的结果。因为客观事物在不断地变化，不同的事物引起文学家的感受也就不同，这种感受又是与作家社会人生的经验为依据的。"菊残犹有傲霜枝"。天气寒冷，霜降菊残，这本来是一种自然现象，但作者把这种现象与社会人生中那种"富贵不能淫，贫贱不能移，威武不能屈"的反抗性格联系起来，用拟人化、象征化的手法赋予残菊以"傲"的性格品质，这样就使本来无情的菊具有了人的精神品质，这中间，诗人的思想感情、道德品质、人生经验在起着重要的作用。而道家纯任自然的思想，否定了人的感情，因而也就否定了文学的移情现象，使文学成为无情物，文学家以冷漠的态度对待生活，客观地记录生活，那些恶劣的自然主义者正是这样从事创作的。

把庄子说成否定人的感情、敌视艺术也并不十分准确全面。庄子在《德充符》中是说过"至人无情",但是他又说:"吾所谓无情者,言人之不以好恶内伤其身,常因自然而不益生也。"(《德充符》)这就是说人们不要纵情恣欲、劳神焦虑,以致斫伤性灵,而要"常因自然",遮拨俗情,以体悟天地之大美。其实庄子并不完全是一个虚无主义的厌世者,相反,倒是很富于感情的,他的许多寓言故事就说明了这一点,例如庄子在《外物》篇中,以预约"激西江之水而迎子"的美言掩盖斗升之水,比喻监河侯不肯贷粟,深刻地揭露了富人伪善的丑恶本质,表现了贫困者愤怒的呼声。庄子为亡妻"鼓盆而歌",其实是以理代情,不为情累的表现。庄子身处浊世,借解脱死生以求得精神的解放,以扭曲的形式对不合理的社会制度进行了控诉。所以道家非情的自然观,一方面对文学艺术带来了消极的影响,另一方面并不能彻底地否定它,否则,道家特别是庄子对中国文学那么深远的影响就难以解释了。

(四)"无为无不为"对艺术创作的积极意义

道家的这一哲学原则,包含着合目的合规律合法则以及必然与自由相互关系的理解,体现着审美和艺术创造的重要特征。

"道常无为而无不为"(《老子》第三十七章)。老庄认为"道"没有任何目的,但却创造着万事万物,能够达到任何目的;"道"是按照自然的规律运行着,但又不受任何规律的局限,只要按照这个规律行事,没有事情是办不成的。那么人们如何认识"道"而又按照"道"的规律行事?用庄子的话说就是"独与天地精神往来而不敖倪于万物"(《庄子·天下篇》)。自然界万事万物都有其内在的联系,又有其产生发展的规律,人们只要感受、探索、认识这种规律,并按照这种规律行事,就会事成功遂，达到目的，如果人们的主观和客观达到高度的融合，就能最大限度地领受大自然的美，庄子把这种融合称之为"神遇"（《庄子·养生主》）。无独有偶，与老庄差不多同时的古希腊毕达格拉斯学派也曾经提出了"契合说"。这种学说认为："人有内在的和谐，碰到外在的和谐，'同声相应'，所以欣然契合。因此，人才能爱美和欣赏艺术。"（朱光潜《西方美学史》）。毕达格拉斯学派的"契合说"与庄子的"神遇"说，极为相似。

"神遇"说就是在实践中认识"道"，并使自己的主观认识和客观规律相一致，这样就会由必然到自由，进行得心应手的创造。庄子虽然没有提高到理论上进行论述，但却在他的寓言故事中作了多方面生动的描写。他在《达生》中说："善游者数能"，在《天道》中说："得之于手而应于心，口不能言，有数焉存于其间。"这些都说明了"道"是客观存在的普遍规律，这些规律不是不可知的，只要通过不断的实践是可以认识的，人们正是在不断的实践过程中，才能使主观认识与客观规律达到高度完美的统一，只有达到这样的境界才能制造出"以天合天"的完美的作品。

庄子的"神遇"思想对后世文学创作产生了很大的影响。苏轼在《日喻说》中说："南方多没人，日与水居也……夫没者岂苟然哉？必将有得于水之道者。日与水居，则十五而得其道。生不识水，则虽壮，见舟而畏之。故北方之勇者，问于没人，而求其所以没，以其言试之河，未有不溺者也。故凡不学而务求道，皆北方之学没者也。"（《经进东坡文集事略》卷五十七）又说："古之学道，无自虚空入者。轮扁斫轮，伛偻承蜩，苟可以发其智巧，物无陋者。聪若得道，琴与书皆与有力，诗其尤也。聪能如水镜，以一含万，则书与诗当益奇。吾将观焉，以为聪得道深浅之候。"（《送钱塘僧思聪归孤山叙》）在这里，苏轼所讲的"道"比庄子更明确，这就是指事物的客观规律。苏轼以为"道可致而不可求"，人们要认识"道"，只有直接接触客观事物，不断地学习实践才能掌握，如果只局限于个别迹象，或者靠别人间接传授，都不会真有所得。苏轼的这一思想自然是受了老庄"无为""无不为"、"善游者数能"等思想的影响，但却扬弃了其中的神秘性，使这一美学思想更切合文学创作的实际。

"合目的合规律合法则"仍然是今天文学创作所应该遵循的原则。文学艺术所表现的对象是社会生活，而社会生活是人们合目的合规律创造的结果。生活中充满了真善美和假丑恶的矛盾斗争。而生活的本质是实践（马克思语），人们在不断的生产斗争、阶级斗争、科学实验的斗争中，遵循事物本身的规律，促进事物的"新陈代谢"，以达到推动社会向前发展的目的。人类改天换地的壮举，到处都有激动人心的事件，这些事件就是美的生活，理想的生活。席勒说："真正美的东西必须一方面跟自然一致，一方面跟理想一致。"（《西方古典作家谈文学创作》）这种与自然一致、与理想一致的美的生活，正是人们合目的合规律创造的结晶。

文学创作中，作家主体的生活感受对艺术表现有着十分重要的意义，对作品的成败起着关键的作用。在这个过程中，只有作家的创作目的明确，对生活的感受和认识深刻，表现上合乎艺术法则，才能写出优秀的作品。曹雪芹写《红楼梦》的目的就是要把自己所见几个女子的以及自己的生活遭遇表现出来，"编述一集，以告天下"。他对生活的感受和认识是深刻的，"满纸荒唐言，一把辛酸泪。都云作者痴，谁解其中味"。他写《红楼梦》所遵循的，"俱是按迹循踪，不敢稍加穿凿，至失其真"的现实主义原则和方法。正因为曹雪芹的写作是合目的合规律合法则的，所以《红楼梦》成为一部不朽的名著。也有的作家并没有直接表白自己的创作目的，甚至还有的作家否认自己的某部作品有主题，或者作者所表白的与评论家所得出的结论并不完全一致等。这里有各种复杂的原因。但一部成功的作品总是合目的合规律合法则创造的结果，绝不是老庄"无为""无不为"的做法所能造成的，那些标榜创作无目的、潜意识，对生活浮光掠影，没有深刻的感受和认识，在艺术表现上逐奇猎险随心所欲的作家，是不会写出好作品来的，因为它破坏了文学艺术反映生活的规律，自然会受到惩罚。

（五）超功利的文学思想

"无为""无不为"也包含着人生社会价值观念的超功利思想。庄子说："朝彻，而后能见独；见独，而后能无古今；无古今，而后能入于不死不生。杀生者不死，生生者不生。其为物，无不将也，无不迎也；无不毁也，无不成也。其名为撄宁。撄宁也者，撄而后成者也。"（《大宗师》）这就是说，宇宙万物，都在生息死灭，而"道"本身却超然于外，它对于万物，一面有所送，一面有所迎，一面有所毁，一面有所成，在这生死成毁的纷纭繁乱的过程中，"道"始终保持着宁静的态度，所以"道"既是万物之源，又是超然物外的。人如果能心境清明洞彻，就能体悟绝对的"道"，就能超越功利达到"相忘"的生活境界。

道家否定了价值世界，却珍爱作为宇宙一部分的人的自然生命，在人的精神自由中寻找美。他们认为世俗的人们对各种功利欲望的追求，使人受到了物的奴役，失去了生命的自由。他们认为个体生命要获得充分的自由和发展，就必须超出一切功利欲望目的的追求，把人生的得失置之度外。他们从自然的永恒性无限性以及它的合目的性合规律性的统一中，主张过一种纯任自然的生活，如果能达到精神上的绝对自由，这样就有了美。庄子的言行就是这种价值观的体现。据《史记》所载："楚威王闻庄周贤，使使厚币迎之，许以为相。庄周笑谓楚使者曰：'千金，重利；卿相，尊位也。子独不见郊祭之牺牛乎？养食之数岁，衣以文绣，以入太庙。当是之时，虽欲为孤豚，岂可得乎？子亟去，无污我。我宁游戏污渎之中自快，无为有国者所羁，终身不仕，以快吾志焉。'"（《史记·老子韩非列传》）他很鄙视儒家的功利追求，"与物相刃相靡，其行进如驰，而莫之能止，不亦悲乎！终身役役而不见其成功，苶然疲役而不知其所归，可不哀邪！"（《齐物论》）

道家学派甚至以"无用"为美。在他们看来，一个东西如果是有用的，就被功利的桎梏所束缚，失去了自由和美。反之，如果是无用的，就超越了功利的束缚而有了自由，有了美。庄子在《逍遥游》中以栎社树为例，说明被人视为不成材的栎社树，"何不树之于无何有之乡，广莫之野，彷徨乎无为其侧，逍遥乎寝卧其下"。栎社树由于"无用"，才获得了自由，就能达到"乘物以游心"，"以快吾志"的境界。

道家超功利的哲学思想和美学思想有积极的一面，也有消极的一面。肯定人的自由，蔑视卑微的追求功利的思想，为历代进步的思想家文学家所继承和发扬。中华民族传统的审美意识不把物质生活欲望的满足作为审美的标帜，而把精神自由的要求放在首要地位，这种进步的思想家文学家，在中国思想史文学史上比比皆是。晋陶渊明早年曾出仕镇军参军、建威参军，后又任彭泽县令，因不满当时士族门阀把持政权的黑暗现实，不愿为五斗米折腰，赋《归去来辞》，自行归田，与农夫樵夫相处，以躬耕诗酒为乐，过着自由自在的生活。李白也是这样。"李白斗酒诗百篇，长安市上酒家眠。天子呼来不上船，自称臣是酒中仙。"（杜甫《饮中八仙歌》）"拜迎官长心欲碎，鞭打黎庶令人悲。"

（高适《封丘县》）凡是进步的有良知的作家，都表现出蔑视功
名富贵，追求精神自由的性格品德。中国的山水田园文学就是这
种精神的另一表现形式。许多官场失意的文人，既不满黑暗的现
实，又无力改变这种现状，又不愿与统治者同流合污，于是寄情
山水，陶醉自然，写出了大量以山水田园为题材的优秀作品。谢
灵运作为一个门阀士族的失意者，啸傲山林，吟风弄月，诗文表
现了自然美。不过谢的山水诗所表现的与老庄的自然观有所不
同。老庄是要返归自然，人与自然同一。庄子在儒家价值观的境
界之外发现了这样一个人生境界："山林与！皋壤与！使我欣欣
然而乐与！"（《知北游》）而谢灵运则因宫廷斗争失败而寄情山
水。像这一类失意文人士大夫，则往往"志深轩冕，而汎咏皋
壤"《文心雕龙·情采》，其作品思想艺术价值自然要差了。

道家的"无目的"超功利的思想对后世的消极影响也是不
容低估的。儒家的社会思想，虽然主张圣道王功，为封建统治者
服务，是其糟粕；但它还有"杀身成仁"、"舍生取义"、"为民
请命"等同情人民疾苦、敢于正视现实、揭露社会矛盾等思想，
这些无疑有着巨大的进步意义。而道家的超功利思想却导向了另
一条途径，它开启和孕育了后世的唯美主义、为艺术而艺术的美
学思想。在中国古代文学和文论中，从皎然、司空图到严羽、王
士祯等作家，都强调和发展了这一美学思想。他们脱离现实，回
避社会矛盾，漠视人民的疾苦，躲在艺术的象牙塔里从事美的艺
术创造和欣赏。对于那些进步的现实主义作家如白居易等，反而
百般挑剔和嘲讽，这一审美思想与道家的"无目的"超功利的
思想是不无关系的。

（六）宿命论的文学思想

"无为""无不为"的思想，否定了人们改造客观环境的主

观能动性，要人们安于现状，服从命运的安排。庄子特别强调和发展了老子哲学这一消极的方面。他要人们忘记现实的一切差别，把事物都看成等同的。他认为从"道"的观点来看，万物各受于"道"，原属一体；从人的观点来看，则等差立见。要体现"道"，就要把不齐看作齐，这就是"不齐之齐"。他主张对大小、美恶、贵贱、荣辱、是非、黑白等，都不作计较，通过"坐忘"达到"是非双遣，物我两忘"，达到"天地与我并生，而万物与我为一"（《齐物论》）的境界，就可以解脱一切苦恼，逍遥自得，绝对自由。

齐物的哲学思想表现在社会人生问题上就是命运的问题。庄子强调"全性"、"保身"，不为声名货利所役。他强调要服从命运的安排，说："知其不可奈何而安之若命，德之至也。"（《人间世》）"性不可易，命不可变，时不可止，道不可壅。苟得于道，无自而不可；失焉者，无自而可。"（《天运》）意谓人的性是天生的，不可改变的，命运是生前注定的，不可更改的，人们只能服从命运的安排，无可奈何，顺应世俗，随遇而安，做到"全生，保身，养亲，尽年"。庄子在《大宗师》中记载了这样一个故事：

子舆与子桑友，而霖雨十日。子舆曰："子桑殆病矣！"裹饭而往食之。至子桑之门，则若歌若哭，鼓琴曰："父耶！母耶！天乎！人乎！"有不任其声而趋举其诗焉。

子舆入，曰："子之歌诗，何故若是？"

曰："吾思夫使我至此极者而弗得也。父母岂欲吾贫哉？天无私覆，地无私载，天地岂私贫我哉？求其为之者而不得也。然而至此极者，命也夫！"

　　在这段记载中，表现了子桑穷愁潦倒的生活状况及其形成这一窘相的原因。子桑百思不得其解，只能把它归之于命运的安排。子桑的愁怨情绪是通过"歌诗"表现出来的。庄子在《天下篇》中曾说："诗以道志"，认为诗歌是表达思想感情的手段，在"子桑歌诗"中正好体现了庄子的命运观和文学艺术在反映生活表达思想感情中的性质和功用。

　　庄子有时也对命运鬼神产生怀疑，如说："天有历数，地有人据，吾恶乎求之？莫知其所终，若之何其无命也？莫知其所始，若之何其有命也？有以相应也，若之何其无鬼邪？无以相应也，若之何其有鬼邪？"（《庄子·寓言》）这说明命运鬼神，冥茫难测，到底有没有，庄子也说不清楚。

　　如何认识和表现命运鬼神，无论在东方或西方，都是哲学和文学的一个古老的命题。在古希腊，许多悲剧反映的都是人和命运的斗争。这些悲剧，大都取材于神话和传说，多描写理想的英雄人物与命运的冲突，但终究不能挣脱命运的摆布而走向毁灭，例如索福克勒斯的《俄狄浦斯王》、《安戈提涅》就是如此。这一美学思想同古希腊罗马斯多葛派的"顺应自然"、"服从命运"的宿命论观念相响应的。在中国，由于受殷周的"天帝"、巫卜，汉之"谶纬之学"等传统的封建迷信思想的影响，中国文学中表现宿命论思想的作品比比皆是，仅以明清小说而言，如《醒世姻缘传》，叙述狄希陈两世恶姻缘的因果报应，宣扬"大怨大仇，势不能报，今世皆配为夫妻"；如要解怨释恨，只有依仗佛法，忏罪消灾，表现了命运前定的封建迷信思想。甚至像《红楼梦》这样杰出的小说，也摆脱不了金玉良缘前生命定的思想。宿命论思想的形成和对中国文学的影响是多渠道、多方面的，但道家的"无目的"、"顺应自然"的思想无疑是其中重要原因之一。

三　强调"真"、"朴",反对娇饰

自然和真实、质朴相联系,是道家自然观的一个重要方面,它对中国古文学古文论也有着重要的影响。

（一）强调"真"

"道"真实地存在着,它的根本特征是自然。道家特别强调"真"。真就美。老子说:"信言不美,美言不信。"（第八十一章）所谓"信言"就是"真言",是由衷之言。这种真实的言辞是不华美的,老子的这一看法仍然是立足于对文明社会的批判。他认为在文明社会中"真"和"美"尖锐地对立着,往往美丽的言辞后面掩藏着丑恶的思想,老子对此深恶痛绝,所以刘勰说:"老子疾伪,故称美言不信。"（《文心雕龙·情采》）

庄子继承和发展了老子关于"真"的思想,他说:"真者,所以受于天也,自然不可易也。故圣人法天贵真,不拘于俗。"（《渔父》）这是庄子认识到客观世界的变化有其自然的规律,从而总结出具有普遍性的认识。他在《田子方》中写到与魏文侯的一段对话时说:"其为人也真,人貌而天虚,缘而葆真,清而容物。"

道家强调的"真",不只是客观事物和人的外貌的真实,而更主要的是内在的真诚。他说:"若有真宰,而特不得其朕。"（《齐物论》）所谓"真宰"即真君,真我。有的论者认为庄子所说的"真宰"是指"造物主"、"自然"。这种解释不符合庄子的原意。其实庄子所说的"真宰"即真心。心为身的主宰,神为形的真君,所以真宰即真心真我。真我是与假我相对而言的,《齐物论》中所说的"非彼无我","彼"就是真心,没有

真心就没有真我，种种形态形成的我是假我，也就是所谓的
"人貌而天虚"（《田子方》），人们"终身役役"而不知"葆
真"，就得不到"真宰"，所以他要求"吾丧我"，也就是要去除
假我而求其真我，去除虚浮之心而求其真纯之心。有了这种真
心，就是"精诚之至"，就会发之于内而形之于外，情真意切，
感动别人。他说："真者，精诚之至也。不精不诚，不能动人。
故强哭者虽悲不哀，强怒者虽严不威，强亲者虽笑不和。真悲无
声而哀，真怒未发而威，真亲未笑而和。真在内者，神动于外，
是所以贵真也。"（《渔父》）这里庄子所说的"真"，有内有外，
有神有形，只有真于内"而神动于外"，才能感人，庄子所赞美
的"解衣般礴裸"的使者就说明了这一问题。他在《田子方》
中说："宋元君将画图，众使皆至，受揖而立，舐笔和墨，在外
者半。有一史后至者，儃儃然不趋，受揖不立，因之舍。公使人
视之，则解衣般礴裸。君曰：'可矣，是真画者也。'"庄子通过
宋元君肯定这使者，就是因为一个画家，能够突破世俗的见解，
在创作中由内到外展现出自己的个性，自由地驰骋想象，这样的
艺术，才能真而不伪，有自己独特的风格。因为在道家看来，艺
术就是人们与道的境界往来的精神产品。清人方薰《山静居画
论》云："尝有画者之意，题者发之，如蒙庄之形容画史，非深
知画者不能道。"

　　道家强调的"真"不仅是现实主义理论的重要原则，也是
浪漫主义文学创作所恪守的法则，"酌奇而不失其真"（刘勰
《文心雕龙·辨骚》）就说明了这一问题。儒家也强调文学的真
实性，如"修辞立其诚"（《易·乾·文言》），"情欲信，辞欲
巧"（《礼记·表记》）等，但道家把真与道联系起来，强调真与
美的统一，这对于文学的真实性更有着本质的意义。

　　中国古文论的真实性主要体现在两个方面：

　　第一，作家的思想感情要真挚。

　　文学艺术是通过形象反映生活的，而形象是否感人，则要看体现在形象中作者的思想感情是否真挚，这一点，中国古代的作家、理论批评家有着深刻的体会和论述。汉代王充就特别强调"去伪存真"（《论衡》）。陆机说："信情貌之不差，故每变而在颜。"（《文赋》）就包含着对诗文情感真实性的认识。刘勰在《文心雕龙》中有着更多的论述，他说："为情者要约而写真"（《情采》），"真宰弗存，翩其反矣。夫桃李不言而成蹊，有实存也；男子树兰而不芳，无其情也。夫以草木之微，依情待实，况乎文章。"（《情采》）

　　唐宋诗文论家谈真实，是与艺术特征的深入探究联系在一起的。李白深受道家思想的影响，主张"垂衣贵清真"、"清水出芙蓉，天然去雕饰"，这些名句是尽人皆知的。皎然、司空图一奉佛，一崇道，哲学倾向不同，但强调真实则一。皎然说："真于情性，尚于作用，不顾词彩，而风流自然。"（《诗式·文章宗旨》）他把情感的真实放在首位，然后才考虑到构思和表现。又说："失于自然，吾常所病"，"因意成语，语不使意"，强调语言随着思想感情的需要而形成，顺理成章，如果强力为之，意为语使，则繁杂失统，有伤自然。司空图深受道玄思想的影响，连他的语言词汇也多取自道家和玄学家。他论诗论文也特别强调"真"。"是有真宰，与之沉浮"（《含蓄》），"是有真迹，如不可知"（《缜密》），"惟性所宅，真取弗羁"（《疏野》），"绝伫灵素，少回清真"（《形容》）等。这些"真"，有的是指事物的本质，有的是指事物的严密无间等，而最主要是指体现了道的真气、真情，作家有了这种气与情，在创作中就能从"实境"出发而又超越实境，揭示出意象本质的真实，所谓"离形得似"也就是这个意思。所以司空图所追求的真实，是能够体现"道气"的本质的真实，这种真实，似玄虚而实则符合艺术的特征。不过他和皎然一样，都有着脱离现实生活、忽视思想内容的唯美主义倾向。

明清时期的诗文论家谈真实，是与反理学联系在一起的。这一时期，适应着封建统治者中央集权的政治要求，程朱理学家大力宣传封建的伦理道德和心性之学，在文学上虚伪矫饰之风日炽，文学的真实性受到了很大的损害。有识之士如李贽由于受资本主义萌芽时期思想的影响，针对这种不良的文风提出了"童心说"，他所说的"童心"，就是真心，夫童心者，即"绝假纯真，最初一念之本心"（《焚书》卷三）。李贽认为童心不可失，"若失却童心，便失却真心；……人而非真，全不复有初矣。"这种童心说与老子的婴儿说是一脉相承的。老子说："专气致柔，能如婴儿乎？"（第十章）"我独泊兮，其未兆；沌沌兮，如婴儿之未孩"（第二十章），"圣人皆孩之"（第四十九章）。后来庄子也说："卫生之经，能抱一乎？……能儿子乎？儿子终日嗥而嗌不嘎，和之至也；终日握而手不掜，共其德也；终日视而目不瞬，偏不在外也。"（《庄子·庚桑楚》）老子以婴儿为喻，或说明"道"的修养要专心致志，聚精会神，像婴儿一样绝假纯真，才能领会道的奥妙；或说体道之士，淡泊宁静，浑浑沌沌，无思无虑，纯朴天真。这些，都是"道"的特征的体现。老子的婴儿说被李贽借来用以反对当时虚伪的社会风气。但在阶级社会里要保持"人之初"的童心是不可能的，因为"人是社会关系的总和"（马克思语），所以离开人的社会性抽象地谈童心，必然会陷入唯心主义的泥坑。

李贽的"童心说"虽不完全正确，但他反伪求真的思想却被后来许多进步的文学家所接受，公安三袁的"性灵说"、"趣韵说"，就有着代表性的意义。袁宏道说："世人所难得者唯趣"，"当其为童子也，不知有趣，然无往而非趣也。面无端容，目无定睛，口喃喃而欲语，足跳跃而不定，人生之至乐，真无逾于此时者。孟子所谓不失赤子，老子所谓能婴儿，盖指此也。"（《叙陈正甫会心集》）这里袁宏道所说的"趣"和李贽所说的"童心"，其含义虽然不尽相同，但这些形象的比喻，旨在阐明文学创作要去掉虚伪造作，表现出真的感情性灵，这一点无疑是可取的。

文学家要有真情实感然后才能写出好作品，这一点为后来许多文论家所强调。如明陆时雍说："绝去形容，独标真素，此诗家最上一乘。"（《诗镜总论》）金人王若虚、元好问都反对江西诗派对金代文风不良影响而强调情感的真实性。王若虚说："哀乐之真，发乎情性，此诗之正理也。"（《滹南诗话》）元好问说："何谓本？诚是也。……故由心而诚，由诚而言，由言而诗也。三者相为一。"（《杨叔能小亨集引》）他评陶潜的诗说："一语天然万古新，豪华落尽见真淳。南窗白日羲皇上，未害渊明是晋人。"陶渊明以自然真淳的文风独标晋世，元好问借此反讽金代文风虚浮之弊，意在说明作家的真诚在文学创作中的重要性。清人刘熙载亦云："诗可数年不作，不可一作不真。"（《艺概》）文学史上的许多作家都总结了自己的创作经验，认为作家只有写自己真挚的感情，文学形象才能有感人的艺术力量。

第二，真生活对形成作家真思想真感情的重要性。

文学家的真思想真感情不是凭空产生出来的，而是现实生活对作家激发感召而产生的，因此作家只有深入生活，感受生活，才能与被描写的对象息息相关、欢戚与共。汤显祖写《牡丹亭》，当写到"赏春香还是你旧罗裙"时，被作品中的人物所感动，一个人躲进柴棚嚎啕大哭。也如曹雪芹所说："满纸荒唐言，一把辛酸泪，都云作者痴，谁解其中味。"这些作家之所以

能有这样深刻的感情，正是由于对真生活有真实的感受。表里不
一、口是心非，甚至以假象掩盖本质的生活，是不能使作家产生
真实的爱憎感情的。当然，并不是所有的真生活、真感情都具有
同等的意义和价值，只有与历史的进程相一致的真生活、真感
情，才有意义和价值。在真生活基础上所产生的作家的思想感
情，刘熙载把它称之为"真知"。他说，"事莫贵关真知"，有了
真知，作品中才会有"情真、景真、事真、意真"，又说："代
匹夫匹妇语最难，盖饥寒劳困之苦，虽告人人且不知，知之必物
我无间者也。杜少陵、元次山、白香山不但身入间阎，目击其
事，直与疾病之在身者无异。颂其诗，顾可不知其人乎？"（《艺
概》）代匹夫匹妇语之所以"难"，就是因为这些人都是生活中
真实的存在，他们有自己的生活、思想感情、性格、气质、理
想、语言，这些都是具体的，别人不能代替的，正如黑格尔所说
的"这一个"。文学作品要真实地表现他们，作家就要深入他们
之中，和他们同呼吸，共命运，然后才能创造出真实动人的形
象，否则，隔靴搔痒，只会产生出赝品。沈祥龙亦云："词之言
情，贵得其真，劳人思妇，孝子忠臣，各有其情。古无无情之
词，亦无假托其情之词。"（《论词随笔》）这也强调了诗文的真，
在于作家思想感情的真，而作家真挚的思想感情，是受真生活所
制约，由真生活所孕育和形成的。作家只有深入生活，才是写出
好作品的不二法门。关于这一点古今的文学家、文论家虽然所处
的时代不同，生活经历不同，世界观、审美思想不同，但却认识
了艺术的这一规律，得出了共同的结论。

（二）强调"朴"

"朴"也是"道"之称，是体道之士奉行的原则。老子看到
社会风气江河日下，人们逐渐失去纯真质朴的内心生活，因此老

子揭露和批判文明社会所产生的弊害，劝导人们要抛弃物欲的诱惑，安于宁静恬淡的生活，保持固有的纯实朴素的自然本性，所以老子主张"见素抱朴"（第十九章）。对于老子的"朴"，王弼注云："朴之为物，以无为心也，亦无名也。故将得道，莫若守朴。"（王弼《老子道德经注》）王弼认为"道"和"朴"都是无之称，都无名，两者是一而二，二而一的东西。王弼也认为人们如能清心寡欲，保持纯朴自然的本性就能得"道"。庄子也强调"朴"，他说："既彫既琢，复归于朴。"（《山木》）他把这种"朴"的思想运用到社会问题上，则是要人们保持"朴素的本性"，他说："同乎无知，其德不离；同乎无欲，是谓素朴；素朴而民性得矣。"（《马蹄》）庄子要求人们保持纯真朴素的民性这当然是对的，但怎样能够做到这一点呢？他认为要"无德"、"无欲"，这却是错误的。"德"是人们美好品质的重要社会内容，美好的欲望是人们追求理想的生活，推动社会前进的动力。要人们"无德"、"无欲"，这实际上是一种愚民的思想，是非常荒谬的。

"朴"也是体现着"道"的事物本身的特性。一切事物，只有不受外界力量的影响，保持本来的面目就美。受道家思想影响的韩非举例说："和氏之璧，不饰以五采，隋侯之珠，不饰以银黄，其质至美，物不足以饰之。"（《韩非子·解老》）韩非的解释是符合道家精神的。凡是事物，不论是"质之至美"的物，还是一般的物，只要不受外在力量的损害，保持纯朴自然的本性就是美的，否则就是罪恶。所以庄子说："故纯朴不残，孰为牺樽！白玉不毁，孰为珪璋！道德不废，安取仁义！性情不离，安用礼乐！五色不乱，孰为文采！五声不乱，孰应六律！夫残朴以为器，工匠之罪也；毁道德以为仁义，圣人之过也。"（《马蹄》）庄子以残朴毁玉为喻，反对破坏事物的天然本性。道家针对儒家所宣传的礼、乐、仁、义等破坏民之常性的行为进行了尖锐的批判，指出他们是"愚者"，不能法天贵真，顺物自然，而是"屈折礼乐，呴俞仁义"（《骈拇》），用一套虚伪的说教，企图改变社会中不合理的现象。但这样做的结果，倒是为统治者辩护，对人民是"削其性"，"侵其德"，失去淳朴的本性（《骈拇》）。其结果是"礼乐偏行，则天下乱矣……文灭质，博溺心，然后民始惑乱，无以反其性情而复其初。"（《缮性》）在庄子看来，只有废弃仁义道德，罢黜聪慧智巧，毁弃钩绳规矩，使事物保持本性，使人们放任自然，才能显示出事物的天然美。他说："朴素而天下莫能与之争美。"（《天道》）这种纯真朴素的美是庄子所极力追求的。

　　道家这种以淳朴为美的思想对后世文学和文论影响很大。历代许多文学家、理论批评家都主张艺术作品应该朴实无华，平淡自然。钟嵘《诗品》记载：汤惠休曾比较谢灵运和颜延之诗的优劣："谢诗如芙蓉出水，颜如错采镂金。"（《诗品》卷中）这就肯定了谢诗的朴素自然，颜诗的雕琢粉饰。明王世贞也品评过谢、颜诗的优劣，并对王通的偏见进行了批评。他说："然至秾丽之极，而反若平淡；琢磨之极，而更似天然，则非余子所及也。鲍照对颜延之请骘，而谓谢如初发芙蓉，自然可爱，君若铺锦列绣，亦复雕缋满眼也，自有定论。而王仲淹乃谓灵运小人哉，其文傲，君子则谦，颜延之有君子之心焉，其文约以则，此何说也？灵运之傲不可知，若延之之病，正坐于不能约以则也。余谓仲淹非能知诗者，殆以成败论耳。"（《书谢灵运集后》，《读书后》卷三）颜、谢诗的优劣，自有公论，而王通从封建道德礼教的观念出发，评价颜、谢的人及诗，得出了"君子"、"小人"的错误结论，这样的理论批评背离了文学的美学评价，不能正确地指出二人诗风的优劣。王世贞从"诗人之赋丽以则，辞人之赋丽以淫"（扬雄语）的角度出发，指出颜诗的缺点是不能"约以则"，并指出王通"不懂诗"是有道理的。

朴素自然是构成作家文风特色之一，它与浓艳华丽的文风形成鲜明的对照。清人周济在《介存斋论词杂著》中发过这样一番议论："毛嫱西施，天下美妇人也；严妆佳，淡妆亦佳，粗服乱头，不掩国色。飞卿、严妆也，端己、淡妆也，后主、则粗服乱头矣。"这里周济用形象的比喻谈了浓艳、淡雅、朴素三种不同的文风，不用说，周济的评论意图在褒扬温庭筠和韦端，贬抑李煜，这种褒贬是否公允，姑且不论，但却说明李后主的词在语言上崇尚朴素自然、不假雕饰作态的文风却是值得肯定的。

（三）反对矫饰

道家在强调自然、真、朴的同时，反对因袭模仿，矫揉造作，因为它不真实、不自然。老庄之所以对儒家的仁义礼乐的说教深恶痛绝，就是因为它虚伪，破坏了人的"常然本性"，掩盖了事物的本质，破坏了人的"天然美"。所以他们认为只有去掉了这些人为的东西，自然质朴的美才能表现出来。所以庄子说："擢乱六律，铄绝竽瑟，塞瞽旷之耳，而天下始人含其聪矣；灭文章，散五采，胶离朱之目，而天下始人含其明矣；毁绝钩绳而弃规矩，攦工倕之指，而天下始人含其巧矣。"（《胠箧》）庄子在《骈姆》、《马蹄》等篇中对上述思想又作了发挥。他认为只有这样，才能使天下"归真返朴"，保存自然美。有些学者从老庄的这些激越的言论中得出结论说，道家否定文化艺术。其实不然。老庄并不是一般地反对文化艺术，而是反对为统治者所利用的文化艺术。因为这些文化艺术是虚伪的、人为的，矫揉造作，像师旷、工倕这样高级的技师，创造了很高水平的艺术品，就更使人们忘了什么是自然的艺术美了。老庄认为真美存在于自然。

所以他们反对的是那些虚伪矫饰的文化艺术，强调自然真实的文化艺术，而不是一般地否定文化艺术。

庄子特别反对因袭模仿，因为它不自然，不真实，没有创造性。他在《天运》篇中写道："故西施病心而矉其里，其里之丑人见之而美之，归亦捧心而矉其里。其里之富人见之，坚闭门而不出，贫人见之，挈妻子而去走。""彼知矉美，而不知矉之所以美。"他在《秋水》篇中对于那些教条主义的模仿进行了辛辣的讽刺，他说："子独不闻夫寿陵余子之学行于邯郸与？未得国能，又失其故行矣，直匍匐而归耳。"庄子之所以反对模仿，就是因为模仿是因袭的，没有自己的独创性，所以予以讽刺否定。

反对因袭模仿，强调朴素自然是历代进步的文学家理论批评家所共同追求的。魏晋时阮籍就强调说"五声有自然"（《阮籍集·乐论》），嵇康也注重"自然之和"（《嵇康集校注·声无哀乐论》）。他们都以老庄的自然观反对儒家的"名教"学说，开创了以"正始文学"为代表的一代文风。南朝刘勰追求"文法自然"，认为"雕削取巧，虽美非秀矣，故自然会妙"（《文心雕龙·隐秀》）。唐代大诗人李白说："清水出芙蓉，天然去雕饰。"宋代的许多诗人批评家也都反对雕琢，强调自然。沈祥龙说："词以自然为尚，自然者，不雕琢，不假借，不着色相，不落言筌也。"（《论词随笔》）萧亭说："古之名篇，如出水芙蓉，天然艳丽，不假雕饰，皆偶然得之，犹书家所谓偶然欲书者也。"（《师友师传录》）至于欧阳修、苏轼等名家，更强调真实自然，反对雕饰。但宋代以黄庭坚为首的"江西诗派"，却标榜"学杜（甫）"、"学韩（愈）"，倡形式主义诗风。特别是黄庭坚提出了一套化腐朽为神奇、"以故为新"的理论主张，如"脱胎换骨"、"点铁成金"等，以因袭拼凑代替自己的创造。这种文学思想对后世起了很坏的影响，受到很多诗人批评家的指责。如宋魏泰说："黄庭坚喜作诗得名，好用南朝人语，专求古人未使之事，又一二奇字，缀葺而成诗，自以为工，其实所见之僻也。"(《临汉隐居诗话》)金人王若虚批评得更尖锐，说："鲁直论诗，有夺脱换骨、点铁成金之喻，世以为名言，以予观之，特剽窃之黠者耳。鲁直好胜，而耻其出于前人，故为此强辞，而私立名字。"(《滹南诗话》卷三)这些批评都击中了黄庭坚诗论的要害。

明代的因袭模仿之风盛于前后七子，如李梦阳倡言"文必秦汉，诗必盛唐"。他们把文学创作比之于摹临"古帖"，"尺尺寸寸"、"刻意古范"，如方圆之于规矩，不能逾越雷池一步。这种主张虽然在前后七子中说法不尽相同，但基本精神却是一致的。这种复古拟古的风气对后世产生了很坏的影响，致使"公安派"倡言"情真"、"意达"，以用以涤荡七子之弊。明代进步的诗文戏曲家徐渭对这种风气深恶痛绝。他说："天下之事，其在今日，鲜不伪者也，而文为甚……视必组绣，五色伪矣，听必淫哇，五声伪矣，食必脆脓，五味伪矣，推而至于凡身之所取以奉者，靡不然……今天下事鲜不伪者，而文为甚。夫真者，伪之反也，故五味必淡，食斯真矣，五声必希，听斯真矣，五色不华，视斯真矣，凡人能此三者，推而至于他，将未有不真者。"(《赠成翁序》)徐渭在《叶子肃诗序》中表达了他反对复古拟古的态度，指斥专事模仿剽袭的人不过鹦鹉学舌而已，他主张文学创作要"出于己之所自得，而不窃于人之所尝言"。他在《彤管遗稿编序》中引用庄子的话说："厉之人生子，夜半取火而视之，唯恐其似己也。"他认为诗文创作应该避免肖似他人，也应该避免与自己一个模式，没有自得和独创，徒事模拟，即使模拟得"极工逼肖，最得也不过是鸟之为人言"。他说："人有学为鸟言者，其音则鸟也，而性则人也。鸟有学为人言者，其音则人，而性则鸟也。"（《叶子肃诗序》）文学创作不能剽袭模拟，肖似他人，要有自己的独创；即使是自己的东西，也不能"千人一腔，千部一面"，应有自己的新特色，新贡献，有共性也有个性，做到风格多样化的统一。因袭模仿的做法之所以受到真正艺术家的反对，就是因为它缺乏艺术的独创性，破坏了艺术的规律，是与自然、真实、质朴的要求相背谬的，从这一点上看，道家的审美观对后世的创作和批评，确实直接或间接地有着深远的影响。

第三章 虚静论

虚静是道家的思维方法，研究这个问题，有助于了解作家创作中的心理特征，从而正确地揭示作品的美学价值，把文学创作活动置于科学理解的基础上。

一 虚无与虚静

虚无与虚静是两个相互联系而又不同的概念。

虚无是道体的根本特征。"虚"是道家用来形容"道"的无形无象和宇宙的原始状态的。老子说："道冲，而用之或不盈。"（第四章）"无"是指客观事物的不存在。老子说："天下万物生于'有'，'有'生于'无'。"（第四十章）这里老子把"无"看作产生万物的精神本源。庄子继承了老子的这一观念，认为道是"物物者"，"视乎冥冥，听乎无声"（《天地》），把"道"说成是精神的东西，呈虚无状态。所以汉司马谈《论六家之要指》说道家"以虚无为本"。这种"虚无"的思想正是道家消极落后的一面。到三国魏时的何晏、王弼，倡导"贵无"说。何晏宣称"天地万物以无为本"。王弼说："道者，无之称也，无不通也，无不由也，况之曰道。"（《论语释疑·述而》）又说，天地虽大，"寂然至无，是其本矣"，"天下之物，皆以有为生。有之所始，以无为本"（《老子注》第四十章）。这些玄学家片面地发展了老庄的玄学思想，把它彻底推向了唯心主义的泥潭。其实老庄的虚无除了消极的因素外，还有积极的因素，它与佛家虚无是不同的。佛家所说的虚无是"乌有"、"死寂"。佛《四十二章经》二○："佛言，当念身中四大，各自有名，都无我者。"所谓"四大"，是指地、水、风、火。他们认为此四者，广大无边，能产生一切，佛教认为由四大产生的万事万物，皆空虚不存在，这是彻底的唯心主义。而老庄的虚无则与此有别。如老子在谈了"道冲而用之"之后紧接着说："渊兮，似万物之宗。"（第四章）这就是说，道体虽然是虚状的，但它不是死寂的，而是存在有创造的因子，它活动起来，经过矛盾运动，就可以创造天地万物。老子说："天地之间，其犹橐籥乎！虚而不屈，动而愈出。"（第五章）道家把"虚无"比喻为一个大风箱，虽然其中是空虚的，但运动起来风可层出不穷，这也就是"有生于无"。王弼进一步发挥了老子的这一思想，他说："无形无名者，万物之宗也。"（《老子指略》）他对"无"作了形象的说明，他说："四象不形，则大象无以畅；五音不声，则大音无以至。四象形而物无所主焉，则大象畅矣；五音声而心无所适焉，则大音至矣。"（《老子指略》）"大象"、"大音"是无形无声的，但它要通过"四象"、"五音"才能显示出来，这种"大象""大音"，是有限中的无限，魏晋玄学家和老庄一样，认为它是最高的美。这种由无到有，由隐至显，既是"道"的特征，也和文学艺术创造的特征相通。陆机的《文赋》论述了文学创作经验的特征，其中说："课虚无以责有，叩寂寞而求音。""同橐籥之罔穷，与天地乎并育。""虚无"、"寂寞"指文意、文理，亦即作品的主题思想。在构思阶段，这些本是无形无声的，寂寞的，通过构思，孕育成意象，并用语言文字和特定的形式物化在作品中，使无形者可睹，无声者可听，这也就是《毛诗序》所说的"在心为志，发言为诗，情动于中而形于言"，也就是刘勰所说的"缀文者情动而辞发"（《文心雕龙·知音》），"理发而文见，沿隐以至显，因内而附外"（《文心雕龙·体性》）的意思。陆机并引用老子"天地"、"橐籥"之喻以说明创作。老子意在说明"道"生万物，像风箱鼓风一样没有穷尽，而陆机用以说明文学像风箱吹风一样，和天地生长万物一样，无穷无尽，生生不已。生活是文学艺术的源泉，永不枯竭，文学艺术反映生活、表现思想感情也永远没有个尽头。所以道家"虚无"产生"有"的思想对文学创作有着深刻的启示。

"虚静"是道家认识世界的思维方法和修养方法。这一方法，集中从老子下面这段话表现出来。他说："不出户，知天下；不窥牖，见天道。其出弥远，其知愈少。"（第四十七章）这段话有积极的一面，也有消极的一面。

首先，就积极的一面说，它是道家认识世界的思维方法，也体现了东方民族思维的一些共同特点。老子不重视外在经验知识，而重视内在直观自省。他认为我们的心智活动如果向外驰求，将会使思虑纷杂，精神散乱，一个轻浮躁动的心灵，自然无法明澈透视外界事物。他作了一个譬喻，认为人们的心灵深处是透明的，好像一面镜子，这种本能的智慧上面，如果蒙上了一层如灰尘般的情欲，就会影响人们明澈地透视外物。因此老子要求人们应该透过自我修养功夫，向内观照，净化欲念，清除心灵的蔽障，以本明的智慧，虚静的心境，去认识外物。

庄子也重内不重外。他认为人们对于"道"，完全要靠自省自悟，不能靠别人献入。他也像老子一样，认为人们的心灵深处像一面透明的镜子，可以正确地认识外界各种事物，如果它上面蒙上了各种情欲的灰尘，就不能明澈地透视外物了。他在《庚桑楚》中认为，富贵、名利等二十四种情欲就是蒙蔽在人们心灵上的蔽障，"此四六者不荡，胸中则正，正则静，静则明，明则虚，虚则无为而无不为也"。所以庄子一再强调内心的修持，在《刻意》中说："纯粹而不杂，静一而不变，惔而无为，动而天行，此养神之道也。"在《达生》中说："外重者内拙。"也就是说，重视外物者，内心就笨拙。庄子不仅自己强调"务内不务外"，而且还借儒家的重要人物之口来称颂道家的道术。他在《天地》篇中，记述子贡与体道之士"灌园老人"的一段故事。子贡让"灌园老人"用机械引水，这样出力少，收效大。灌园老人说，我不是不懂这个，而是不这样做，并说："有机械的，必定有机心，胸中一有了机心……就不能保全纯洁空明，不能保全纯洁空明……便不能载道。"子贡听了很羞愧，心想："始吾以夫子（孔子）为天下一人耳，不知复有夫人也。"也就是说，现在才知道有比自己的老师更高明的人。子贡返鲁后以告孔子，孔子曰："彼假修浑沌氏之术者也，识其一，不知其二；治其内，而不治其外。夫明白太素，无为复朴，体性抱神，以游世俗之间者，汝将固惊邪？且浑沌氏之术，予与汝何足以识之哉！"孔子以知识浅薄的身份表示对道家道术的深奥难懂，从而宣扬道家"治其内，不治其外"的精神。

老庄的"务内不务外"的精神，既是道家认识现实的思维方法和修养方法，也体现了东方民族思维的一些共同特点，印度佛教和佛学不也是具有相类似的思维方式？这种东方型思维模式，与西方思想家或心理分析学家的观点迥异。西方型思维模式认为人类心灵的最深处是焦虑和不安的，愈向心灵深处挖掘，愈发现它躁动不安，折腾不安，这与老子的看法完全相反。所以道家的"重内不重外"的思维认识方法，既是道家的思维方式，也代表了东方民族思维方式的某些共同点。

其次，老子的"不出户，知天下"、"务内不务外"的认识思维方法，也有消极的一面，也就是对文艺创作有害。

众所周知，文学艺术是生活的反映，作家要描写生活中的各种人和事，就必须深入生活，观察、体验、分析、研究生活，有丰富深厚的生活积累，然后才能进入创作过程。一部作品反映生活的深度和广度，思想和艺术水平的高低，跟生活实践、艺术实践的程度是成正比例的；闭门造车，杜撰生活，只能产生公式化、概念化的作品，是不会有艺术感染力的。中国文学史上许多失败的作品，固然有多种原因，但与道家"不出户，知天下"思想直接间接的影响是分不开的。

虚静也是人们认识世界普遍持有的思维方式和修养方式，儒释道各家都讲虚静，但内涵截然不同。如儒家的《礼记·乐记》云："人生而静，天之性也。"荀子认为人要认识世界就要"解蔽"。他说："凡万物异则莫不相为蔽"，要获得全面正确的认识就必须"虚静"，他说："心何以知？曰：虚壹而静。"（《解蔽》）这就是说，心烦意乱是不能正确认识客观事物的，只有虚心静气，把注意力集中到一点，冷静地观察思考，才能得到正确的认识。这表明荀子认识论的唯物主义思想。宋明理学家也倡虚静，周敦颐认为未有天地以前的"无极"原就是静，因之人的天性本来就是静的，由于后天染上了"欲望"、"嗜好"，所以人的本性就动而乱了，只有通过"无欲"的道德修养，才能实现"静"的境界。虚静也是佛家修行的重要方法。佛家认为要超脱人间苦难，达到佛的境界，就要静坐敛心，止息杂念，专注一境，以达到身心轻安，观照明净的状态。不过佛家以"空"为本，他们要达到的涅槃境界，一切都寂灭了，这是彻底的唯心主义。

老子为什么强调"虚静"？因为老子看到统治者的纵欲生

活，他们沉溺于官能刺激，追逐声色之快，因此倡"虚静"。一方面关注世乱，呼吁人们收敛一己的占有冲动，以消解社会争端的根源；另一方面他要人们凝练内在生命的深度，注重精神修养，期望人们发展主体的精神空间，于是提出了他的"虚静说"。老子要求人们不但要"致虚"、"守静"，而且要达到"极"、"笃"的地步。"致虚极"即是心智作用的消解，消解到没有一点心机和成见的地步。一个人运用心机就会蔽心灵，固执成见，妨碍明晰的认识。所以"致虚"就是要消解心灵的蔽障，以恢复心境的空明。"致虚"必待"守静"，透过"静"的工夫，乃能深蓄厚养。守静必须要达到"笃"诚的地步，否则骚乱的心灵不会安静。所以只有"致虚"、"守静"达到"极"、"笃"的地步，才能恢复心灵的空明。老子在人们精神修养的问题上还提出了"以静胜躁"的方法。他说："重为轻根，静为躁君"（第二十六章），"轻则失根，躁则失君"（同上）。又说："牝常以静胜牡，以静为下。"（第六十一章）静的反面是急躁烦扰，重的反面是轻浮。静、重是相关的，持重者恒静，所以老子贵重也贵静。对于老子的"静"与"躁"王弼曾作过这样的注释，他说："雄躁动贪欲，雌常以静，故能胜雄也。以其静复能为下，故物归之也。"这是讲处世方法，用动物作比喻，说明唯有清静虚欲，与世无争，方能在社会生活中始终立于不败之地。老子的"虚静"说有它合理的一方面，也有不足之处。它把虚静绝对化，否定了事物的运动变化，否定了人的主观能动性，因而作为世界观、人生观是消极的，不可取的。但它与文学创作的特点和规律相契合，对文学创作的构思、想象等有着重要的启示，后世古典文学创作把虚静作为一条重要的规律，原因就在于此。

庄子继承和发展了老子的虚静观，提出了坐忘的理论，突出了"气"的作用。其主要论述有以下几个特点。

首先，庄子也认为"虚静"是"道"的根本属性。他认为人们认识客观事物时，主观精神上要排除外在的一切纷扰，把注意力高度集中在特定的对象上，然后才可能掌握特定的对象，这就要"虚静"，他把这种认识方法，叫做"以明"。要做到这一点，一般的俗人是不行的，只有体道之士，如圣人、至人才能做到。他说："圣人之静也，非曰静也善，故静也；万物无足以扰心者，故静也。水静则明烛须眉，平中准，大匠取法焉。水静犹明，而况精神！圣人之心静乎！天地之鉴也，万物之镜也。夫虚静恬淡寂漠无为者，天地之本，而道德之至，故帝王圣人休焉。"（《天道》）又说："至人之用心若镜。"（《应帝王》）庄子认为只有"虚"，"心镜"才能空明，如实地反映客观外在的景象，只有"心镜"空明，为政时才能去私心而收纳广大人民的意见，以广大人民的利益为前提。"圣人"、"至人"这些体道之士能够做到这一点，而凡俗之士则不能，所以庄子说："唯道集虚。"

其次，"圣人"、"至人"为什么能达到这样的精神境界，就因为实行了"心斋"，庄子认为这是致虚守静的根本方法。他把要排除的私心杂念名之曰"彻志之勃，解心之谬，去德之累，达道之塞"（《庚桑楚》），并把这些勃、谬、累、塞归结为四类二十四项，"此四六者不荡"，心就平正，平正就明彻澄空，便能顺应自然，没有什么事做不成，所以通过"心斋"就可以虚静，达到"道"的境界。庄子把这种"虚静"又叫做"坐忘"。他在《在宥》篇中通过鸿蒙说："噫，心养。汝徒处无为，而物自化。堕尔形体，黜尔聪明，伦与物忘；大同乎涬溟，解心释神，莫然无魂。万物云云，各复其根，各复其根而不知；浑浑沌沌，终身不离。若彼知之，乃是离之。无问其名，无窥其情，物固自生。"(《在宥》)庄子认为通过"心斋"就要达到这样的境界，忘掉一切，连自身的存在也忘掉，完全与道合一。能达到这样的精神境界的体道之士，不是用一般的感官去认知世界，而是用"气"来"感应"世界。他说："无听之以耳而听之以心，无听之以心而听之以气！耳止于听，心止于符。气也者，虚而待物者也。唯道集虚。虚者，心斋也。"庄子认为，用耳朵听只能停止于声，用心去感受只能停止于感外物，而应该用气去感应，因为气是空明的，空明的气可以容纳一切物象，"心镜"空明就叫做"心斋"。所以在庄子那里，不论叫"心斋"也好，叫"坐忘"也好，都是由世俗跨入"道"的枢纽，由凡人成为"体道之士"的关键。只有经过"心斋"或"坐忘"，就可以达到"离形去智"，同于大同，与道合一的状态，去除了一切对立，是非得失的思虑，精神达到高度的宁静和自由，感知与注意也进入了一种物我两忘的状态即"道"的境界。

再次，庄子的虚静观也含有辩证法的因素。他说："夫虚静恬淡寂漠无为者，天地之本，而道德之至，故帝王圣人休焉。休则虚，虚则实，实者备矣。虚则静，静则动，动则得矣。"(《天道》)可见庄子所说的"虚静"，跟老子所说的一样，不是虚幻、乌有，而是思维过程中排除一切纷扰的空白状态，是纯化了的精神境界。"休则虚"，因为"圣人"都是体道之士，他的止息之所在，也就是虚静之所在，二者混为一体。"虚则实，实者备"，以"虚"去接触客观事物的实，就可以避免先入为主的成见，才能获得对客观世界的真正体察，从而掌握完备的自然规律。"虚则静，静则动，动则得"，虚状的东西，必然呈静的状态。物极必反，静到极致，便会产生动，因为静中包含着动的因子，故静极而动，在运动中又产生着万事万物。这种"静极而动"的思想，包含着朴素辩证法的因素。它与佛家的"寂静"说不同。佛家的根本观念是"色"、"空"，色即是空，空即是色。佛家通过"定"、"慧"双修达到"涅槃"境界。"涅槃"就是寂静之意。涅槃又称寂灭，在外"万法皆空"，在内"心念不起"，内外皆空，一无所有，故称"寂灭"。而道家的虚静说，静中有动，它内部包含着创造的因子，正如老子所说"天地之间犹橐籥乎"，它运动起来就会产生出天地万物。所以佛道虽然都讲究"静"，其思维方式有相通之处，但究其实，又不完全相同。

最后，老庄"虚静"说也有不同之处。庄子的虚静说是对老子虚静说的继承和发展，其目的都是把"虚静"作为认知现实，解决现实社会矛盾的一种思维方法。但老子的虚静说表现在社会政治问题上，是要求统治者执虚静之术，以治国驭民，要求人们以静制动，以静驭躁，以柔弱胜刚强，退中有进，后发制人。而庄子的虚静说，虽然有时也讲治世，但更多的是提倡避世，要摆脱人间的一切羁绊，以便达到精神上超越现实，获得绝对自由的目的。他的所谓"坐忘"就是要人们对外界的任何事情，都熟视无睹，置若罔闻，躲进象牙之塔，自我麻醉。所以庄子的虚静说实际上是一种弱者的哲学，是一种自欺欺人的哲学。然而庄子的"虚静"说并非毫无价值，这种思维方式与艺术创作的特征和规律有相通之处。庄子在论述自己的哲学思想时，常常用一些寓言故事阐述道理，如"用志不分，乃凝于神"就孕育了后来的创作构思想象论。

二　古代文学文论中的虚静说

老庄的虚静观发展到汉代，佛学的虚静观也产生了，到了魏晋时期，中国文学进入了自觉的时代，虚静概念也被引入文学领域，许多文学家文论家都认识到虚静对文学创作的重要性，认为它是作家创作必须具备的精神状态，并从心理上探讨了虚静的特征。唐宋以后道、释、儒合流的趋势日渐加强，佛禅的虚静说又推波助澜，因而道家的虚静说更深入到艺术的各个方面，成为文学艺术创作中的一个重要问题，许多古文学家文论家都分析论述了这一问题。其具体表现在以下几个方面。

（一）虚静与文学创作

庄子说："水静犹明，而况精神。"庄子以水作比喻，谈虚静对人的修养的重要性。水是自然之物，水静了就清澈见底，可以"烛须眉"、"平中准"，所以"大匠取法焉"（《天道》），人的精神活动比水更需要虚静，虚静了，就可以更好地处世、养身。文学创作和文学理论批评是一种精神活动，它既需要冷静的思考，也需要奔放的热情，而这两种思想情感，都是由虚静而展开的，这两种思想感情，一冷一热，一是理智的，一是情感的，似乎是矛盾的，其实并非如此。它们相反相成，都是虚静中引起的，二者有着辩证的关系。苏轼曾经谈到了这一点。他在《送参廖师》中说："欲令诗语妙，无厌空且静。静故了群动，空故纳万境。"这里，苏轼论述了空和静对于诗歌创作的重要。人们责怪浮屠人参廖对人生持苦空观，"百念灰冷"，生活澹泊，这样的人生观，怎么能写出思想豪猛、有益于社会人生的诗句。苏轼对此论大不以为然，认为"空"与"静"是写出好诗的前提，只有"静"，才能排除外界的纷扰，使心志专一，注神思考；只有虚空，才能排除成见，容纳新的事物，熔铸新的意象。苏轼在这里对佛家的人生观进行了改造，他虽然有佛家的思想，但他与佛家的苦空观是不同的，他虽然为参廖辩护，但他不是以禅论诗，而是以禅喻诗，以禅理喻诗理，说明虚静对诗歌创作的重要性。在这里更多的是包含着道家的思想，他的"空""静"说体现着"动"的因素，包含着朴素辩证法的思想，这一思想明显地导源于道家，因为佛家寂灭的思想不包含这一因素。老子说："孰能浊以静之徐清；孰能安以动之徐生。"（第十五章）在这里老子本意是在描写"体道之士"，只有他们才能在动荡中安静下来而慢慢地澄清，在安定中变动起来而慢慢地趋进。这里也体现了"动极则静，静极则动"的道理。这与佛家的"由定人慧"的思想是相通的。本来佛家也主张虚静，它对文学创作也很重要，如慧远在《念佛三昧诗集序》中说："夫称三昧者何？专思寂想之谓也。思专则志一不分，寂想则气虚而神朗。气虚则智恬其照，神朗则无幽不澈。"所以，佛家既讲虚静，又讲空寂，它与道家的虚静说既有相通之处，又有不同之处，苏轼把道家的"静极动，动极静"的道理用来说明"空静"说对文学创作的重要意义，这无论是对佛家的"空寂"说，或道家的虚静说，都是一种创造性的发展，使诗歌创作更符合艺术的特点和规律了。虚静对文学创作的重要性，古人论述很多，又如清人赵翼说："作诗妙处在乎心地空明。"（《瓯北诗话》）袁枚也说："作诗如鼓琴，然心虚则声和，心窒则声滞。"（《龙旭开诗序》）这些论述，不论是从道家思想立论，还是从释家理论着眼，又不论是谈诗歌创作，还是以音乐作比，都意在说明虚静对文学艺术创作的重要性，只有这样，才能很好地进行形象思维，创造出真善美相统一的艺术作品来。

（二）虚静与构思

构思或称为布局，是创作过程中的重要环节，孕育形象、明确主题、结构布局、情节细节的安排、技巧的运用，都要在构思的制约下进行，所以刘勰说它是"驭文之首术，谋篇之大端"（《神思》）。在这个阶段，虚静非常重要。

　　有的作家把临文之倾，即动笔前的准备阶段，也包括在构思之内，陆机就是这样。他在《文赋》中说："伫中区以玄览，颐情志于典坟。遵四时以叹逝，瞻万物而思纷；悲落叶于劲秋，喜柔条于芳春。"他的准备不外乎两个途径：一是感于物；一是本于学。这两者都需要在虚静中进行。这里明显地受了老庄的影响。老子说："涤除玄览，能无疵乎？"（第十章）汉河上公释之云："心居玄冥之处，览知万事，故谓之玄览也。"陆机吸取了前人的经验，把它运用到自己的创作准备阶段，静默地观察万物，思考万物，从中汲取创作的文思。同时，要颐养情性，培养高洁的情志，主客观的条件具备了，然后才能进入写作阶段。在准备阶段的虚静，也是和庄子的影响分不开的。庄子的"梓庆制鐻"的寓言，就说明了这个问题。梓庆在制鐻之前，先实行"斋戒"，"斋三日，而不敢怀庆赏爵禄；斋五日，不敢怀非誉巧拙；斋七日，辄然忘吾有四肢形体也"。（《达生》）这就是说梓庆在制鐻以前，虚心静气，排除俗务杂念，把精力专注于制鐻上面，这种净化了的精神，是制鐻的前提，做不到这一点，就制不出"鬼斧神工"的鐻来。

　　在谈构思时，陆机说："其始也，皆收视反听，耽思旁讯。"所谓"收视反听"，不是说不视不听，而是说要内视内听，也就是庄子所说的"视乎冥冥，听乎无声"，是一种虚静的精神状态，是作家进行构思时注意力高度集中的表现，只有这样凝神壹志，全神贯注，才能缀虑成篇，搞好创作。刘勰对构思更重视，称它是"驭文之首术，谋篇之大端"。他说："是以陶钧文思，贵在虚静，疏瀹五藏，澡雪精神。"（《神思》）这就是说，作家在酝酿文思，确定文意时，最重要的是虚心静气，排除成见，使精神澄澈，不以成心而妨碍对客观事物的认识和接纳。不因杂念而干扰对问题的深入思考。此意本源于老庄。庄子在《知北游》

中引老聃的话说："汝斋戒，疏瀹而心，澡雪而精神。"老子是主张内心修养的，重内不重外，认为人们如果多参加社会活动，精神就会外驰，思想就会被外界纷乱的事物所蒙蔽，看不清事物的真相，只有内持修养，安神守静，排除一切成见，才能正确地认识事物。这种看法有正确的一面，可是刘勰在《神思》篇中不加分析地引用了这段话，这就带有了一定的片面性。不过刘勰并没有到此为止，他接着又说："积学以储宝，酌理以富才，研阅以穷照，驯致以怿辞"，他补充了学习知识、斟酌事理、增加阅历等对构思的重要性，这样，就不能把刘勰对虚静的看法，与老庄完全等同起来。实际上刘勰所说的虚静，就是要作家专心致志地"驭文"、"谋篇"，如同陆机所说的"罄澄心以凝思，眇众虑而为言"，这就强调了虚静对文意确立的重要性。唐皎然把诗的构思称为"作用"，认为"构思"之妙，如壶公瓢中，自有天地日月，时时抛针引线，断而复续，强调了虚静对结构的完整巧妙的重要性，并说"精思一搜，万象不能藏其巧"。只要在虚静中"精思"，作品的各个部分就会安排得妥当合理，天衣无缝。

（三）虚静与想象

这里所谓的想象，不是一般常人的想象，如同马克思所说的"实践——精神"，而是一种用形象进行的思维，即所说的"形象思维"。

关于创作中的想象，魏晋以前的作家谈论得少。汉司马相如论赋时谈到这个问题。他说："赋家之心，包括宇宙，总览人物，斯乃得之于内，不可得其传也。"（《答盛览问作赋》）这里司马相如强调了作家主观的心在创作中的想象作用。从《子虚赋》等看来，司马相如的世界观大致属于道家的泛神论。他并不否认宇宙万物是在人心之外的物质存在，相反，他处处面向外部世界，以充沛的热情去赞美宇宙万物之美。他强调赋家对客观世界的感受，这种感受要超越现实，展翅飞翔，驰骋宇宙，总揽人物，无所不包，无所不达。这种不局限在一个狭小范围内强大的直观和想象的能力，正是一个伟大的艺术家所具有的重要特征。

陆机也受了道家的思想影响，有遨游太空的想法。他在《文赋》中开头就说："伫中区以玄览"，就是把老子"涤除玄览，能无疵乎"的思想运用到文学创作中来，其意与道家一样，高度重视人与无限的自然合而为一，打破狭隘的界限，凭着自由的想象，在无限广阔的宇宙中展翅翱翔。这种想象正是文学创作所需要的。如果说司马相如论赋家之心见之于文学创作还嫌笼统，那么到了陆机才自觉地详细而具体地论述了想象在文学创作中的作用，"精骛八极，心游万仞"，"浮天渊以安流，濯下泉而潜浸"，"观古今于须臾，抚四海于一瞬"（《文赋》）。陆机所谈的艺术创作中的想象，实际上接近于艺术思维了。

到了齐梁时期，刘勰则用"神思"这一概念论述创作中的想象，"神"与"思"相联系，更突出了想象的神妙，揭示了艺术思维的本质特征。早在先秦时期，已有人把"神"看成一种任意驰骋的精神活动。如《周易·系辞上》说："唯神也，故不疾（急）而速，不行而至。"又《易传·系辞上》说："阴阳不测之谓神。"韩康伯注曰："神也者，变化之妙极万物而为言，不可以形诸者也。"这里"神"的概念不是宗教中所幻想的那种主宰世界，超自然的人格化的神，而是指精神活动的奇异莫测神速神效。道家更注意把"神"与"思"联系起来，强调想象的超现实性。《庄子·天道篇》说："外天地，遗万物，而神未尝有所困也。"在庄子的著作中，大量运用自觉的超现实的想象描绘宇宙人生，但通过想象所表现的真正认识，却是他所说明的社会经验和人生哲理。他所用的的想象起着寓言的作用，用比喻说明问题。例如，他在《逍遥游》中通过大鹏与斥鷃两种形象夸张的描绘，说明了精神应该无所依赖而绝对自由的哲理。庄子的这一思想正是对古代"神"的概念继承和发展，而又启发和形成了刘勰"神思"的思想。除哲学思想的影响外，在艺术史上直接启发刘勰"神思"观念的则是刘宋时期的宗炳。宗炳在《画山水序》中说："应会感神，神超理得……虽复虚求幽岩，何以加焉。又神本无端，栖形感类，理入影迹，诚能妙写，亦诚尽矣。于是闲居理气，拂觞鸣琴，披图幽对，坐究四荒，不连天励之丛，独应无人之野，峰岫峣嶷，云林森渺。圣贤映于绝代，万趣融其神思。"刘勰正是接受了古代哲学中关于"神"的思想和宗炳画论中"神思"的启示，而在文论中提出了"神思"说。刘勰在《神思》篇中，以创作主体的精神活动为中心，多方面地论述了想象在创作构思中的重要作用。

首先，他界定了"神思"的内涵。他在本篇一开头就说："形在江海之上，心存魏阙之下，神思之谓也。"这本是庄子的一段话。《庄子·让王》记载：中山公子牟身在江海而心却想到宫廷。刘勰从想象的角度加以引申发挥，意在说明，艺术创作中的想象，可以身在此而心在彼，不受身观的局限，可以超越时间和空间的限制自由地驰骋，这就简要地说明了想象的含义。

其次，刘勰论述了想象在构思中的意义。构思是作家创作过程中重要的一环，在构思中始终离不开想象。关于这一点陆机早已论及，刘勰更加强调，说："文之思也，其神远矣。故寂然凝虑，思接千载；悄焉动容，视通万里；吟咏之间，吐纳珠玉之声；眉睫之前，卷舒风云之色；其思理之致乎。"刘勰在论述了想象的自由驰骋之后，还强调指出它是"驭文之首术，谋篇之大端"。这就充分肯定了想象在构思中的重要地位。受刘勰的影响以及各个作家在艺术实践中所得，许多作家、理论批评家也都谈了想象在创作中的重要性。萧子显认为作品中的事，出于艺术想象，而艺术想象能"感召无象，变化不穷"（萧子显《南齐书·文学传论》），所以是"属文之道"。明胡应麟则认为写七律诗，必须"荡思荒，神游万古"。清王夫之以具体诗歌为例，用"神"、"取影"、"影中取影"等概念，既阐述了想象与联想可以使彼此无关的事物、景物、情感联系起来，转化成饱和着思想感情的诗歌形象，又阐发了诗人应该用想象以虚构形象和意境的道理。清人刘熙载则认为若能"凭虚构象"、"象乃生生不穷"。他从诗歌应该"神游象外"的立论出发，强调诗歌用想象虚构形象的重要性。这些意见都与刘勰的"神思"说一脉相通，都从不同的角度论述了想象在创作中的重要作用。

第三，刘勰论述了想象的特征。艺术想象不同于一般的想象，在于它不仅是一种思维，而且在想象的过程中始终伴随着物象。陆机描写这种状况是"情瞳昽而弥鲜，物昭晰而互进"（《文赋》），即情与物象是同时展开的。如果说陆机的这种说法是自己创作的经验之谈，那么，刘勰则是从理论上加以概括："思理为妙，神与物游。"即内心与外物相接触，相融合。这意思庄子早就谈过。庄子在《人间世》中说："且夫乘物以游心，托不得已以养中至矣。"即是说随物以游寄心神，不得已而应，毫不主动，以此养心。刘勰把庄子的话引进来，用以说明内心与外物相接，想象伴随着物象而展开，并非脱离具体物象的空思冥想，这样神与物游的过程实际上就是今天所说的形象思维的过程。后来托名王昌龄的《诗格》所说的"神会于物"正是滥觞于此。

第四，"志气"和"辞令"是"神与物游"展开的契机。刘勰比陆机的想象论更为缜密和深刻之处，是他分析论述了"神与物游"展开的契机。他说："神居胸臆，而志气统其关键；物沿耳目，而辞令管其枢机。枢机方通，则物无隐貌；关键将塞，则神有遁心。"（《文心雕龙·神思》）刘勰把思想感情称作"志气"，他认为志气在艺术想象活动中统领着关键，也就是说作家的思想感情对艺术想象活动的展开起着决定性的作用，作家想象活动的性质和展开的程度，与作家的思想感情是分不开的；而想象活动又深化着作家的思想感情，二者交互作用，推动着作家的艺术创造。作家的想象活动又与物的表象结合在一起，而物的表象则靠耳目把客观的"物"反映到头脑中而形成表象，情与物的交融活动要依赖于语言，因为语言和思维是密不可分的。"枢机方通"，则"物无隐貌"，想清楚了才能表达清楚，这就阐明了形象思维活动必须依靠语言的道理。在这里，刘勰对作家想象活动的展开与作家的思想感情、语言之间的关系，作了辩证而深刻的论述，这是此前的作家理论批评家的想象论所不可企及的。

第五，培养想象力的方法。刘勰认为要培养丰富的想象力，一要保持心境的虚静，二要"积学以储宝，酌理以富才，研阅以穷照，驯致以怿辞"。前者无疑是受了老庄思想的影响，例如，刘勰说："陶钧文思，贵在虚静，疏瀹五藏，澡雪精神。"在刘勰看来，作家在构思中只有虚静，才能展开想象。后者主张要多学习，要斟酌事理，积累生活知识，掌握生活的本质和规律，这些条件具备了，更有助于想象的展开。

从以上可以看出，刘勰的想象论，不是一枝一节个别的观点，而是带有体系性的审美思想，这些论述，把创作中的想象推进到一个新阶段，加深了人们对创作特征和规律的认识。

（四）虚静有利于捕捉和孕育形象

艺术形象是客观的事物在作家头脑中的审美反映，是作家主观的意与客观的物象的有机融合。但是"物有恒姿，而思无定检"（《文心雕龙·物色》），要使二者吻合无间，这就要求作家对客观事物不仅要有敏锐的感受能力和捕捉能力，而且要有深刻的认识能力，而要做到这一点，思想上非虚静不可。陆机说："镜无蓄影，故触物则照，是以虚己应物，必究千变之容；挟情适事，以观万物之妙。"（《演连珠》）这就是说，只有内心纯净，没有杂念的干扰，保持虚静的理智状态，方可探究客观事物变化莫测的奥妙。刘勰在《文心雕龙·养气》篇中说："水停以鉴，火静而朗"也含有这个意思。司空图在《诗品·冲淡》中要求作家"素处以默，妙机其微"，意谓作家的心要处之以默静，在虚静的心境中可以体会省察到外界事物变化的奥秘。曾巩对此讲得更明确："虚其心者，极乎精微，所以入神也。"（《清心亭记》）洪亮吉评柳宗元诗句"回风一萧瑟，林影久参差"时说："静者心多妙，体物之工，亦惟静者能之。"（《北江诗话》）说明诗人之所以能观察入微，写出自然风景的精微奥妙，就是由于心静的缘故。

相反，在创作活动中，作家如果为"成心"所蔽，不能进入虚静状态，就不能敏锐地感受生活，捕捉和孕育形象。朱熹批评当时一些人写不出好诗，原因在于只是心里闹不虚静之故。他说："只如个诗，举世之人尽命去奔做，只是无一个人做得成诗……这个只是心里闹不虚静之故。不虚不静，故不明，不明，故不识，若虚静而明，便识好物事。虽百工技艺，做得精者，也是他心虚理明，所以做得来精。"（《清邃阁论诗》）朱熹是从儒家的立场观点出发谈虚静的，他把理学当作第一义，诗文当作第二义，认为要作诗，先要讲修养。他所说的修养，一是明理，理精；二是虚静。他所谓的虚静，就是要深谙天理天性。"人生而静，天之性也"，"感于物而动，性之欲也"。他把天理与人欲、虚静与思动对立起来，要人们通过修养达到不感物，不妄思，不妄动的地步，他的根本主张就是要"存天理，灭人欲"，这样一来就从根本上取消了文学艺术家的生活实践和艺术实践活动，把作家变成了不食人间烟火的僧侣，没有七情六欲的木偶，即使写作品，也是把作品变成了宣扬理念的话筒，取消了文学艺术的审美社会作用。不过，他强调，只有虚静了，才能"理明"，才能作好诗，在这一点上，儒、道虽然门户各异，却有相通之处（《朱子语类·论文下》）。欧阳修也强调了虚静对认识事物、孕育形象的重要意义。他说："处身者不为外物眩晃而动，则其心静，心静则智识明，是是非非，无所施而不中。"（《非非堂记》）所谓"不为外物而动"就是说不受外界的纷扰而心绪杂乱，要心神安定，思想专一，这样就能深刻地思考问题，辨明是非，弄清事物的道理和规律，这是写出好诗的前提。清人贺贻孙也说："胸中无事，则识自清；眼中无人，则手自辣。"（《诗筏》）不论是"不为外物眩晃"，还是"胸中无事"，都是虚静状态，而直接功效则在于见识清明，易于感受事物，获得事物的表象，孕育成作品的形象。

（五）技巧手法的运用也有赖于虚静

在作家的创作中，当构思已定，进入文字表达阶段时，技巧、手法的运用就成为主要的问题了。"文须情，情待文"，文意须待语言文字和技巧手法把它表现出来。何绍基在《与汪菊士论诗》中说："作诗文自有多少法度，多少工夫，方能将真性情搬运到笔墨上。"这些技巧、手法的选择和运用，就需要作家在虚静中冷静地思考和安排。宋张耒在《投知己书》中分析伯牙弹琴的艺术魅力的一段话颇为中肯："昔伯牙之所好者琴耳，钟子期坐而听之，而伯牙不能藏其微情。夫伯牙之情，岂与琴谋哉？惟其专意一心以事其技，故意之所动，默然相授而不自知也。"他认为伯牙之所以能在琴声中抒发出自己内心曲折隐奥的情感，就在于他专心一意的演奏，技艺手法高度娴熟，乃至达到"不自知"自己感情的地步，如果心绪不定，技艺得不到充分的发挥，其琴声魅力恐怕就不足以感动听者了。

音乐重在内心情感的抒发，其他文学艺术除此而外，还要用更多的手法技巧对客观物象进行描绘。沈德潜说："郁情欲舒，天机随触，每借物引怀以抒之。"（《说诗晬语》）清王夫之极力称赞李白、杜甫的诗妙在"内极才情，外周物理"（《夕堂永日绪论》外编），他要求诗人应"俯仰物理而咏叹之"（《姜斋诗话》）。这样表现手法和技巧的运用不仅在于要巧妙地抒发自己内心的感情，而且要深入细致地观察物象、描绘物象，做到栩栩如生，形神毕肖。例如李白的《月下独酌》："花间一壶酒，独酌无相亲。举杯邀明月，对影成三人。月既不解饮，影徒随我身。暂伴月将影，行乐须及春。我歌月徘徊，我舞影零乱。醒时同交欢，醉后各分散，永结无情游，相期邈云汉。"月下独酌，本是极虚静的境界，但诗人却能招呼明月和影子来作伴，又从花想到春，从酌酒想到歌舞，烘托得十分热闹，由静而动，由无生有，动静结合，虚实相伴，这种高超的手法和技巧，正是作者在虚静中进行形象思维而悟出的，它把客观的月、花、影及主观的"行乐及春"的旷达的情，都描写得生动逼真，融为一体，表现出诗的幽远高深的境界。又如姜夔的词《扬州慢》："二十四桥仍在，波心荡，冷月无声"。在"冷月无声"这个极冷静的氛围下，微微的波荡，激起诗人的遐想，忆起昔日胡马窥江，扬州动荡，被劫一空的动荡的年代。由静而动，一个"荡"字，表现出多么巨大丰富的内容。一字准确，全篇生色。

在艺术创作中，手法和技巧的运用，韵律的安排，乃至一字一词的下定，都需要在虚静中完成。明高启说："夫秋之为奕，不去则不成，庆之为镶，不静则不得，秋皆小技，犹有道焉。"（《觳喻》）这"道"，就是指技巧法度。王士祯曾借他人论僧诗语道："因定而得境，故翛然以清；由慧而遣词，则故然以丽。"（《带经堂诗话》卷三）。"定"、"慧"都是佛家用语。"定"指安静，排除一切杂念，"慧"指知识，达到涅槃境界。由定而慧，是佛家修行的根本途径。这里"定"与虚静之意类似，"慧"指神志清明的意思。这句话将词采的"清丽"与作家的虚静状态直接联系起来，可见古人认为不管是诗歌、绘画，抑或其他技艺活动，只要含有法度技巧方面的要求，作家就不能不以虚静待之。

由于长期的写作实践和经验的积累，作家在创作中往往可以达到不必再步步拘泥于常规常法的境地，可以自由地突破法规而进行创造，庄子所说的不以目视而以"神遇"就达到了这种境界，然而即使如此，也仍然需要虚静。朱熹对此曾这样分析："人不可无戒慎恐惧底心。庄子说，庖丁解牛神妙，然才到那族，必心怵然为之一动，然后解去。心动便是惧处。"（《论文下》）"戒慎恐惧底心"也就是自觉控制的高度专一的理智心态。郝经论草书之理说："心正则气定，气定则腕活，腕活则笔端，笔端则墨注，墨注则神凝，神凝则象滋。无意而皆意，不法而皆法。"（《叙书》）更将虚静状态看作创作才华在规矩手法中游刃有余的必要前提。艺术门类不同，其理则一。

（六）怎样才能进入虚静的状态

作家创作要虚静，既要有主观的条件，也要有客观的条件，要内外结合，才能进入虚静。

首先，就客观说，要利用和创造外部良好的环境。《隋书·薛道衡传》云："道衡每至构文，必隐坐空斋，蹋壁而卧，闻户外有人便怒。"清人邵长蘅《青门剩稿》也有类似记载："谷城刻苦嗜学，好深沉之思，工诗歌，每有作，辄引被蒙头竟卧，起则握笔疾书，出语多惊人。"有许多作家往往在夜深人静、万籁俱寂的环境中进行创作构思或思考问题。宋人陈辅论"冥搜造极"时，特意引唐人诗句："句自夜中得，心从天外归。"（《类说》）晚清况周颐《蕙风词话》中直接渲染了夜间作词的佳境："人静帘垂，灯昏香直……据梧冥坐，湛怀息机。每一念起，辄设理想排遣之。乃至万缘俱寂，吾心忽莹然开朗如满月，肌骨清凉，不知斯世何世也。斯时若有无端哀怨枨触于万不得已；即而察之，一切境象全失，唯有小窗虚幌、笔床砚匣，一一在吾目前。此词境也。三十年前，或月一至焉。今不可复得矣。"这就生动地说明了进入虚静的环境以及虚静时情感和想象展开的精神状态。有的作家为了使自己经常处于有利于精神虚静的环境中，还特意居住在尘嚣不到无人干扰的地方。南齐谢赫论刘宋时期的顾俊之作画时，说他"尝结构层楼，以为画所"，每至画时，"登楼去梯，妻子罕见"（《古画品录》）。陆游《草书歌》道："吾庐宛在水中沚，车马喧嚣那到耳"，因而他作书时能"心空万象提寸毫"，"神驰意造起雷雨"。这些都说明客观有利的条件对作者进入虚静的重要性。

其次，主观的虚静。外在环境固然重要，然而古人认为更重要的是作家内在心灵的虚静。他们强调作家要从主观上积极创造虚静的条件，努力排斥内心对创作有害的种种杂念欲望，使心情平定安静。刘禹锡说："能离欲，则方寸地虚。"（《秋日过鸿举法师寺院便送归江陵引》）魏源云："人之学虚空者如之何？曰：

去其中之窒塞而已矣。"（《默觚上·学篇三》）内除己欲，另一面则要外斥诱惑。朱熹强调作文"切须去了外慕之心"（《朱子语录辑略》）。贺贻孙分析道："不为应酬而作则神清；不为滔渎而作则品贵；不为迫胁而作则气沉。"（《诗筏》）周亮工赞扬画家王东皋虽身居喧闹的环境，且交往频繁，"求者在门，迎者在道，……而其用笔之妙有子久云林所不能洁胜者"。由此他领悟到艺术创作要"胸有静力，正不以离事全耳"（《赖古堂集》卷二十三）。所以静并非只要外境的静，关键在于内心的静，皎然说："静并非松风不动，林狄未鸣，乃谓意中之静"，"远并非渺渺望水杳杳看山，乃谓意中之远"。陶潜亦说："结庐在人境，而无车马喧，问君何能耳，心远地自偏。""意静"、"意远"是关键，能把握住这个关键就能虚静。

　　内心的虚静并非一时努力所能达到，它是作家内在品格的表现，古文论家们因而十分推崇那种恬淡虚怀不为功名利禄而动心的品格。邱兆麟这样评论汤显祖的品格与其创作时精神状态的关系："先生才既殊绝，而意复清虚……橐不名一钱，卖赋鬻文，日为四方门人客子取酒用，余金几何弗问。终日枯坐如蒲团上人，乃始得以其静心闲阅世人之闹，以其痴情冥贬世人之黠。"（《汤若士绝向序》）显然，他并不是提倡作家超脱于社会生活之外，主要是因为这种品格有利于作家创作时进入虚静的精神状态，并有助于他更深入全面地思考和反映社会生活。黄庭坚也很重视虚静对创作的意义，他在与友人书中说："木之能茂其叶者，以其根定也，水之能鉴万物者，以其尘定也"，"能定然后能应"。所谓"定"就是"虚静"，所谓"应"是指养心之术，在虚静中又掌握了养心之术，就能求得内在性格的"定"，这些分析论述，已经触及文学艺术创作活动过程的心理规律，深入到作家性格品质的层面了。

三 虚静论的性质、特点和意义

(一) 文学创作中的虚静与哲学上的虚静的关系

文学创作中的虚静，是道家哲学中的虚静在文学艺术创作活动中的体现，但它又不同于哲学上的虚静。老庄哲学上的虚静，是认识世界的一种思维方式，用在社会人生上，在于修身养心，排除了情感，排除了物象，内外皆忘，形同槁木，心如死灰，"荅焉似丧其耦"。而文学艺术创作活动中的虚静，是一种用形象进行思维的方式，其用意在于排除杂念，专心致志，展开想象，产生激情，象、情、思融为一体，从而完成创作的任务。所以哲学中的虚静与文学艺术活动中的虚静，既有联系，又有区别。

(二) 象、情、理的统一

首先，是象与情。"象"是客观的景物与事物，这是引起作家情思的依据，外在的物经过作者的心灵化，才能成为意识形态的物象，这是中国早期的"物感论"所着重分析论述的一个问题。作家的情感都是由现实生活所激发而产生的，作家要抒情言志，就要诉诸形象，这一点古代作家、文论家十分重视。清沈德潜说："郁情欲舒，天机随触，每借物引怀以抒之。"（《说诗晬语》）王夫之亦云："诗言志，歌永言，非志即为诗，言即为歌也。"这就是说，情志并不等于诗，要抒情言志，在"抒机"的感召下，通过"象"抒发出来，才可算是诗。而且还要对"象"进行细致入微的描绘，以表达曲折委婉的情意，做到外肖形状，内含物理，能体现出本质的艺术形象。另一方面，"象"也依赖于"情"，象无情，就像一朵没有水分和香味的纸花。因为情感也和形象一样，是诗和文学艺术的根本特性，如果没有体现在形象中的情感就没有诗，所以陆机说："诗缘情而绮靡"（《文赋》），这就指出了诗的内容和形式的特征。在作家的形象思维活动中，"情"和"象"是怎样展开和融合的？这一点陆机有着简要而中肯的论述。他说："情瞳昽而弥鲜，物昭晰而互进。"（《文赋》）在这"互进"中，一方面，作家的感情激发想象，把自己的感情，倾注在物象中，推动和改造物象，使意象更符合作家的目的和需要；另一方面，想象深化情感，使意象更加符合生活规律，其结果是"象"与"情"互相渗透，表里相符，融为一体。

其次，是情与理。情感是作家对生活的一种体验，它是作家在对生活中人和事审美感受的前提下触发的。"理"指思想，它是作家在对生活中人和事进行理性分析认识的基础上形成的，它们都是在同一个心灵整体指挥和协调下活动的，有不可分割的联系，但它们又是两种不同的心理活动，各有其特点，情感易于产生，易于变化，它对文学艺术很重要，甚至是创作的动力，像明汤显祖写《牡丹亭》，曹雪芹塑造红楼人物，等等，就是这样。

情感对于文学创作虽然重要，但是许多古文论家认为情感活动较之于理智显得更加易于变化和幽奥难察，它往往表现为一种朦胧的若有时无的特点，作家要将它行之于文，就不得不借助于理性思维对之辨析捉摸，明代徐祯卿《谈艺录》中说："情无定位，触感而兴"，"然情实眇眇，必因思以穷其奥"。王思任评《诗经》说："诗三百而蔽之以思，何也？思起于心，而心不能出，夫有所愤悱焉，有所感叹焉，有所呻吟焉，而各随其思之到，见以为声之工拙，故思则得之。"（《王季重十种·杂序》）王国维称诗人创作"对宇宙人生，须入乎其内，又须出乎其外"，因为出乎其外，"故能写之"，"故有高致"，说明诗人应该以理智辨析自己的感情，不能沉溺于感情之中使之自由地流淌，应与感情保持一定的距离，以冷静思考，用理性规范感情。

最后，象、情、理的统一。

真正的艺术，不可能是有象而无情，有象有情而无理，而是象、情、理的统一。就以庄子的寓言故事来说，它们并不完全是狭义的文学，但它们其中有象有情有理。像《达生》中的驼背老人取蝉的神妙，固然是因为有高超的技巧，但主要是由于在虚静中有理性支配的结果，而庄子对它的赞美之情也溢于言表。魏禧以诗的创作为例，说："诗之为诗，触于境，感于事，而勃然发诸言是动物也。然非有静气为之根，则嚣然杂出，不能自成文理。"触境感事，就有了象，有了情，然而象与情不经过思虑，则"嚣然杂出"。作家只有在虚静中经过理性的思考，然后用文字表达出来，才能情理结成有机的整体，写出"自成文理"的佳作。明戏剧家汤显祖则谈了戏剧创作的情、理、象统一的问题。他针对沈璟的戏剧内容要服从声律的形式主义观点，说："凡文以意、趣、神、色为主。四者到时，或有丽词俊音可用。尔时能一一顾九宫四声否？如必按字模声，即有窒、滞、迸、拽之苦，恐不能成句矣。"(《答吕姜山》)。"意"即作者的意图，体现在作品中就是作品的主旨。"趣"，艺术构思严谨巧妙自然成趣。"神"，形象的生动性、可感性。"色"，文学作品语言的准确鲜明生动。这四者在作品中和谐地统一起来，而其统帅则是作家的创作意图，或作品的主旨，而其每一个重要的环节，无不是作者在虚静中经过理性的思考所取得的。

（三）意识和潜意识的统一

作家的创作是一种精神活动，它需要审美的直觉，也需要理性的认识；需要感受和感应，也需要分析和思考；需要用形象来思维，也需要逻辑的推理。一句话，它是意识活动和潜意识活动的统一。关于虚静中的意识活动，理智的思考，古代作家和文论家有着大量的论述，如郝经说："必精穷天下之理，锻炼天下之事，纷拂天下之变，虚气妄虑，扑灭消弛，淡然无欲，脩然无为，心手相忘，纵意所如，不知书之为我，我之为书。"（《郝文忠全集》）在郝经看来，虚静的前提，是要认识天下的事物，懂得事物的道理，掌握事物发展变化的规律，在这个基础上，排除杂念，进行理智的思索，以致达到心手相忘，纵意所如，不知书之为我，我之为书的物我相忘境界。这种虚静的境界，离开了理性思维是不可能的。

　　虚静活动达到最高的境界是潜意识活动。这种活动的特征就是凝神壹志，内外皆忘，庄子所谓的"坐忘"就是这样的状态。不过庄子所谓的"坐忘"，似乎是思维活动的停止，而实际并非如此，他所谓的"静则动"，也就是虚静中的思维活动，也就包含着一种潜意识活动，不过它并不是完全离开理性思维的制约。如果完全离开了理性思维，那就什么也不记得了。

　　虚静中的凝神专注，不仅忘却身外的世事，甚至也忘却自身的存在，老子所谓"吾所以有大患，为我有身"（《老子》第十三章），庄子所谓"堕肢体，黜聪明"（《庄子·大宗师》），就是内外皆忘。遍照金刚在《文镜秘府论》中说："作文章……必须忘身，不可拘束"（《论文意》），其精神都是强调全神贯注。这种全神贯注，呕心沥血，甚至可以达到发狂的程度。桓谭《新论·祛蔽篇》记载："子云亦言：成帝时……诏令作赋，为之卒暴，思精苦。赋成，遂困倦小卧，梦其五藏出地，以手收而内之。及觉，病喘悸大小气，病一岁。"像这样竭思苦虑、呕心沥血的创作，虽云过分，但没有这样的激情和注意力的高度集中，亦很难写出佳作。胡应麟亦云："当其为诗歌，冥搜极索，挟肾呕心，宇宙都忘，耳目咸废，片词之合，神王色飞，手舞足蹈，了不自禁，以故人相率曰'狂生'。"（《沙宝山房类稿·石羊生自传》）。

在虚静中由静而动的精神状态，似乎与西方柏拉图的迷狂说相同，其实不然。柏拉图的迷狂说，夸大了创作中的非理性因素，甚至把这种现象归之为神秘的超自然力量。而我国古代的虚静说，不但强调理性控制的重要性，而且还强调生活实践、艺术实践的基础作用。如刘勰在《神思》中谈了虚静的重要性后，进一步谈了怎样虚静的问题，这就是要"积学以储宝，酌理以富才，研阅以穷照，训致以怿辞"，就是说要积累学习经验，思辨事理，洞察研究事物，这是进行虚静和形象思维的前提，这比起柏拉图的"诗神附体"等说法，无疑是正确的，合乎创作实际的。

（四）道家虚静论的意义

道家的虚静论对后世的影响，有积极的一面，也有消极的一面，不能一概而论。

第一，道家的虚静论着重强调人们在认识客观世界时所应有的主观精神境界，也就是排除外在的一切纷扰，把注意力集中在特定的对象上，然后才可能捕捉特定对象的自然美。这是老子对"道"的境界的艺术追求。这种追求表现在思维方法上，就是耳闻目睹不如内心的真实感受，内心的真实感受不如虚而待物的气，即纯化了的精神境界。道家这种对主观精神境界的追求，打开了艺术创作中思维想象和思维循理的特殊领域，与艺术思维的特点和规律相契合，所以古代的艺术家普遍地受到了它的启示和影响，自觉或不自觉地把它运用到自己的艺术实践中，并用自己的体验和感受，说明它、印证它、丰富它、发展它，视为艺术创作的宝贵经验。

第二，虚静论作为一种世界观，则有着不可忽视的缺陷，这就是忽视了实践。当然，方法论和世界观是不能分开的，因而道家的虚静论明显的错误就是脱离社会实践。马克思主义的认识论是以实践为前提的，人们只有通过实践、认识的反复过程，才能认识世界，掌握客观真理。作家也是这样，只有在社会和艺术的实践中认识和把握生活，在虚静中思考和解决艺术创作中的各种问题，如果离开了实践，创作就成了无源之水和无本之木，那么，所谓虚静，只不过是空运而已，道家的虚静之说忽视了这一点，并强调"归根曰静"，这正表现了道家客观唯心主义的局限性和片面性。

正由于虚静论本身的缺陷，所以后世的人们就以各种不同的态度对待它，或者继承它、发展它，或者利用它、歪曲它。世界观健康进步的人，用它来认识客观事物，解决社会生活中的各种问题，文学艺术家的创作是这样，祖国医学上的气功疗法也是这样。在这方面，医学家认为，当练功的人，集中注意力，排除杂念，精神意识进入虚静愉悦的状态后，体内各种生理功能会随之变得协调，这样长期锻炼，会起到抗疾治病的作用。而世界观落后的人，则利用传统的虚静论进行各种非理性反科学的活动，特别是随着社会的急剧变化，各种异教邪说，迷信思想大肆泛滥，伪气功就是一例。那些"大师"们，借着正统儒释道理论、教义的深奥难解和现代人追求平安幸福、强身治病、消灾免难的心理愿望，编造各种伪理论，散布各种邪说，盗名欺世，危国害民。在这些活动的背后，有悠久的历史基因和广泛的群众土壤。因为几千年来中国传统历史文化中的各种非理性因素，积淀在人们的意识中，而要消除这种落后的意识，却是十分困难的。所以科学地对待传统文化中的虚静论及各种理论教义，是我们一项艰巨的任务。

第四章　形神论

　　形神问题，是中国哲学，也是中国美学和文学理论的一个重要问题，这个问题牵涉到艺术创作中塑造什么样的形象才能够深刻反映现实，打动读者的心灵。中国古代的作家理论批评家从本民族的艺术实践出发，用特有的术语对形神问题的论述，实际上就是今天所说的形象创造中的具体性和概括性，个性和典型性的问题。如何正确地认识和处理这个问题，就要从哲学的高度加以透视。在中国哲学史上，儒、道、释各家对此都有论述，而道家的形神论及其影响尤为突出。佛教传入中国后，在这方面又和道家相唱和，形神问题，更为人们所重视，因此，探讨道家的形神论及其对中国古代文论的影响，就有着重要而现实的意义。

一　道家的形神观

　　道家的形神观依然是从"道"派生出来的。在道家看来，"道"是无形的，物是有形的，无形的"道"通过有形的物体现出来，"道"赋予物以神，也赋予物以形，"道"是主宰一切的，"道"重于物。道与物的关系就是神与形的关系。这里的"道"，主要是指人的精神、意识，也包括所谓的人的灵魂，神是主宰形的，形是神的物质外观，神重于形。道家在形神关系问题上，基本上是重神不重形。由于道家哲学思想的差异性，因而形神观在不同的道家代表人物那里则有着不同的表现。

老子是道家学派的创始人，也是形神问题的肇论者。老子认为"道"是浑然一体的，因而表现在形神问题上则是强调形神的不可分离性。他说："载营魄抱一，能无离乎？"（第十章）"营魄"指的就是魂魄，抱一的"一"指的就是身体，意谓身体上包含着魂和魄，即精神和形躯合为一体而不可分离，这是一个体魄健全的人所应具备的。"一"还有更深一层的意思，就是指"道"。"抱"即"抱道"，一个形骸健全精神旺盛的人，抱道而居，形神可臻于和谐完全的境地，也就是合于"道"了。老子虽然主张形神的统一，但他实际上还是认为神重于形，他所说的"大成若缺"，就是说一个完美的人格，不在外形的表露，而在于生命的内藏内敛，这种重神并不轻形的思想，到了庄子则发展成为重神轻形的主张了。

庄子从形神的主张出发，十分重视养生以保神。他在答复南荣趎的问题时说："卫生之经，能抱一乎？能勿失乎？能无卜筮而知吉凶乎？能止乎？能已乎？能舍诸人而求诸己乎？能翛然乎？能侗然乎？能儿子乎？儿子终日嗥而嗌不嗄，和之至也；终日握而手不掜，共其德也；终日视而目不瞬，偏不在外也。行不知所之，居不知所为，与物委蛇，而同其波。是卫生之经已。"（《庄子·庚桑楚》）在这里庄子认为护养生命的道理，就要像婴儿那样无知无识，无挂无碍，自由自在，顺物自然，这样就可以使精神和形体融合无间。

庄子的形神观也是以"道"为出发点的。他与老子都认为形而上的"道"是至高无上的，形而下的物是卑下的。"道"体现于物，又主宰着物。人们认识"道"就要由物及"道"，但是如果执著于物则不能得"道"。"道"与物的关系体现在形骸与精神上，则物为形，道为神，神体现于形，主宰着形。二者产生的根源不同，"精神生于道，形体生于精"（《知北游》），它们最终都是从"道"派生出来的。庄子在形神观上不同于老子的地方是老子主张形神统一，而庄子则主张形神分离，他说："身在江海之上，心居乎魏阙之下。"（《庄子·让王》）这就是说，身在此，心在彼。他进一步说："指穷于为薪，火传也，不知其尽也。"（《庄子·养生主》，第 103 页）他以脂膏为薪火烧尽乃转化非消灭作为比喻，说明人由生而死，不过是生命的一种转化，精神虽然离开了生命，但它依然存在下去，是没有穷尽的。这种形灭神存的思想对后世有神论产生了很大的影响。

庄子从形神分离的认识出发，进一步提出了"形残神全"、"美在神而不在形"的主张。在庄子看来，一个人即使形体不全或者形貌丑陋，只要精神高尚就是一个完美的人。他以闉跂支离无唇和瓮㼜大瘿为例，说明"德有所长，而形有所忘，人不忘其所忘，而忘其所不忘，此谓诚忘"（《德充符》）。他又通过介者右师和恶人哀骀它说明："非爱其形也，爱使其形者也。"（《德充符》）这就是说，人们推崇他，爱他不是爱他残缺丑陋的形体，而是推崇他的精神，因为他的精神是体道的。他说："执道者德全，德全者形全，形全者神全。"（《天地》）在这里，他把德、形、神在"道"的基础上统一起来了，只要体道，他的形与神自然都高尚优美。

庄子和老子一样，也很注意养生保神。他认为通达生命实情的人，不重视财物、名位、权势、金钱。健康的生命，当求形体健全，精神充足，"形全精复，与天合一"（《养生主》）。在形神的保养中，他很重视内心的保养。他说："凡重外者内拙"，他把"圣人"与"众人"、"廉士"加以对比，说圣人不重利，不重名，而重养神。他说："夫恬淡寂漠虚无无为，此天地之本而道德之质也。故圣人休焉，休则平易矣，平易则恬淡矣。平易恬淡，则忧患不能入，邪气不能袭，故其德全而神不亏。"（《刻意》）他在《达生》中强调养神主要是养其内，但也不能废其外。他举例说："单豹举其内而虎食其外，张毅养其外而病攻其内"，两者各有所偏废，养生要内外并重。齐桓公心神不宁而病生，后来心神释然而病除，这都说明养生要内外并重的重要性。可以看出，庄子并不忽视形体美，但更重视精神美，对外形丑而精神美的人物大加赞扬，这种丑中之美的美学思想在中国美学史上产生了很大的影响。

庄子不仅强调养神的重要性，而且指出了养神的方法，这就是"坐忘"（《大宗师》）。对于"坐忘"，郭象注云："夫坐忘者，奚所不忘哉！既忘其迹，又忘其所以迹者。内不觉其一身，外不识有天地，然后旷然与变化为体而无不通也。"（郭象《南华真经注疏》）可见所谓"坐忘"就是虚静端坐，浑然忘掉一切物我是非差别的精神状态。他在《齐物论》中一开头所描绘的南郭子綦隐几而坐的状态，就是坐忘的具体形象。南郭子綦形如槁木，心如死灰，浑然忘掉了一切，连自己的存在也忘掉了。道家的"坐忘"如同佛家的坐禅"入定"一样，都是排除一切杂念，进入不思不想的境界。所不同的是道家把它表述为"体道"、"大同"，佛家把它表述为"涅槃"，道家是所谓"忘世"，佛家是所谓"出世"，但他们修养的途径却是一样的。

从上述各点可以看出，庄子在形神关系问题上，强调了神对形的主宰作用，重视神的重要性。同时，庄子也并不完全否定形的作用和意义，如说："夫欲免为形者，莫如弃世。弃世则无累，无累则正平，正平则与彼更生，更生则几矣。事奚足弃而生奚足遗？弃事则形不劳，遗生则精不亏。夫形全精复，与天为一。"（《庄子·达生》）所以说他在某些方面和一定意义上也承认形的作用，但从总的倾向说，形神分离，重神轻形，表现了唯心主义和形而上学的思想，对后世的美学和文学理论的发展是有害的。

二 魏晋玄佛家的形神观

道家的思想发展到魏晋时代则体现为玄学。玄学是魏晋时期的一种哲学思潮。它主要是糅合老庄思想和儒家经义以代替日益衰落的两汉经学。玄学家大都是所谓名士。他们以出身门第、容貌仪止和虚无玄远的清谈相标榜，成为一种风气。如嵇康，虽主张废弃礼法，但依然维护着儒家的伦理道德观念，阮籍虽不满司马集团，但又不敢反抗。玄学的发展经过了几个阶段：魏正始年间，何晏作《道德论》，王弼注《老》、注《易》，皆提倡"贵无"，认为名教伦理纲常，出于自然，主张君主"无为而治"。其后，魏晋之际，向秀和晋郭象注《庄子》，也认为名教和自然一致，封建秩序是天理的自然，但认为"无不能生有"，"物各自造而无所待，此天地之正也"。再次，裴頠作《崇有论》，反对王弼等的"贵无"论，表现了另一种思想倾向。东晋以后，玄学与佛学趋于合流，张湛注《列子》，明显地受佛学般若学各宗的影响，大都用玄学语言，解释佛经，于是佛学日盛，玄学日渐衰落了。

在形神问题上，儒道释互相辩难，又互相吸收，把思辨哲学推向高潮。这个历史时期形神问题的讨论经历了三个阶段：一是与人物品藻鉴赏相联系；二是与玄学的"有"、"无"说交织在一起；三是与佛家的因果论相因依。这里主要谈玄学中的形神问题。

形神之论，在中国古已有之。庄子的形神分离，重神轻形的

思想，在这时期又被神不灭论者继承，为有神论提供了依据。尽
管"神"的概念与前有所不同，但其基本精神却相差无几。魏
晋玄学家继承了传统文化中神不灭论的思想，并在新的历史条件
下赋予它新的内容。玄学中的形与神，其"神"已不完全是殷
人鬼神的"神"，也不完全是《庄》学中精神的"神"，而是包
含了人们的个性、才能、智慧等品质因素，这从魏晋人物品藻可
以看得出来。"神"是魏晋玄学家思考的主要问题，他们从不同
的方面探讨这个问题。何晏提出的"以无为本"、"无之为用，
见爵而贵"实际上就是从哲学上来探讨《周易》等所说的"不
疾而速，不行而至"的"神"的形态和境界。王弼所谓的"神"
即玄学所谓的"无"，亦即包统一切有限事物而又不为一切有限
事物所限定的无限。另一个玄学家兼文学家阮籍，对神的观念谈
得更为明确，他认为"神是自然之根"。他说："时不若岁，岁
不若天，天不若道，道不若神。神者，自然之根也。"（《大人先
生传》）在阮籍看来，从事物存在的时间久暂来说，一时不如一
年，一年不如天地，天地不如道，因为道是自然变化的表现，没
有自然就无从化生天地，所以道高于天。这种道与天（自然）
的关系的看法，自然是颠倒的，是客观唯心主义的。阮籍又认为
神高于道。他所谓的"神"就是他所引用的《周易》的话："阴
阳不测之谓神。"这样的神，亦即"自然之根"。这就是说，神
是自然运动变化的力量。阮籍从此出发，去寻找超越有限的无
限，以求得理想人格的建构，这种理想人格就是要突破封建的
"名教"和名缰利索而获得精神上的绝对自由，也就是要达到对
人的无限自由的深刻体验。玄学家把"神"规定为超越于有限
有形的一种无限自由的境界，这就把形神问题与美学文学理论的
联系提高了一步。

　　佛教抓住精神现象与物质现象不同的特点，借助中国传统的

形神二元论和有神论大煽其风。特别是西晋之后，随时代的变化，许多人已不满足于老庄和玄学的思想表现，更加宣扬佛教唯心主义观点，例如僧肇读老子的《道德经》后说："美则美矣，然期栖神冥累之方犹未尽善。"（《高僧传》）佛教徒在形神问题上所持的观点是，神是无形的，形是有限的，无形则无限，有形则有限，因而形尽神不灭。神是指普遍存在的佛性，而形则是因缘而生的骨骸，它们根源不同，实体不同，因而形尽神不灭。神是有知的，知可传，故神传，形是无知的，故形灭而不可传。在人的生命途程中，形神同样是两个生命实体，可以相合，也可以相离，等等。这些论点，都表现了唯心主义的形神观。慧远《沙门不敬王者论》中关于形尽神不灭的一段论述，其中表现了佛教徒对形神问题的看法。他说："神也者，圆应无主，妙尽无名，感物而动，假数而行。感物而非物；故物化而不灭，假数而非数，故数尽而不穷……"（《弘明集》卷五）这里慧远把"神"说得很玄奥，它要"感物"、"假数"，但又可以离开"物"、"数"而存在，它不可以图像，难以言传，"上智"之人也不能定其体状，穷其"幽致"。慧远抓住精神不是物质，精神有其能动性的合理因素，有意否认精神对于形体的依赖关系，片面夸大神与形的区别，混淆精神现象与鬼神的含义，以宣扬神不灭论，其目的就是论证涅槃境界是精神永恒不灭的表现，以形骸的死灭而精神入于涅槃为真正的永生，这种唯心主义的精神观很像马克思所说："尽管唯心主义发展了能动的方面，但只是抽象地发展了，因为唯心主义当然是不知道真正现实的感性活动本身的。"（《关于费尔巴哈的提纲》）慧远的形神观虽然在根本上是荒谬的，但在论述形与神、生与情、情与神时，包含着对于艺术创造和理论的某些合理因素，顾恺之提出的"传神写照"、"以形写神"等观点，与慧远的形尽神不灭论都有相通之处。

与唯心主义的形神观相对立的是唯物主义的形神观。早在先秦，荀子就提出"形具而神生"的观点（《荀子·天问》）。桓谭、王充分别以烛火为喻，说明精神依形体而存在，形死则神灭的道理（桓谭《新论·形神》、王充《论衡·论死》）。在佛教唯心主义猖獗的齐梁之际，范缜的《神灭论》以其锐利的锋芒，深刻的思想，精辟地论述了唯物主义的形神观，对佛教神不灭论作了有力的批判。他说："形者神之质，神者形之用，形与神不得相异也。"这就是说形神关系是主从体用的关系，形是神存在的条件，神是形的功能作用，神依形而存在，形消则神灭。针对"名既已殊，体何得一"这个佛教徒颇为得意的难题，范缜指出："神之于质，犹利之于刃，形之于用，犹刃之于利，利之名非刃也，刃之名非利也。然而舍利无刃，舍刃无利，未闻刃没而利存，岂容形亡而神在?"范缜的利刃之喻，既坚持了唯物主义一元论，又避免了将形神同视为质料的机械论，无懈可击。范缜《神灭论》彻底击败了佛教唯心主义神不灭论，为后世文学创作中正确解决形神关系奠定了坚实的基础。

三 道家的形神观与古文论

在形神问题上，由于儒道释各家的哲学思想不同，形神观也就不尽相同，其对后世的文学思想也就有着不同的影响。以老庄而言，他们的形神观对后世文学艺术写形还是写神的问题、文气的问题等，都有着这样或那样的影响。

（一）写形和写神的问题

在中国古代艺术史上，对人物的创造和描绘，基本上有三种意见，有的强调写形，有的强调写神，有的强调以形写神、形神兼备。

1. 形似说

诗文创作中的形似，是指对自然和社会中各种现象外部形状的真实描绘，写景则能巧言切状，穷形绘象；写人则声音肖貌、举止衣饰，栩栩如生，历历在目。这一切都要反映生活的真实，做到形象描绘的真实性和生动性。所以"形似"是文学艺术反映生活的基本要求，离开了这一点，所谓艺术的真实，所谓的"神似"就失去了坚实的基础。

写形，是文学艺术最初的也是最基本的要求。中国文学艺术的褓褓时期，就是以描写客观事物的形态开始的，"诗三百"写人状物首先要求形似，"'灼灼'状桃花之鲜，'依依'尽杨柳之貌，'杲杲'为出日之容，'漉漉'拟雨雪之状，'喈喈'逐黄鸟之声，'喓喓'学草虫之韵。'皎日''彗星'，一言穷理；'参差''沃若'，两字穷形。"（刘勰《文心雕龙·物色》）一部诗经，不论状物、叙事、写人，都要求做到形似。那些优秀的篇什，从写形进而到写出人和事物的神，如《氓》："氓之蚩蚩，抱布贸丝。匪来贸丝，来即我谋。"这就具体而生动地写出了人和事物的神情。早期诗歌、绘画、音乐、散文，大体上都是这样的，艺术理论中强调的"形似"，就是对这一创作实践的概括和总结。要达到"形似"，似乎容易，其实并非如此。韩非子曾经说过：画鬼容易画犬马难。意谓犬马是有形之物，是人们常见的，画得像不像，人人都可以评价。而鬼是形而上的，看不见，摸不着，凭作者的想象任意挥洒，无从凭证，故而容易，这就说明了绘画中形似的重要和难度。

文学艺术的发展是不平衡的，六朝以前，在绘画、音乐中，由写形进而强调写"神"，但在诗文创作中，却很强调"形似"，以写形为贵。在文学理论批评中，一些有识之士，在谈形似时，

虽然也提出"神似"的问题，但是并未将其作为一个概念明确
地提出。魏晋南北朝时期在诗文创作中强调"形似"是有其重
要而现实的意义的，因为当时玄言诗盛行，把文学创作引向歧
途，所以一些诗文批评家强调"形似"，旨在肯定当时方兴未艾
的"模山范水"的山水诗，而当时山水田园诗清新自然，比起
那些枯燥乏味的玄言诗来，使人耳目一新，给人以美的享受。所
以当时的诗文批评家对那些优秀的"形似"的作品都予以赞美。
沈约评论司马相如的大赋是"巧为形似之言"。钟嵘评谢灵运的
诗说："其源出于陈思。杂有景阳之体。故尚巧似，而逸荡过
之。"（《诗品》）这里所谓的巧思即形似。又如钟嵘评颜延之：
"尚巧似。体裁绮密，情喻渊深。"评鲍照："善制形状写物之
词，得景阳之淑诡，含茂先之靡嫚。……然贵尚巧似，不避危
仄，颇伤清雅之调。"（《诗品》）钟嵘在这里所说的"善制形状
写物之词"即是对"形似"的很贴切的解释。他在评张协的诗
时说得更明确："文体华净，少病累，又巧构形似之言。"形似
之言而又"巧构"，这说明诗人善于写形绘貌，达到惟妙惟肖的
程度。陈延杰《诗品注》中引何义门《读书记》说："张景阳杂
诗，'朝霞首'，'丛林森如束'，钟记室所谓'巧构形似'之
言。"就说明作者善于写景图貌，生动逼真，使人历历在目。钟
嵘对这种"形似"的作品评价并不是很高，他认为好的作品不
仅要写景，而且还要写情，五言诗的优越性就在于此。所以钟嵘
评诗，既要求写物造形，以尽物色之貌，又要穷情写意，以尽作
者之性。这种理论要求似乎强调写貌，做到形似，而实际上写形
亦写情，否则流于自然主义。

　　刘勰对"形似"的作品也作了评论。他说："自近代以来，
文贵形似，窥情风景之上，钻貌草木之中。吟咏所发，志惟深
远；体物为妙，功在密附。故巧言切状，如印之印泥，不加雕

削，而曲写毫芥。故能瞻言而见貌，即字而知时也。"(《文心雕龙·物色》) 刘勰所指，就是形似的作品。刘勰对这些作品，一方面是肯定的，因为这些"模山范水"的诗文生动逼真，给人以清新之感，所谓"自近代以来文贵形似"之语并非全属贬义。另一方面，他确实也看到自宋至齐梁，形式主义文风笼罩文坛，许多作者"远弃《风》《雅》，近师辞赋，故体情之制日疏，逐文之篇愈盛"(《情采》)。刘勰写《物色》的目的，就是为了抵制上述不良的文风，所以他指责"长卿之徒，诡势瑰声，模山范水，字必鱼贯"。司马相如这种文风与宋齐梁的形式主义文风是一脉相承的。刘勰对这些描写自然的诗赋提出了这样的要求："吟咏所发，志惟深远"，"写气图貌，即随以宛转；属采附声，亦与心而徘徊"，"以少总多，情貌无遗"。这就是说，描写自然景物，决不能只求形似，而应该寄情于景，借景抒情，做到情景交融，"物色尽而情有余"。所以刘勰对"形似"的文风既有肯定，又有否定，在这两方面的分析论述中阐明了自己的理论主张。

刘勰对"形似"作品的评价以及在《神思》篇中所表现的形神观无疑是正确的，但是这种文学上的形神观却是建立在佛教唯心主义哲学基础之上的。我们知道刘勰的哲学思想集中体现在《灭惑论》中。《灭惑论》是针对《三破论》颂扬道教"无死入圣"，攻击佛教"无生可冀"而发的。刘勰从祖佛辟道的立场出发，谈到形神问题时说："夫佛法练神，道教练形，形器必终，碍于一垣之里；神识无穷，再抚六合之外，明者资于无穷，教以胜慧，闇者恋其必终，诳以仙术……禅练真识，故精妙泥洹可异，药注伪器，故精思而翻无期，若乃弃妙宝藏，遗智养身，据理寻之，其伪可知。假使形翻无际，神暗口口，鸢飞戾天，宁免为鸟？夫泥洹妙果，道惟常往，学死之谈，岂析理哉！"刘勰的观点表露得很明确。他认为道教是练形的，佛教是练神的，练形是"药注伪器"，是虚伪的形骸，它是必终的；练神才能得到真实的妙果，跨越任何阻碍，无往不达，永恒存在。因此他认为形神可以分离，神可以离形而永远存在，这种神不灭论的佛教唯心主义的形神观，表现在文学的想象问题上，就是"形在江海之上，心存魏阙之下"（《文心雕龙·神思》），形在此而神在彼，神可以离形而独来独往。这种哲学观念虽然是错误的，但刘勰又能从文学创作实际出发，提出符合艺术思维规律的真知灼见。这一点也可以说实践突破世界观的某些局限，而提出符合艺术规律的某些重要观点，从而深化了艺术创作的理论。

魏晋南北朝时期诗文理论中所使用的"形似"概念，与后世同"神似"对举的"形似"概念略有不同，它是相对于传统的"言志"之作而言。"诗言志"强调诗是诗人情志的表现，它虽然也是触情感物而发，但毕竟未能明确提出绘物造形。而这一时期作为赞语的"形似"，却是指写物图貌，惟妙惟肖。所以诗文理论中所用的"形似"概念，旨在对山水田园诗的肯定，这从刘勰、钟嵘的理论批评中可以看得出来。

这一历史时期文学创作中的重形似，虽然与此前的绘画、音乐中的重神似不矛盾，而且有识之士的文学批评理论中在"形似"论中也含有神似说的精神，但毕竟是两种概念，两种理论倾向，这说明在这一历史时期的文学领域却未能继承和发展前人绘画、音乐理论中的"写神"的要求，说明当时人们对诗文和绘画在艺术上的异同及其规律并未能认识清楚。诗与绘画都是社会生活的审美反映，是思想情感和形象的有机统一体。它们之间的联系用古希腊诗人西蒙奈底斯的话说就是："诗是有声画，犹如画是无声诗。"（转引伍蠡甫《中国画论研究》）我国宋代画家张舜民则说："诗是无形画，画是有形诗。"（《中国画论研究》）

他们一个从形出发，把诗喻为画，一个从声出发，把画看作诗，从不同的角度说明了诗与画的共同点。在魏晋南北朝时期，诗文论家对这一方面的认识还不充分，对诗画这两种艺术各自的特点，尚未分辨清楚。作为造型艺术的绘画，以线条和色彩为材料，造成鲜明突出的形象，直接诉诸读者的视觉。因此，从人物品评的重神气到要求绘画传神，也就较快和较直接，所以绘画很早就以"传神"作为创作和评价的标尺。而诗是以语言文字作为表达手段的，语言艺术有自己的优点，但也有自己的不足，它塑造的形象不像绘画那样富于直观性，因而传神的要求也就不像绘画那样富于直接和紧迫，加之六朝时期诗文理论中又出现了"情"、"气"、"风骨"等包含着"神"这一基本要素的新概念，而用情与景、意与物、形与气等概念，来概括其形象创造的特点，因而传神的概念在绘画领域中早已成为重要的理论经验，但在诗文领域内却未曾明确地提出来。这种现象的产生，也就是马克思所说的是由于艺术发展不平衡的规律所致。随着诗歌创作的更加繁荣，"诗画本一律"（苏轼语）逐渐成为普遍的认识，到了中唐以后，"传神"才成为诗文理论的明确要求。虽然如此，但此后不少人仍坚持"形似"的要求。如白居易曾说："画无常工，以似为工；学无常师，以真为师。"（《记画》）这就明确地表示，画家所画的作品似不似，真不真，就要以原物为标准去衡量，离开原物，不似原物，就无谓工与真了。

2. 神似说

我国古代艺术理论史上一个显著的特点就是强调写神，或者叫"神似"或"传神"。所谓写神，就是强调超越客观对象的形貌细节，着重表现其精神韵味。这种理论主张滥觞于先秦道家的庄子。如前所述，庄子的哲学思想是重道轻物，在形神问题上则是重神轻形，提出"形残神全"、"美在神而不在形"的主张。

庄子不仅理论上这样倡导，而且用寓言形象地加以说明，他的"宋元君画图"寓言就是从艺术创作上说明写神的一例。"宋元君将画图，众史皆至，受揖而立；舐笔和墨，在外者半。有一史后至者，儃儃然不趋，受揖不立，因之舍。公使人视之，则解衣般礴裸。君曰：'可矣，是真画者也'。"（《庄子·田子方》）真实是艺术的生命，宋元君之所以称赞后至画工为"真画者"，就是因为他能"解衣般礴裸"，从形到神符合真的要求。在同一篇里，田子方在与魏文侯的对话中称赞自己的老师东郭顺子"其为人也真，人貌而天虚，缘而葆真，清而容物"（《庄子·田子方》）。意即他的形貌与常人一样，但是他的为人很真纯，内心与自然契合无间，能顺应外物而保守天真，他的精神是真的美的。

　　庄子的上述思想，影响到后世的艺术创作就是要求写神。西汉前期的《淮南子》，是淮南王刘安集其门客编纂而成，其思想体系比较复杂，但主导倾向近于道家。高诱在序中说此书："旨近《老子》，淡泊无为，蹈虚守静。"此书的美学和艺术思想受老庄的影响更为明显，其中对形神的看法更倾向于庄子，在绘画和音乐方面明显提出了"君形"的要求。《说山训》说："画西施之面，美而不可悦；规孟贲之目，大而不可畏，君形者亡焉。"高诱注曰："君形者"即"精神也"（《淮南子·精神训》）。云："故心者形之主也，而神者心之宝也。"所以神是心的核心，形骸的主宰。换言之，神乃形之君，故曰"君形者"。画西施之貌，孟贲之目之所以"不可悦"、"不可畏"，就是因为它仅仅写了形貌而没有写神，绘画这样，音乐也是这样。《淮南子·说林训》有："使但吹竽，使工厌窍，虽中节而不可听，无其君形者也。"一个吹竽者，声音虽然合乎节奏旋律，这仅仅是一种形式上的美，如果不能吹出主宰这些声音节奏的"神"，而创造出音乐的形象和境界，那么这些声音和节奏仍然不能打动人的心弦而给人以美的享受。

庄玄的形神论对东晋画家顾恺之的画论也产生了重大的影响。

魏晋时期，由于老庄及佛学思想的影响，人们重神不重形，许多士大夫及知识分子放浪形骸之外，不受世俗封建礼教的影响，人们常给这种精神风貌以很高的评价，这就形成了晋代人物品评的风气，这种风貌体现在文学艺术作品中就是讲求神韵，例如评梁简文帝的诗风曰："文若为诗……神韵乃生。"

道、玄常以"得鱼忘筌"为喻说明神明高于形骸，顾恺之接受了这一思想并加以引申发挥，说"筌生之用乖，传神之趋失矣"（李泽厚《美学史》）。意谓"形"是用来捕捉和表现人物的"神"的，它本身并无独立于"神"的价值，如果对形的描绘不能产生表现"神"的作用，那么形就失去了价值，神也得不到表现。

顾恺之在前人"君形"说的基础上，进一步提出了"传神写照"说。据《世说新语·巧艺》记载，顾恺之"画人，或数年不点目睛。人问其故，顾曰：'四体妍蚩，本无关于妙处，传神写照，正在阿堵中'"。"写照"一词，本出自佛学，它是指一种神妙无方的精神和智慧的心灵活动，写照本质上也是传神，但是这种传神，不是凭空表达的，而是要通过形貌的描绘来体现的，因此，"写照"本身就包含着形似的要求，只是通过外形的写照，才能达到传神的目的。所以，顾恺之的形神观不仅比庄子的"形残神全"说更全面，就是比《淮南子》的"君形"说也更为合乎创作的实际，他画裴叔则时的"益三毛"（《世说新语·巧艺》）就是这一创作精神的体现。

在顾恺之看来，创作上要能"传神写照"，作家就要"迁想妙得"。"迁想"是一种不为形象所限而超越于象外的想象，亦即他所说的"托形超象"；"妙得"是指对象外"神"的感受和领悟，只有迁想才能妙得。所以"迁想妙得"实际上是一种形象思维，它的特点在于：不为某一具体的物象所拘束而展开想象，是在直感地领会和把握由想象所得的形象所呈现出来的某一微妙的精神，亦即某种提到了形而上的哲理高度的精神表现。后来唐季嗣真所说的"得妙真于神会"即由此启示而得的。艺术家只有用"迁想妙得"即形象思维，才能创造出传神的形象来。

在文学上直接提出"写神"的是杜甫。杜甫接受了六朝以来画论乐论中的"神似"思想以及刘勰、钟嵘文学理论批评中要求写神的精神，在诗文创作中直接运用了"写神"的术语，提出了"传神"的要求。杜甫诗歌中的"神"含义有多重，有的是指"传神"，如"韩干画马，笔端有神"，这"神"指的是精神，是说韩干画马能传神。有的是指神来之笔，如"诗成觉有神"，这"神"指的是灵感袭来，一气呵成。"读书破万卷，下笔如有神"也是这个意思。杜甫的诗歌理论是从他的诗歌创作实践中总结出来的，而他的创作实践又与他的世界观、生活态度分不开。杜甫倡导的写神是与写"真"结合在一起的。写真就是要写出事物的本质真实，杜甫所说的"忧时记朝夕"、"笔端笼万物"就是说他要写时代的真实，生活的真实。要写出这样的真实，靠"曲解毫芥"的自然主义方法是不行的，而要用"以少总多"典型化的方法才行，而写神则是这种方法的关键。杜诗研究者总结了杜甫写神与写真相结合的创作经验，并且予以理论概括。陆时雍在评杜甫的《石壕吏》时说："其事何长，其言何简，吏呼二语，便当数十言。文章家所云要会，以去形而得情，去情而得神故也。"（《杜少陵集详注》卷七）应该看到，"得神"是一切优秀文学作品的必备条件，而不是杜诗独有的特点，而杜诗独有的特点是写神和写真的结合，神中有真，真体现着神，这就是杜诗现实主义写神的特点。杜诗赞扬曹霸画马，是因为"将军善画盖有神，偶逢佳士亦写真"。这就是说曹霸画马，能够以形写神，形神兼备。他把这种理论付诸创作实践，就使他的诗歌创作达到真实性与典型性高度完美的统一，通过写真来写神也就成了杜甫现实主义文学形象化典型化的最凝练的概括。

唐代中叶，皎然又提出了"神诣"和"神遇"说，跟杜甫的形神论表现出不同的思想倾向。皎然论诗更强调写神，他认为诗的最高境界就是"神诣"。他说："诗人造极之旨，必在'神诣'，得之者妙无二门，失之者邈若千里，岂名言之所知乎？故工之愈精，鉴之愈寡，此古人所以长太息也。若非通识四面之手，皆有好丹非素之失僻，况异于此乎？"（《诗式》序）所谓"神诣"是指诗的思想和艺术达到精极神妙的境界。我们知道，文学创作一方面是客观的物境，一方面是诗人主观的意，诗人主观的意对客观的物境，心领神会，融合无间，物我一体，这样写出的诗才能达到精极神妙的境界。他认为谢灵运的诗就达到了这样的境界。相反，有些人对于客观事物不能"兴生于中"，只在形式技巧上下功夫，"好丹非素"，这样"工之愈精，鉴之愈寡"，写出的诗虽然形象俱佳，而缺乏神情，这样的诗当然达不到"神诣"的境界了。

皎然在提出"神诣"的同时，还提出达到神诣的途径，即"神遇"或"神会"。他在《立意总评》中说："前无古人，独生我思，驱江鲍何柳为后辈，于其间或偶然中者，岂非神会而得也？……诗人意立变化，无有倚傍，得之者悬解。"又说："盼来方知造境难，象忘神遇非笔端。"（《奉应颜尚书真卿观玄真子置酒张乐舞破阵画洞庭三山歌》）他认为造境的难处，不在于摹写生活的图像，而在于体现出作者的神情。要达到这样的境界，就要作者的神与相应的客观境象密切交融，这就是"神遇"，又称"神会"。皎然这一思想实际上是受了庄子的影响。庄子在《养生主》中说："安时而处顺，哀乐不能入也，古者谓是帝之悬解。"所谓"悬解"是指作者的心灵去洞鉴深奥的事理。庖丁解牛之所以能"神遇"，就是因为他的心灵能洞鉴深奥的事理，掌握事物的客观规律，用庖丁的话说："臣之所以好者，道也，进乎技矣。"皎然暗用了庄子这一"悬解"的典故，说明作家在诗歌创作中，只有捕捉住主观对客观景象心领神会的暂短契机，抓住客观境象中最能传神的情景进行创作，才能达到"神诣"的境界，这表现了皎然在诗歌创作上重"神似"、"传神"的美学思想。

　　在诗文创作中倡导"传神"最力而且披上一层玄虚色彩的是司空图。如果说杜甫是从儒家方面谈"传神"，皎然从释家方面谈"神诣"，那么司空图的"离形得似"说（《诗品·形容》），则笼罩了一层道玄的思想色彩。所谓"离形"即离形貌，"得似"即得神似，这就是尚神似而不求形似。从这里能否得出结论说司空图不要形似呢？不能。清纪昀在《四库全书提要》中谈到《二十四诗品》时说："各以韵语十二句体貌之。""体貌"就是形容、描写，以求"形似"。在文学艺术创作中，形和象是神和意存在和表现的基础，离开了形和象，神和意就无从表现，所以从根本上讲，艺术创造是不能离开形的。

　　那么如何理解司空图所说的"离形得似"呢？司空图的原意是说，在诗歌创作中，不能胶柱鼓瑟，拘泥于形似，停留在形貌的描写上，而应该超越形貌的描写，刻画出人物的精神世界，即所谓"略形貌而取神骨"。这里所说的"略"，不是说不要，而是说不要醉心于形貌的描写，要把重点放在意和神的表现上。

通过"形"体现"神","离形得似"得的就是神似，也就是传神。因此，我们不能机械地理解"离形"，而应该正确地理解其精神，否则，将走向司空图本意的反面，只有正确体现了"离形得似"精神的诗，才能使人感到其味无穷。

"离形得似"说，实际上是艺术创造的典型化理论，它对传统的形神论作了重要的发展，"离形得似"说构成了司空图诗歌美学的重要内容。他的诗论，对艺术创作和欣赏的特点和规律的认识，有重大的贡献。但是由于对这些问题讲得过于空灵玄虚，因而就使得他的诗歌美学带上了神秘的色彩。同时，由于他受道、玄消极思想的影响，表现了一种没落的思想情绪和虚无的生活态度。他以这种美学思想作为标准评诗论人，就把那些现实性、思想性、人民性很强，而在艺术性方面有所不足的诗加以贬斥，这正表现了他诗歌美学落后的一面。

神似说发展到宋代带上了佛教的色彩，严羽的"入神"说就是这方面的体现。严羽对诗的最高要求是"入神"。他说："诗之极致有一：曰入神。诗而入神，至矣，尽矣，蔑以加矣！惟李杜得之。他人得之盖寡也。"（《沧浪诗话·诗辨》）什么是严羽所说的"入神"？这就是说，诗要有言外之意，弦外之音，耐人品味。诗要"入神"就要能超越"形"而具有更深层的意蕴。他对此曾作了形象的比喻，说盛唐之音全在"兴趣"，有如"空中之音，相中之色，水中之月"。严羽所说的"兴趣"也就是"神"的同义语。如果说"月"和"象"是"形"，是实体，那么，"水中之月"、"镜中之相"就是神，前者是实，后者是虚。佛家常爱用月作比喻，说明人生的虚幻性（如说"一切水月一月摄"等）。严羽把这一比喻引进诗的创作领域，说明诗要写得高明，仅仅写出外在的形象是不够的，更重要的是要写出这一形象所深藏的意蕴，写出形象中所含藏的"神"，如同形骸中所包含的灵魂一样。换句话说,诗写得太实了,就会胶柱鼓瑟,与实物一体,失去了艺术的特点,只有有实有虚,实虚结合,做到言有尽而意无穷,才能达到"入神"之妙。

"神似"说发展到清代,王士祯则提出了"神韵"说。由于他对"神韵"一词未作出准确的界说,只是用前人的诗语加以比拟形容,因而含义较多,人们对它的理解也歧义百出。但"神韵"的基本精神并未超出前人的意见,即诗歌创作要跨越语言形式的局限而突出诗的神情。也就是说,诗不要写得太现实、太执著,而要写得玄虚空灵、含蓄蕴藉、超逸淡远、不含明确的思想意蕴。他认为要创造出这样的神韵,作家就要"兴会神到",这是达到神韵的途径。其实所谓的"兴会神到",不过是即兴灵感而已,它与"神韵"的内涵基本上一致,都是"传神"、"神似"这一理论的发展。

"神韵"说在重视艺术的特点和规律方面有积极的一面,但由于过分强调了"虚"的一面,忽视了社会生活和思想感情对诗的重要意义,因而流于虚幻神秘。王士祯的"神韵"说,具有空灵、飘逸、淡远的特点,它也是有唐以来王维、孟浩然一派诗风的总结,是皎然、司空图诗学的继承和发展,与杜甫、白居易一派的诗风形成鲜明的对照,在传神问题上具有更多的消极因素。

3. 形神兼备说

"写形"和"写神",虽然是艺术创作中两种不同的主张,但在艺术评论中,很少有人把二者绝对对立起来。艺术实践证明,形与神是不能分离的,二者是对立的统一。"形恃神以立,神须形以存。"在一般情况下,神总是依附形而存在,不可能完全脱离形而独立。形消而神灭,神不可能离形而永恒地存在下去。艺术创作上强调写形或写神,是就其主要倾向而言,并不是将两者截然分开，更不是把两者对立起来。有识之士都强调既要写形，又要写神，应该做到形神兼备。关于这一点，早在汉代的《淮南子》就谈过了。《淮南子》继承了道家的特别是庄子的形神观，偏重神似，甚至比庄子更强调"美在神"的文学思想。但《淮南子》不同于庄子的地方在于它重神并不轻形，只是强调"形"要"神"来统帅。《原道训》说："故以神为主者，形从而利；以形为制者，神从而害。"《诠言训》又说："神贵于形"，故"神制则形从，形胜则神穷"。这种形神观具有朴素辩证法的因素。如果说庄子重神轻形的思想有片面性，会引起不良的后果；那么，《淮南子》重神而并不否定形式美的形神观，是对庄子形神观的纠正和发展，对艺术形象的创造有着重要的意义。

刘勰虽然重神，主张形神分离，但谈到文学创作的实际时，也是要求以形写神，形神兼备。他在批评"近世以来，文贵形似"时，主张要"吟咏所发，志惟深远"（《物色》），"写气图貌，形中包气"，这里的"气"与"神"，是大体相同的概念，是六朝"神"的概念的特殊用语。形中包气，就是形体现神，也就是说，描写自然景物决不能只求形似，为描写而描写，而应该寄情于景，情景交融，做到"以少总多，情貌无遗"（《物色》）。在谈到艺术构思中的想象时，他提出"神与物游"的命题，神虽然可以离形而远去，但也不是纯属空运，而是神伴随着物象而进行。刘勰认为神与形可合可离，相合时，"神居胸臆"，隐遁不出；相离时，"神与物游"。刘勰虽然是佛教唯心主义者，但他总结了前人的创作经验，因此，他谈到文学创作时，仍然是以形谈神，并未离形而谈神，他所说的"神与物游"、"形中包气"等，仍然是"以形写神"、"形神兼备"的精神的体现。

杜甫强调写神，但他同样注意写形，他说："粉墨形似间。"

在杜甫看来，"形似"作为文学创作的基本条件是必要的，"不似"就不能成为文学艺术。但形似只是神似的基础，艺术更高的要求是神似。他在《丹青引赠曹将军霸》中写道："弟子韩干早入室，亦能画马穷殊相。干惟画肉不画骨，忍使骅骝气凋丧。将军画善盖有神，偶逢佳士亦写真。"杜甫把名画师曹霸的画马与其弟子韩干的画马作了比较，认为韩干的画马虽然能"穷殊相"即画出形似，但他只能画肉，不能画出马的"骨"、"气"，即不能传神。而曹将军画马，通过精心构思，既能画形，又能传神。杜甫通过两个画马的对比，从中领悟到诗文创作既要重神，又不可轻形。杜甫的诗是现实主义诗歌创作成熟的标志，他的创作经验用理论的形式来表述就是"以形写神，形神兼备"，这一理论后来成为写实派文学艺术家奉行的理论原则和追求的目标，梅尧臣、元好问、王夫之等许多人都从不同的角度进行了引申和发挥，它对后来的诗歌、小说、绘画、书法等各种艺术样式产生了很大的影响。

4. 在形神问题上的争论

重写神，还是重写形，在这个问题上曾经引起了一场争论。这场争论是由苏轼引起的。他在《书鄢陵王主簿所画折枝》中说："论画以形似，见与儿童邻。赋诗必此诗，定非知诗人。"苏轼的这首诗，前两句论画，要求绘画不拘泥于形似，而要神似。后两句论诗，要求诗歌创作不要执著于所表现的生活内容，而要表现出言外之意和韵外之致，也就是苏轼所强调的"画贵神"，"诗贵韵"。这一艺术倾向和他的哲学思想是分不开的。苏轼的思想比较复杂，儒、道、释兼而有之。在文学创作上既有现实主义，也有浪漫主义。表现在形神问题上是重神过于重形。重神重韵表现了苏轼论画的浪漫主义倾向。苏轼的形神论曾引起当时和后人不同的看法并引起了争论。当时的晁以道认为其言过偏，并写了一诗和之云："画写物外形，要物形不改；诗传画外意，贵有画中态。"意谓绘画要外形符合描写对象的特征；赋诗要求直接表现画的内容。如果画改了物形，诗韵离开了内容，只求画外之神，韵外之致，那么诗画则空灵玄虚，失去了本来的面目。晁苏二人分歧的焦点是贵形似，还是贵神似，以及如何看待形神的关系。对于苏轼的这首诗，宋元明清各代的诗人和文论家中许多人发表了意见。有的肯定，有的否定，而程度又各有不同。

在肯定的意见中，如清代的盛大士说："不知此旨者，虽穷年皓首，罕有进步"（《谿山卧游录》），他完全肯定苏轼意见。袁枚则既肯定又有补充修改，他针对这首诗的最后一句说："此言最妙"，但又说："作此诗而竟不是此诗，则尤非诗人矣"，并由此作了补充修改："不是此诗，恰是此诗。"（《随园诗话》卷七）乾隆也说："东坡甫言半，吾为阐全理。"（《乾隆御制诗》五集，卷九十）他也认为东坡论诗话的意见是对的，但不全面，既不能"必此诗"，也不能"非此诗"，既有肯定，又有修改补充。

持否定意见的作家，除晁以道之外，还有明代的李贽、杨慎等人。苏轼这首论画诗，本来记录在李贽的《焚书》里，在他记述的过程中倾向性是很明显的，他不赞成苏轼的意见，并借用升庵的话来佐证己说。升庵认为苏诗"其言偏"，说晁以道的和诗出，"其论始定"。晁以道和诗云："画写物外形，要物形不改；诗传画外意，贵有画中态。""卓吾子谓改形不成画，得意非画外，因复和之曰：'画不徒写形，正要形神在；诗不在画外，正写画中态。'"（李贽《焚书·诗画》卷五）意谓绘画就要形似，否则就不成其为画；写诗要有情意，但这情意的取得，也是从诗中体现出来的。绘画和写诗，既要形似，也要神似，离开形似，神似就无由得以体现。清代赵翼对苏轼的诗画论也持不同意见。他写道："'作诗必此诗，定知非诗人'。此言出东坡，意取象外神，羚羊眠挂角，天马奔绝尘。其实论过高，后学未易遵……吾试为转语，翻案老斫轮。作诗必此诗，乃是真诗人。"（赵翼《论诗》、《瓯北集》卷四十六）邹一桂所说的东坡"以形似为非，直谓之门外人可也"（《小山画谱》卷下），徐沁所说的"造微入妙，形模为先"，也都批评苏轼不把形似置于首位。

从这场争论中可以看出，在文学艺术的创作中，有的强调形似，有的强调神似，有的强调以形写神，形神兼备。从中国文学史、艺术史上看，持形似论者主要有钟嵘、白居易、宋院画派、赵翼等。持神似论者，有《淮南子》、顾恺之、谢赫、杜甫、范仲淹、张若虚等。上述各家及其持论，是就其主要倾向而言，而主张绝对形似或绝对神似者很少，许多人在阐述自己的主张时往往兼而论之，这也就形成了以形写神、形神兼备的观点。即使如此，中国艺术史文学史上神似说、形似说这两个营垒仍是界限较为分明的。

从这场争论也可以看出，中国艺术史、文学史上虽有重神重形和形神兼备的三种主张，但占主导地位的是重神说，而那些具有远见卓识的作家理论批评家，总是辩证地看待形神关系，重在写神，但不忽视形，期望做到以形写神，形神兼备，但就其基本倾向而言，仍属于写神派，所以实质上是写神派和写形派的争论。而这两种主张的论争，又是与作家、理论批评家的思想倾向、创作方法的特点联系在一起的，主张形似而又兼神似的，大都属于现实主义范畴，主张超越形似而表现神似的，大都属于浪漫主义范畴，而单纯主张形似的形式主义者，在中国艺术发展史上的地位是很次要的。所以形神问题，不单纯是文艺创作问题，而是与作家的哲学思想、美学思想、生活经历、个性气质联系在一起的，而从各种不同的角度强调写神，则体现了中国传统文学思想的特色。还应该看到，在写形和写神的争论中，作家虽各有主张，都能自圆其说，但从文学艺术的发展观点看，由强调写形到强调写神，则是艺术创作及其理论的进一步深化，更符合艺术的特点和规律，更凸显了中国艺术的民族特色。

（二）形神论与文气说

文学艺术创作中的形神问题，又和文气说密切相连。哲学上的形神论，体现在养生学上，主要是指身心的调养护理，也就是生理（形）与心理（神）的调养护理及其相互关系；体现在文学上表现为文学的风格和作家的个性气质的关系，它们都是同一个问题在不同层次不同范畴的体现。

"气"也是中国哲学史上一个重要的概念，它的含义相当复杂。唯物主义者认为"气"是世界的物质本原，阴阳二气相互作用产生天地万物。如管子说："凡物之精，此则为生。下生五谷，上为列星。"（《内业》）他认为"精灵"之气，为人所有，"灵气在心，一来一逝，其细无内，其大无外"，又说"精也者，气之精者也。气，道乃生，生乃思，思乃知，知乃止矣"（《管子·内业》）。所以"精"不是普通的气，而是极微的灵气，为人所钟有。《易·系辞上》也说："精气为物，游魂为变"，这也就是说，阴阳两种气，相摩相荡，产生万物，而人则是精灵之气，这些都肯定了气的物质性。唯心主义者，或认为世界的本原是"理"或"道"，而气不过是"理"或"道"的派生物，如南宋朱熹说："未有天地之先，毕竟也只是理。……有理，便有气流行，发育万物。"他认为"理在气先"，"理生气"（《朱子语类》卷一）。道家也视"道"为宇宙的本体，而"气"则是第二本体。《淮南子·天文训》说："道始于虚廓，虚廓生宇宙，宇宙生气。"北宋张载说："太虚不能无气，气不能不聚而为万物。"（《正蒙太虚》）不管什么形式的唯心主义都把物质和精神对立起来，认为精神是世界的本源，气是由精神产生的，把物质和意识的关系颠倒了。

道家的创始人老子在谈"营魄抱一"，强调形神统一的同时，也强调气对神的作用，他说："专气致柔，能如婴儿乎？"（《老子》第十章）这里所说的"专气"与管子所说的"搏气如神，万物备存"的含义相同（《管子·内业》）。意思是说：专心致志，不思不想，凝精聚气，使之达到最柔和最平静的境地，这就是养气"之至也"。他并以赤子为喻，说赤子"未知牝牡之合而朘作，精之至也"。（《老子》第五十五章）由于婴儿纯真、柔和、平静，虽不懂男女交欢之事，但能外发朘作，这是由内而现于外的缘故。在这里老子论述了气与精神的关系，认为气可以充神；但不是所有的气都如此，只有纯真柔和之气，才可以使精神饱满，内心充实，否则，以任性和贪欲使气，就会损害精神，有悖于内心的修养。

庄子在神与气的关系上强调以气充神。庄子所说的"气"，一是指自然和生理之气，他说："大块噫气，其名为风"（《齐物论》），"乘天地之正而御六气之辩"（《逍遥游》）。又说："人之生，气之聚也；聚则为生，散则为死。"（《知北游》）不管是气动为风也好，气的聚散也好，这气都是自然的，物质的。庄子所说的"气"的另一个含义是指作为认识和感受事物的一种思维方式，他借颜回和孔子的对话表述了这一思想。"仲尼曰：'若一志，无听之以耳而听之以心，无听之以心而听之以气！耳止于听，心止于符。气也者，虚而待物者也。唯道集虚。虚者，心斋也。'"（《人间世》）这就是说，气是指心灵活动达到极精纯空明的境地，不受任何外因的干扰，这样的心境是空灵的，虚的。

唯其虚，才不存任何偏见而能真实地感应外物。气的感应外物与耳心的感受外物是不同的，耳，只不过是外物的一种感觉，心仅仅是与外物相符合，而气则不然，它是空明的，可以感应外物，容纳万境，达到纯真的地步。这种虚不是空虚、乌有，而是看不见，摸不着，但确实存在着，是精神修养的结晶，是得"道"的体现。庄子在这里把气、神、道统一起来，把气作为神的基础，道作为神的灵魂，只有体现了道，才能充于内而勃于外，神旺气清。

老庄的神、气论对后世产生了很大的影响。司马迁禀承了乃父之旨，也很重视养生，从生理上和心理上阐述了形、神、气的作用。他在《史记·太史公自序》中谈《论六家之要指》时，谈到道家说："凡人所生者神也，所托者形也。神大用则竭，形大劳则敝，形神离则死。死者不可复生，离者不可复反，故圣人重之。由是观之，神者生之本也，形者生之具也。不先定其神，而曰'我有以治天下'，何由哉？"他科学地论述了形神的关系。他虽然没有明确地提到气与神的关系，实际上也说明了气是神的基础，这与道家所说气之散聚与人之生死的精神是一致的。他把这一原理运用到《史记》的写作中，塑造和评论历史人物，表现了一个卓越历史学家的形神气的美学思想。东汉王充把气与人的精神活动联系起来，提出精神本以血气为主的观点（《论衡·论死》）。"血气"是指构成人体的物质元气，由于人们的血气不同，个性气质不同，因而表现在文学作品的风格上也就不同，这也是后来曹丕、刘勰等人谈作家的个性气质与文学关系之所本。

形神气说发展到魏晋南北朝，与玄学结合起来，对文论产生了很大的影响。运用"气"来解释文学创作的作家，当首推曹丕，他所谈的"气"主要是指作家的气质、个性，这是作家生理上的血气在文学作品中的体现。他在《典论·论文》中说：

"文以气为主，气之清浊有体，不可力强而致。譬诸音乐，曲度虽均，节奏同检，至于引气不齐，巧拙有素，虽在父兄，不能以移子弟。"这里的气指的是文气，他首先从文章的风格特色入手，认为各个作家的风格特色不同，是由于作家各有不同的个性和气质，这些具有不同个性和气质的作家，在感受和认识生活、描写生活和表达思想感情上就各不相同，这样就形成了不同的风格和特色。他评建安七子，说"徐干时有齐气"，"应瑒和而不壮"，"刘桢壮而不密"，"孔融体气高妙……理不胜辞"。这些作家之所以各有特色，就是由于气质和个性不同，用曹丕的话说，就是"气之清浊有体，不可力强而致"。所谓"清"，就是俊爽豪迈的阳刚之气，"浊"就是凝重沉郁的阴柔之气。而这些不同的气，是生理的和心理的总和，是先天的血气才性，生而具有，"虽在父兄，不能以移子弟"。曹丕基于"血气"的文气论，虽有先验的唯心主义之嫌，但也具有一定的科学意义。因为唯物主义者并不否认一个人先天的禀赋对一个人具有的意义，而只是强调社会实践对人的个性气质的形成发展变化所起的作用。承认先天禀赋并不都是唯心主义的，要不然生理学、心理学这些科学都成为多余的了。只是由于曹丕过分强调了作家的先天禀赋，忽视了后天的社会实践对作家的意义，表现出一定的先验的思想倾向。

　　直接继承和发展了老庄形神气思想的，还有魏晋玄学家嵇康。他的《养生论》是魏晋时期养生学的代表著作，他把养神养生的思想提到"玄学三理"的高度，以生理与心理的关系作为现实人生形神关系，以气作为形神关系的基础。他本着形神相依的原则，既重视养形养生，又重视养神养气，为文学的形象性格的塑造和风格的形成打下了坚实的基础。

　　老庄形神气的学说对刘勰文学思想的影响尤为突出。他在

《文心雕龙》中吸取了道玄养生学的思想。在《神思》、《养气》等篇中，集中论述了形神气的问题。在《神思》篇中，他着重谈了神与气的关系。他说："神居胸臆，而志气统其关键"，"关键将塞，则神有遁心"，意谓人的精神藏在胸腑之内，志和气是统帅着它活动的关键，志气通畅，神就会与物同游，"或理在方寸而求之域表，或义在咫尺而思隔山河。"（《神思》）在这里志和气各有不同的含义而又密切相关。"志"主要指的是精神活动的意志力，"气"则主要是指生理活动的生命力。"志"、"气"二字又是相对而出，互文见义。"志盛"与"气衰"相对，"精气内销"与"神志外伤"相对，两者的关系刘勰认为是"气以实志，志以定言"（《体性》）。也就是说，"志"统帅着"气"，"气"充实着"志"，"志气"既是生理的基础，又是心理的基础。志气又是"神与物游"的关键，只有志气通畅，想象才能展翅飞翔。志气如何才能通畅呢？刘勰说："陶钧文思，贵在虚静，疏瀹五藏，澡雪精神"（《神思》），这就是说，作家要排除困扰，清除思想杂念，使身心处于虚静的状态，这样就可以使志气通畅，神与物一起展开活动。

刘勰为了使作家神旺气充，他在《养气》篇中进一步论述了养生和养神的关系。他说："夫耳目鼻口，生之役也；心虑言辞，神之用也。"他视耳目口鼻为生命的工具，心虑言辞为精神的动力，两者内外有别，轻重各异。生理状况固然会影响心理，但心理状况更为重要。"率志委和，则理融而情畅；钻砺过分，则神疲而气衰。"（《养气》）这说明作家在写作时，应该从容不迫，随心抒写，不要苦思冥想，损气伤神。这与《神思》中所说的"秉心养术，无务苦虑，含章司契，不必劳情"也是同一个意思。作家神气旺盛，也是艺术创造力最旺盛的时候，是精力充沛的结果，如果精神疲劳，情绪低落，气衰力竭，也就不可能信笔挥洒，运笔如神。要不然，如刘勰所说："若销铄精胆，蹙迫和气，秉牍以驱龄，洒翰以伐性，岂圣贤之素心，会文之直理哉！"（《养气》）所以必须养气保神，所谓"元神宜保，素气资养"是也。因为气是神的具体体现，神旺神疲，就从文气上表现了出来，所以《养气》开头就说："昔王充著述，制《养气》之篇，验己而作，岂虚造哉！"

刘勰不仅论述了养气的重要，而且还提出了养气的具体方法。他说："吐纳文艺，务在节宣，清和其心，调畅其气，烦而即舍，勿使雍滞，意得则舒怀以命笔，理伏则投笔以卷怀，逍遥以针劳，谈笑以药倦。"（《养气》）在心情舒畅精神旺盛时，挥毫著文；心情抑郁精神倦怠时，放下笔，调养身心，只有这样，才能志气不衰，保持着创作的旺盛力。"率志委和"，其中心就是说养气保神，要顺乎自然。所以范文澜解释这一问题时说："彦和论文以循自然为原则。"（《文心雕龙注》）这确是中的之谈。

可以看出，刘勰的"率志委和"的思想是和道家的养生学分不开的。庄子曾说："生非汝有，是天地之委和。"（《知北游》）也就是说，你的形体生命不是你的所有，乃是天地所委赋的和气。又说：人的生死不过是气的聚散，凝聚则为生命，失散则命终，"通天下一气耳！"（《知北游》）气既然是人的形体和精神的关键，要使形神健旺，就要善于养生养气，"缘督以为经"（《养生主》），即顺着自然的理路以为常法，就"可以保身，可以全生，可以养亲，可以尽年"。刘勰"率志委和"的思想也受了魏晋玄学家嵇康等人的影响，他从嵇康的《养生论》中吸取了既养气，又养神，而养神重于养气的思想，这与庄子的思想是一脉相通的。刘勰也受了道教家葛洪文学思想的影响。葛洪说："身劳则神散，气竭则命终。"（《抱扑子·至理篇》）这也是刘勰养生学之所本。葛洪是道教的理论家，他与老庄思想有着千丝万缕的联系。《抱朴子》内篇言神仙方术、鬼怪变化、养生延年、驱邪禳祸之事；外篇"言人间的得失，世事臧否"。他的思想以神仙养生为内，儒术应世为外，内道外儒，用道家术语解释炼丹养生，他的许多说法如气的聚散说等都本自老庄。刘勰的保神养气秉心养术说，不论从养生方面或文学创作方面谈都受到葛洪思想的影响。

　　总之，刘勰接受了道玄养生思想的影响，对形神气作了全面的阐述，他既重视养形，又重视养神，而重神又过于重形；在神与气方面，他认为气是形的基础，也是神的基础，只有气充神足，"志气"通畅，才能神与物游，进入创作的最佳境界，从而创造出形神兼备的艺术形象。

　　气与文的关系在韩愈那里则以另一种形式表现出来。韩愈倡"气盛言宜"说。他在《答李翊书》中说："气，水也；言，浮物也；水大而物之浮者大小毕浮，气之与言犹是也，气盛则言之短长与声之高下者皆宜。"人们皆以为韩愈是从儒家的立场观点出发谈气对文的影响，与道家的文气说是对立的。而韩愈也以儒家传统的继承者自居。事实上他的气盛言宜说受孟子的养气说较为明显。孟子所说的养气主要是指精神的修养，他是以儒家的仁义道德作为气的重要内容，以此充实其精神。但问题还有另一面，即与道家养生学的自然之气相联系的一面。韩愈所说的"气"主要指文章的"气势"，而文章气势的强弱盛衰又是以作家生理的和心理的气质为基础的，血气刚强，精力充沛，表现在文气上，自然节奏短促，文气旺盛，像曹丕所说的刘桢那样"壮而不密"，否则力弱气屡，则诗文节奏缓慢，风格纤柔，像曹丕所说的"齐气"一样。归根结蒂，文章的气势又和作家生理的血性气质密切相关，在这一点上它与道玄的养生学是密切联系在一起的。

韩愈的"气盛言宜"说分明是针对骈体文的形偶对仗、矫揉造作的特点而发的，这种形式束缚了人们的思想，走向形式主义，所以韩愈要发起一场古文运动，要革除骈文的流弊。韩愈自己的创作，实践了自己的理论主张，他的文风就是以浑浩流转气势充沛见长，语言自然流畅，气派宏伟开阔，这和庄子汪洋恣肆的文风又有相通的一面。

刘大魁也是从儒家的立场谈文气的。他承袭了孟、韩的养气说以及唐殷璠的"文有神来气来情来"的观点，并吸收了道家养生学的成分，形成了桐城派的文气说。他企图从作者主观的"神"、"气"对文学特点的形成来探讨散文写作的特点。他认为文人写作本以"明义理、适世用"为"能事"，而"能事"的内涵包括"神气、音节、字句"，神气是文最精处，音节是文之稍粗处，字句是文之最粗处。由粗及精以求文之神气。他说："积字成句，积句成章，积章成篇，合而读之，音节见矣；歌而咏之，神气出矣。"（《论文偶记》）桐城派论文，虽谈音节字句，但那只不过是手段，而是通过音节字句以求神气，因为神气是文之最精处，是形成文学风格最本质特征的东西。

那么神与气是什么关系呢？刘大魁说："行文之道，神为主，气辅之。"（《论文偶记》）文章最要气盛，然无神以主之，则无所附，荡乎不知其所归也。神者气之主，气者神之用。这就是说，神统帅着气，气是神的物质外壳，离神言气，则气无所依附，离气言神，则神无所体现，二者是内容和形式、体与用的关系，密切不可分割。表现在文学中，神是作家的精神，其内核则是世界观和思想感情；气则是指文章的气势，文章气势的强弱，取决于作家的精神力量，即世界观和思想感情。作家的神和气在作品中又不是架空的，它体现在音节字句上。就文学鉴赏说，通过音节字句以探求文学作品的神气。就文学创作说，要以神运气，以气行文，这样才能达到神气、音节、字句俱佳的境界。这是桐城派刘大魁对神气与文学之间的关系认识上的一个贡献。但其缺点是作者离开了一篇文学作品所表现的社会生活和思想内容，只从音句上求神气，难免陷入形式主义的泥坑，因而其片面性是显而易见的。

以"诚"论气，则是强调了文气的重要社会效果。持此观点者认为，作家的思想感情愈真诚，文学作品的气势就愈能动人。宋释惠洪在《冷斋夜话》中转引李格非的一段话说："诸葛孔明《出师表》、刘伶《酒德颂》、陶渊明《归去来辞》、李令伯《陈情表》皆沛然从肺腑中流出，殊不见斧凿痕。是数君子，在后汉之末两晋之间，初未尝以文章名世，而其意超迈如此。吾是知文章以气为主，气以诚为主。"惠洪又说："故老杜谓之诗史者，其大过人在诚实耳。"这就是说，作家作品之所以能动人，主要原因在于气，而气又以诚为主。这里所说的气，是指作家的气质，而这种气质禀赋主要是先天的，但也要受后天社会实践和环境的影响并随之而有所改变。这里所谓的"诚"，也就是思想感情的真实性。一个作家没有真诚的从肺腑中流露出来的真情实感，就不会写出动人的文学作品。上文所列举的诸葛亮《出师表》等作品之所以传诵不绝，就在于思想感情的真诚。杜甫正由于在思想感情的真诚上与诸葛亮有共同之处，所以他在《蜀相》诗中说："三顾频繁天下计，两朝开济老臣心，出师未捷身先死，长使英雄泪满巾。"正是由于感情上的诚与诸葛亮产生了共鸣，所以对他的为人处世感激零涕。杜诗本身就是以感情的真诚名世的，他的诗之所以被誉为"史诗"，有惊心动魄的感染力，就在于有感情的真实性。这种感情的真实性源于对生活的真知灼见和对人民的深刻同情，同时就思想渊源来说也受到道家思想的影响。庄子就非常强调感情的真诚，他说："真者，精诚之至也。不精不诚不能动人。"（《渔父》）儒道两家尽管有门户之见，真诚的内涵也各不相同，但在思想感情真实方面却是相同的，而这一点却是文学艺术家所可贵的。古今的许多作家只有对生活有了真切的感受，抒发了真实的思想情感，作品才能有巨大的艺术感染力。否则，生活贫乏，情感枯竭，因袭模仿，矫揉造作，是不能创造出动人的作品来的。

　　气对作家作品是如此重要，那么如何养气呢？古今哲人和文论家都程度不同地从各个方面进行了论述，而宋苏辙则有独到之论，他所列举的两位大师都是如此。他"以为文者，气之所形。然文不可以学而能，气可以养而致。孟子曰：'我善养吾浩然之气。'今观其文章，宽厚宏博，充乎天地之间，称其气之小大。太史公行天下，周览四海名山大川，与燕赵间豪俊交游，故其文疏荡，颇有奇气。此二子者，岂尝执笔学为如此之文哉？其气充乎其中，而溢乎其貌，动乎其言，而见乎其人，而不自知也"（《上枢密韩太尉》）。在这里苏辙所谓的气，不同于曹丕所说的气。曹丕所说的气，主要是指人的气质，这主要是先天的因素决定的，所以他说"不可力强而致"，而苏辙所说的气则"可养而致"，这显然是受了孟子养气说的影响，重在后天的社会实践和修养，而又以道德品质为主要内容，他所列举的两位大师都是如此。孟子的文章之所以"宽厚宏博，充乎天地之间"，是由于他能"配义与道"，"养浩然之气"；太史公之所以"其文疏荡，颇有奇气"，是由于他周览天下名山大川，都是由于善养气，所以能充于中而见于外，写出动人的好文章。苏辙只看到气与文的关系，未能进一步探究文气与先天的气质、个性的关系，这就未能很好地说明文学作品风格的多样化的原因，较之曹丕的文气论自有不足之处。

　　苏辙的养气，更注意丰富的阅历对文风的意义，他在同一篇文章中说：自己十九岁以前，"其居家所与游者，不过其邻里乡党之人，所见不过数百里之间，无高山大野，可登览以自广；百氏之书，虽无所不读，然皆古人之陈迹，不足以激发其志气"。他又述去见韩太尉途中所见，说："恣观终南、嵩、华之高，北顾黄河之奔流，慨然想见古之豪杰。"（《上枢密韩太尉》）可见苏辙的养气，不在多读书本知识，不在仁义道德修养，而在丰富的生活阅历和对生活的观察体验、分析认识，从而扩大视野，开阔心胸，充实志气，见之于文学的气势风貌，这就是苏辙养气说的主旨所在。

　　总之，从形神与气的关系，到人的气质和文学作品的气势，以至于如何养气，是中国古文论中文气说的主要内容。在文气论中固然有儒家和释家的思想影响，但道家和魏晋玄学家的形神论、养生论，无疑在其中有着重要的影响，这是探讨中国文学风格的形成、特点、发展、变化的重要依据。

第五章 言意论

言意的关系问题是一个古老的话题。自《周易》始，儒、道、释各家都有过论述，而其主要论点和基本倾向是强调言不尽意，而道家的理论在这方面更具有代表的意义。道家的言意观经过魏晋玄学和佛学的引申发挥进一步完善化、玄奥化。由于言不尽意论与艺术创作和欣赏的特点相契合，因而对古代文学创作和理论批评有着深远的影响。

一 道家的言不尽意论

言不尽意说首先是由道家的创始人老子提出来的，《老子》中开宗明义说："道可道，非常道；名可名，非常名。"（第一章）老子认为"道"是无形无象不可言状的，这个超验本体，语言文字对于它是无法描述的。既然如此，人们怎样才能理解道呢？于是老子用了许多经验世界的名词去说明它，修饰它，如"豫兮若冬涉川"，"混兮其若浊"（第十五章），等等，而且"道"的本身不就是一种概念吗？这里表现了老子理论上的自相矛盾。老子这样做意在显示道的精深奥妙，然而它无意中却否定了语言文字的功能，为以后的"言不尽意论"开了先河。

庄子对老子的言意观作了重要的引申和发挥，形成了道家系统的"言不尽意论"。他在这方面的言论主要有以下几个方面：

> 道不可闻，闻而非也；道不可见，见而非也；道不可言，言而非也。知形形之不形乎！道不当名。(《知北游》)

> 可以言论者，物之粗也；可以意致者，物之精也；言之所不能论，意之所不能致者，不期精粗焉。(《秋水》)

> 世之所贵道者书也，书不过语，语有贵也。语之所贵者意也，意有所随。意之所随者，不可以言传也，而世因贵言传书。世虽贵之，我犹不足贵也，为其贵非其贵也。(《天道》)

> 筌者所以在鱼，得鱼而忘筌；蹄者所以在兔，得兔而忘蹄；言者所以在意，得意而忘言。吾安得夫忘言之人而与之言哉！(《外物》)

从以上几条可以看出，庄子的言意论有以下几点：

第一，庄子的言意论也是从"道"派生出来的。庄子认为"道"是没有"形色声名"的东西，不可见，不可闻，不可说，不可名称。语言只能表述粗疏的东西，不能表达精深奥妙的"道"，所以他说"意之所随，不可以言传也"。这就是说"意"的真正所在，在于"道"，而"道"不可以用名词概念称谓，不可以用语言文字表达。他认为世俗之人的可悲处就在于只停留在对事物形色声名的追求上，而不能更深层次地领会"道"，庄子指出："夫形色名声果不足以得彼之情，则知者不言，言者不知，而世岂识之哉！"(《天道》)这样就把"道"和语言对立起来，把"道"神秘化了。

第二，言不尽意。庄子既看到言意的联系，更看到言意之间的距离。言中包含着意，意要用语言文字来表现，离开了语言文字的符号，意就无从体现，这也就是庄子所说的"语有贵也，语之所贵者意也"，这是言与意统一的一面。但言与意又是两个概念和范畴，语言文字所能表达的只是事物的粗劣之处，而其深微奥妙之处语言就无能为力了，只能去"意致"，所以他把语言视为糟粕。在言意的关系中，庄子提出了思维的三种境界：语言文字所能表达的只是物的表象；以意所认识的东西，才是本质的东西，而这种本质的东西只能意会，而不能言传；在言意之后还有更深一层，那就是道，而道就是无言无意的妙境了。这种无言无意之域实在太玄虚了，它既然排除了理性的认识，那只能说是一种神秘的直觉活动。只靠直觉活动、只靠意会还不行，因为只能自己理解，无从传达给别人，要"达意"还要靠语言文字。要解决这个无法克服的矛盾，于是庄子就规定了语言文字的功能，让它去表达它能胜任的即表达粗疏的东西，至于它不能表达的精微奥妙的东西，那就是让人们去"意致"，即在想象中去解决。例如无限小，就很难用语言文字去表述，他就用比喻说："三尺之棰，日取其半，万世不竭。"（《天下》）用这个粗浅的事例让人们去想象无限的小。同时，庄子在自己的著作中，用了很多的比喻、寓言来说明道理，引导人们接近难言的精深之意，他把这种方法，叫做"以卮言为曼衍，以重言为真，以寓言为广，独与天地精神往来"（《天下》），他的"轮扁斫轮"，就是以这种方法说道理，启发齐桓公。

　　第三，得意忘言。庄子解决言意之间的矛盾，除了要人们用"意致"，他自己用"寓言"这两种方法以外，第三个，也即是重要的方法，就是"得意忘言"。他以形象的手法，把"意"比喻为"鱼"、"兔"，是为目的，把"言"比喻为"筌"、"蹄"，是获得目的的工具、手段，认为只要目的达到了，工具和手段就可以抛弃不用了。这里庄子亦有否定语言文字之嫌，表现了一定

的形而上学的思想。因为"语言是思维的直接现实"（马克思），
"道"也好，"书"也好，都是思维的产物，语言文字只不过是
它的表现形式。没有无内容的形式，也没有无形式的内容，从这
个意义上说，"得意忘言"具有一定的片面性。但是实际上庄子
并不完全否定语言文字，他只是在抽象的意义上谈得意忘言的，
当他在谈到自己的文风和语言时，则喜爱和强调的是"谬悠之
说，荒唐之言，无端涯之辞"（《天下》）。如果他彻底否定了语
言文字，那就连自己的语言文字和文风也都否定掉了。所以庄子
不是语言文字的否定论者，而只是认为"言不尽意"。庄子的这
一"言不尽意"和"得意忘言"的主张，为后世的"韵外之
致"、"不着一字，尽得风流"等文学审美观，提供了哲学的
根据。

二　魏晋玄佛家的言意观

魏晋时期是中国思想、学术文化大解放的重要时期，汉代
"独尊儒术"的政策解体了，经学统治的局面被思想自由、个性
解放的要求所代替，儒、道、释各种思想自由发展，互相批判又
互相吸收，给中国传统的思想文化注入了新的血液，也给古代的
文学创作和理论批评增加了新的特色。

（一）玄学家的言意之争

魏晋时期出现了玄学，其代表人物有何晏、王弼、向秀、郭
象、阮籍、嵇康等。玄学家主要研究《周易》、《老子》、《庄
子》，总称为"三玄"。他们的哲学思想或"贵无"或"崇有"，
在许多问题上展开了争论，"言意之辩"就是争论的问题之一。
对这个问题的争论，主要是围绕着《周易》的言意观而展开的。

《周易》是中国最古老的典籍，是中国文化的总源头，它奠定了我们民族独特的思维模式。在《周易》的产生和形成过程中，出现了象、言、意等问题，如何解释它们的内涵及其相互关系，是儒道各家争论的焦点，后世人们对言意问题的争论，大都导源于此。魏晋时期的言意之辩，大体有三种不同的意见。

第一种意见是"言不尽意"论。持这种主张的有魏荀粲、张韩等。他们引《易·系辞上》说："书不尽言，言不尽意；然则圣人之言，其不可见乎？"又说："六籍虽存，固圣人之糠秕。"（《三国志·魏志·荀彧传》注引）荀粲在回答其兄俣"微言能尽意"的问题时说："盖理之微者，非物象之所举也。今称立象以尽意，此非通于外意者也，系辞焉以尽言，此非言乎系表者也；斯则象外之意，系表之言，固蕴而不出矣。"（《三国志·魏志·荀彧传》注引何劭《荀粲传》）在荀粲看来精微奥妙的道理并非物象所能完全显示出来，况且还有个"象外之意"的问题。荀粲认为象内之意可尽，象外之意，系表之言难明，所以荀粲是言不尽意论者。

第二种意见是"得意忘言"论。玄学家王弼持此观点。他在解释《周易》言象意的关系时说："夫象者，出意者也。言者，明象者也。尽意莫若象，尽象莫若言。言生于象，故可寻言以观象；象生于意，故可寻象以观意。意以象尽，象以言著。故言者所以明象，得象而忘言；象者，所以存意，得意而忘象。犹蹄者所以在兔，得兔而忘蹄；筌者所以在鱼，得鱼而忘筌也。"（《周易略例·明象》）王弼这段话在言意问题上有两点值得注意：

首先，他突出了象在言意中的作用。"取象比类"，是意从象出，由象看意的直观性的思维方式。《周易·系辞》说："圣人立象以尽意。"象指物象，意指对客观事物及其规律的认识，是人们主观的意识。王弼认为"言生于象，故可寻言以观象，象生于意，故可寻象以观意"，他把象视为沟通言与意中间的桥梁，形成了一条言——象——意的链式结构，层层递进，以达到象所蕴含着的真意。在王弼看来，言与象，象与意之间的关系是直接的，其间虽有差距，但比较吻合；而言与意之间的关系则是间接的，差距就更大了。所以王弼认为言能达意，但不能尽意。王弼是"贵无"派玄学家的代表人物，他所说的"意"与"无"的含义是相同的，它潜在地包含着无与有限的命题，即有限的言不可能穷尽无限的意，正如无限的"道"，不可能以有限的"名"去称谓一样，这是王弼言不尽意的含义所在。

其次，得意忘言。既然语言不能表达意的全部内容，那么，如何解决这一矛盾呢？王弼和庄子一样得出了"得意忘言"的结论。他说："言者所以明象，得象而忘言。象者，所以存意，得意而忘象。犹蹄者所以在兔，得兔而忘蹄；筌者所以在鱼，得鱼而忘筌也。"王弼的这个思维逻辑，从文学创作的角度说，由言而造象明象，由象而达意尽意；从读者的角度说，由言而掌握象，由象而得意，一旦得了意，而言象都可以舍弃而全不顾，正如轮扁说齐桓公读的书是糟粕一样，这又表现了道玄思维方式的一致。

第三种意见是"言尽意"论。持这种观点的是西晋欧阳建。他著有《言尽意论》，与"言不尽意"论相对立。他认为语言概念（言）能表达事物的真相（意）。在此以前，魏荀俣也曾持此观点。何劭《荀粲传》记载："粲诸兄并以儒术议论，而粲独好言道，常以为子贡称夫子之言性与天道，不可得闻，然则六籍虽存，固圣人之糠秕。"粲兄俣难曰："易亦云圣人立象以尽意，系辞焉以尽言，则微言胡为不可得而闻见哉？"（《魏志·荀彧传》注引）荀俣的释言，本是儒家传统的说法。孔子早就说过：

"圣人立象以尽意,设卦以尽情伪,系辞以尽其言。"(《系辞上·十三》)荀俣征引了上述话之后则说:"微言胡为不可得而见哉?"可见荀俣认为言是能尽意的。

欧阳建经荀俣之后,针对荀粲等人"言不尽意"论,进一步明确地提出了"言尽意"的主张,他说:"天不言而四时行焉,圣人不言而鉴识存焉,形不待名而方圆已著,色不俟称而黑白以彰。""诚以理得于心,非言不畅,物定于彼,非言不辩。"(《言尽意论》载唐人纂集的《艺文类聚》卷十九)这就是说,客观世界是离开人们的概念和语言而独立存在的,概念和语言是人们用以说明客观世界的工具,离开了概念,人们就无法称物,离开了语言,人们就无法达意。欧阳建进一步阐述了言意之间的关系,他说:"名逐物而迁,言因理而变,此犹声发响应,形存影附,不得相与为二。苟其无二,则无不尽,故吾以为尽矣。"欧阳建认为名与物、言与理是吻合的,不能分离,正像形与影一样,形存影附,形忘影失,言与意也不过是如此,所以他认为言能尽意。

如何评价这场言意之辩呢?

首先,是言不尽意和得意忘言的关系。荀粲也好,王弼也好,都是"言不尽意"论者。言不尽意不是否认语言有表情达意的功能,而是否认语言能完整无误、精到无遗地表达意念。王弼不同于荀粲的是他用了言——象——意的链条方式,迂回递进,使言明象,言逼近意,尽可能表达意的全部内容,一旦得了意,而对作为工具和手段的言象,就可以弃之不顾,所以"言不尽意"和"得意忘言",是一个问题的两个方面,"言不尽意"是"得意忘言"的前提,"得意忘言"是"言不尽意"的后果和归宿,它们都是道家这棵藤上结的两个瓜,所不同的是"得意忘言"论,从发展了道的玄学家"贵无"派观念出发,虽云

"得意"，其结果意也没有"得"，而鱼筌兔蹄全忘，一切都归于"无"了。

其次，是"言尽意"论和"言不尽意"论的分歧。"言尽意"论是针对"言不尽意"论而提出来的。"言不尽意"论是着眼于言语的功能，而"言尽意"论则着眼于语言的性质。言语和语言虽都是人们思维的工具，但又有着明显的不同。语言是人类思维的形式和交际的工具，是人们心理的社会现象，即语言机能的社会部分，它与人们的思维完全一致，密不可分，所以马克思称语言为"思维的直接现实"，凡是思维能够达到的，语言也能够表达出来。"言尽意"论从语言的性质和机能着眼，认为语言和思维，"形存影附，形失影忘"，所以语言能够表达思想的全部内容，从而得出了"言尽意"论。而"言不尽意"论者，则着眼于言语的功能。言语是人们的语言实践，即个人运用语言的过程或产物，即人类语言机能的个人部分，是心理的物理现象。言语中除包括社会公认的语言体系（语音、词汇、语法等）外，还体现人们运用语言的具体特征，如发音的过程、特点、表达的风格、技巧等。有的人巧舌如簧，能够充分地把思想感情表达出来；有的人拙嘴笨舌，不能完全尽意，有的人言简意赅；有的人啰哩啰唆，所以每个人表情达意的特点和技能大不一样，言意之间存在着差距，这也是不可否认的事实，而且玄学家把意与道联系起来，就得出了言不尽意，得意忘言的结论。所以言意之辩存在着论题上的错位，一个谈言语，一个谈语言，各持一端，未能得出统一的看法。不过言不尽意，虽然玄虚，但它突出地强调有限的、确定的语言形象，难以直接地完整无遗地表达无限的意念，从而提出了借助语言形象，但又突破它们的局限，而诉之于内心的体验和领悟的看法，这又直接地触及和体现了艺术的语言形象的重要特征，从此以后"言不尽意"、"得意忘言"成为

中国美学的重要原则，"不着一字，尽得风流"、"韵外之致"等
说法，都是这一审美理论的引申和发展。

（二）佛家的"言语道断"说

　　魏晋时期与道玄的言意论相呼应，还有佛教哲学的言意观。
西晋之后，时代的变化使许多人已不满足于老庄玄学思想，要求
理论更玄虚化，东晋名僧僧肇就是如此。他在读《老子》后说：
"美则美矣，然期栖神冥累之方，犹未尽善。"佛教的根本出发
点是认为人生苦，"四大皆空"，只有修行悟道，才能脱离苦海，
达到涅槃境界。但是正如道家的"道"不可用语言文字表述一
样，佛家的"真谛"也是不可言说的。《摩诃般若经·四摄品》
云："第一义实无有相，无有分别，亦无言说。"这就是说佛教
的真谛（第一义）无形无象，不可言说。大乘佛教哲学为了证
明不存在客观的现实事物，提出了名言概念与现象不符的观点。
它一方面承认了概念的缺陷和语言本身的不足："于一切法无言
无说……乃至无有文字语言，是真入不二法门。""法无名字，
言语断故。"（《维摩诘所说经》卷中，《入不二法门品·第九》）
佛教认为用语言文字不仅不能表达佛家的"真谛"，就是对一般
事物的本质实相也不能表达。因为用语言文字表达事物的真相总
不免有增减，不能恰到好处，要表达其真相，只能用"如"来
形容。《成唯识论》卷九："真谓真实，显非虚妄；如谓如常，
表无变易。谓此真实于一切法，常如其性，故曰真如。"佛家强
调，只有离文字离言说才能真解脱。另一方面，又承认语言传播
信息的中介作用，如中观学派讲二谛，主张俗谛，以承认真有，
不执著于一偏。慧皎《高僧传初集序》云："原夫，至道冲漠，
假蹄筌而后彰；玄致幽凝，藉师保以成用。"竺道生说："象者，
理之所假，执象则迷理；教者，化之所因，束教则愚化。"（《广

弘明集》卷二十三，慧琳《道生法师诔》）又说："夫象以尽意，得意则忘象；意以诠理，入理则言息。自经典东流，译人重阻，多宗滞文，鲜见圆义，若忘筌取鱼，始可与言道矣。"（慧皎《高僧传·竺道生传》）这一观点，类似王弼"得意忘象"、"得意忘言"论。竺道生认为，达于解脱的法身实相是无形无象的，它超于象外，离言绝象。所谓"得意则象忘"，已不是老庄所说的精神的超脱，也不是王弼所说的读《易》的方法，而是达到一种宗教的境界，即涅槃的物我同忘，有无齐一，不可思议言说的境界。因为不管僧肇也好，竺道生也好，都是以"四大皆空"的观点解释言意的，象非真相，是虚幻，意也非真实的存在，是空寂，言、象、意皆空，所以它比玄学讲的"得意忘象"、"得意忘言"更玄虚神秘。

在中国佛教发展中，真正将禅置于本体地位的是慧能的禅宗。禅宗在探讨人生真谛时，不执迷于浩瀚的典籍，主张定慧无别，以定学为本，直指心源，主张"顿悟见性"、"即心成佛"。认为世界万象，皆由心生，"心生种种法生，心灭种种法灭"。"本性是佛，别无佛"，"佛是自性，莫向身外求"。禅宗把"心"、"真如"、"佛性"视作一个东西，即宇宙的本体。在体佛的方式上，主张"不立文字，教外别传"。在禅宗看来，语言文字和推理思辨都是人为的枷锁，都是有限的片面的僵死的东西，不能使人把握那真实的本体，如果执著于推理思辨和语言文字，反而会成为明心见性的障碍，束缚人们对"真如"的把握，因此，他们强调"悟"，认为佛教"真谛"只可意会，不可言传。如果诉诸语言文字，只能得"筌"、"蹄"，而心领意会，则可以得"鱼"、"兔"。一部《坛经》，不厌其烦的几乎都是讲"道由心悟、迷凡悟圣"的道理。所谓"悟"即是用形象直觉的方式表达和传递那些被认为不可以表达和传递的东西。因为在禅宗看来，一切为人类所感知的物象及内在情感都是虚妄的，只有清净空灵的心境才是真实的，永恒的，只要本心一悟，就可以打破"事法界"、"理法界"的束缚，达到无碍的境界。这种超验的内心自悟，抛弃实践认识过程的逻辑顺序和理性思辨力量，完全靠直觉体悟宇宙人生的真谛，形成了一种独特神秘的非理性的思维方式，使道、玄的"得意忘言"更加玄虚化。

禅宗的"不立文字，教外别传"的体道方式在后来完全违背了初衷。大量的公案语录机锋的出现，证明了"释迦拈花，迦叶微笑"的象征启示的悟道方式，难以继续存在下去，于是改换绕路说禅的方式，你说东，我说西，以至发展为呵佛骂祖，通过日常的生活实践，如担水、劈柴等方式来体道，这无非还是要破除对语言思辨推理概念的执著的追求，强调只能以非理性的直观感受的方式去悟道。从这一点来说，禅宗的发展又没有违离"以心传心"的祖训。

从佛禅的言意观可以看出，它与道玄的言意观虽然有所不同，但基本倾向却是一致的。首先，它们都把语言和思维割裂开来。道家认为"道"是无法用语言文字表述的，而只能用"坐忘"的方式去领会道。而佛禅也认为佛的真谛也不能用语言文字说清楚，只能心领神会，用象征的方法暗示，用"如"去形容。二者都意在显示"道"与"佛"的无限神秘。其次，在体道的方式上都强调直观感受、心领神会，否定了实践和理性在认识事物过程中的意义和作用。佛教作为一种宗教，它要达到涅槃境界，其言意观比道家更神秘化。最后，道家的言意观自先秦至魏晋，在中国传统文化中占着主导地位，而佛教作为外来的思想文化，它要在中国的土壤上生根传播，自然要依附于道家。所以在言意观上道与佛紧密地结合起来，而佛教的言意观对道家的"言不尽意"、"得意忘言"说的传播，起到了推波助澜的作用，使这一哲学思想对中国的审美思想产生了深远的影响。

三 "言不尽意"与古文论

老庄的"言不尽意"、"得意忘言"的思想经过魏晋玄学和佛学的推波助澜，成为中国哲学中的一个重要问题，影响所及，遍于艺术的各个门类，我国古代文学艺术的审美趣味中所强调的含蓄美，弦外之音，韵外之致，味外之旨等，都直接或间接地受到言意论的影响。

（一）对"意物文"关系的探讨

陆机以前的文论，由于受儒家美学思想的影响，重在美刺比兴，着眼点在于探讨文艺的社会作用，到了魏晋南北朝，由于受道玄思想的影响，人们对艺术的特点和规律日益重视起来，陆机的《文赋》就是探讨艺术创作规律的一篇重要论文。陆机对艺术创作规律的探讨，仍然集中在言意范畴内，他从言意存在的矛盾出发，探讨文学创作怎样才能做到"意称物"、"言尽意"。

陆机在《文赋·小序》中说："余每观才士之所作，窃有以得其用心。夫其放言遣辞，良多变矣。妍蚩好恶，可得而言。每自属文，尤见其情。恒患意不称物，文不逮意，盖非知之难，能之难也。故作《文赋》以述先士之盛藻，因论作文之利害所由，他日殆可谓曲尽其妙。至于操斧伐柯，虽取则不远，若夫随手之变，良难以辞逮。"可以看出，意要称物，文要逮意，这是陆机文学创作活动中所要达到的理想。他认为写文章的规矩法则比较容易掌握，至于灵活的变化却难以言传。陆机以"意"为中心，探讨了意、物、文的关系，以期达到"曲尽其妙"的境界。陆机对这个问题的论述，主要体现在以下几个方面：

第一，是在于意、物、文的内涵。

关于"意"。它在《文赋》中虽有多种含义，但主要是指作家主观的精神活动，是作家的思想感情和审美意识，如"意司契而为匠"，"瞻万物而思纷"。其次，"意"的活动是与"物"同步的，"思按之而愈深"，"物昭晰而互进"。所谓"深"是指在艺术思维过程中，扬弃主观和客观的矛盾，使主观性变为客观性，二者互相渗透，融为一体，通过文字，凝注在作品里。再次，"意"的活动和情理活动也是交互作用，推动艺术思维的进程，情感由"曈昽"而"弥鲜"，物象由朦胧到昭晰。其四，"意"在作家创作活动中起着主导的作用，它相当于现在所说的艺术构思，但比艺术构思的内涵更丰富，在整体艺术构思中起着统帅的作用。它感受接纳外物，持存外物的表象，又经过想象的再创造，形成形象，并通过语言文字使之外在化，"穷形尽相"，以反映生活的本质和规律。

关于"物"。在《文赋》中，"物"有两种含义，一是指客观事物，如"瞻万物而思纷"，一是指反映在作家意识里的表象，它渗透着作家的审美情感，亦即刘勰所说的"意象"，如"笼天地于形内，挫万物于笔端"。同是"物"一是"形外"，一是"形内"，前者是客观的物，后者是意识形态的物，是作家形象思维的产物。

关于"文"。"文"在《文赋》中主要指文学作品，如"文不逮意"，"每自属文"等。另一种用法是指言辞，如"辞害而理比"，"辞呈才以效伎"（《文赋》）等。"文"不管是指哪一种，都主要指的是形式，它与意、物相统一，构成完整的文学作品。

第二，是意、物、文的关系。

在《文赋》中，陆机以"意"为中心探讨了意、物、文的关系。

意与物的关系是称与不称的问题。所谓"意能称物"就是说作家能够以主观的审美意识，感受和认识客观事物，能够用艺术思维孕育形象形成意象，使意识形态的意象准确真实地反映客观事物。在陆机看来，要做到这一点是很困难的。"体有万殊，物无一量，纷纭挥霍，难以为状。"如果作家能够用艺术思维准确深刻地感受和认识事物，并运用艺术技巧准确精到地把它描绘出来，这就达到"意能称物"了。

文与意的关系是逮与不逮的问题。所谓"逮"就是充分表达的意思，文逮意就是指从语言文字到文学作品能够充分表达作者的思想感情，而这个"意"不是作者纯主观的意，而是客观的物与主观的意相统一的意象。由外在的物变成为我之物就是通过意来实现的。文的职能就是表达意的。"笼天地于形内，挫万物于笔端"，由形外的物变成形内的象，就是经过作者的想象概括物化在作品中。"播芳蕤之馥馥，发青条之森森"（《文赋》），作品中的花草形象经过作者的审美创造比实际生活中的花草更美。

那么文和物的关系怎样呢？陆机并没有直接论述，但其意已经很清楚了。首先，文通过"意"和物沟通起来。既然"意称物"，就是说意能正确地反映物，意和物就自然地统一起来了。"文逮意"，这意是主观和客观的有机统一体，那么不言而喻，文和物自然也就是有机的统一了。然而事情并非这样简单。文与物是间接的，还要经过意的中介来沟通，这样，文与物的差距就大了。其次，意不只是指情，还包含着理，情变化多端，理比较稳定，情理之间以及它们与文之间曲折复杂，非直白所能显示。再次，意称物，文逮意，"盖非知之难，能之难也"，即理论和实践之间还有差距。所以在意、物、文的关系上，陆机还留了一个尾巴，说："盖轮扁所不得言，亦非华说之所能精。""华说"源于庄子，《齐物论》有言："言隐于荣华。"荣华者，"浮辩之词，华美之言"（成玄英疏）。庄子认为华美之言不能说明事物的真相，陆机接受了庄子的思想，借以指文学创作"因宜适变，曲有微情"，这是华美的语言文字也不能精微奥妙、淋漓尽致地加以说明的，这也表现出"言不尽意"的意思。

综观陆机在《文赋》中所表现的言意论，其中虽然有"是盖轮扁所不得言，亦非华说之所能精"，"象变化乎鬼神"，"随手之变，良难以辞逮"等，说明他受了道家和玄学家"言不尽意"的影响，但其主导思想还是"言尽意"论，他像《周易》的"立象以尽意"一样，竭力探求意怎样才能更好地"称物"，文怎样才能更好地"逮意"，"他日殆可谓曲尽其妙"。陆机的这一论述，在中国文论史上具有开拓的意义，对刘勰等人的言意观以直接的启迪。

（二）刘勰的言意观

刘勰在前人的基础上，以"意象"为中心，探讨了"思意言"的关系。他在《神思》篇中说：

> 方其搦翰，气倍辞前，暨乎成篇，半折心始。何则？意翻空而易奇，言征实而难巧也。是以意授于思，言授于意，密则无际，疏则千里。

刘勰从创作的实际经验出发，清楚地认识到在创作过程中，从构思文意到写成作品，包含着两层关系：一层是思与意的关系，一层是意与言的关系。作家要写出成功的作品，不但要有巧妙的艺术构思，而且要有完美的艺术表现。"气倍辞前"属于思与意的关系，生动丰富的文意是在构思过程中酝酿成熟的，该关系刘勰已经认识和解决了；"半折心始"则是属于言与意的关系。言要充分完满地表达文意要困难得多。为什么呢？因为言意之间存在的差距是很大的。这种差距体现为几种情况：

首先是"意翻空而易奇，言征实而难巧"。"意"指作家的精神活动即"神思"的产物——意象，"言"指表达意象的语言符号——文字。"意象"的内容包含两个方面，一是思想情感，包括意识、潜意识、情感、理智等综合而成的意念；一是指鲜明生动的图像。意念的运动方式是瞬息万变的，因为它不依赖中间的过渡环节，直接地发生转变跳跃，飘忽隐现，很不稳定，往往在一个念头的翻飞中，一幅幅画面的闪现间，出现奇妙的构想。在作家的头脑中，随着想象的展开，它可以形成一个完美而生动、深刻而广阔的意境。语言文字则不同，它的特点是"征实"。它由一个个概念组成，积字成句，积句成篇，在概念和概念之间，又需要词句的衔接组合，顺着时间和逻辑顺序逐渐展开，经过层层的过滤，原来构想的原意和图像，逐渐变更损耗。对于整体的境界，语言只能从某个侧面表达出来，不能把整体的意蕴完整无遗地表达出来，这也就形成了"半折心始"的现象。

其次，从作者和读者的角度看，作家在"神思"中获得的意象是个人独特的体验和感受，作家是个体的存在，语言有独特的个性色彩，要使个人的体验和感受成为大家的体验和感受，这样，言意之间更不可避免地存在着语言的有限性和文意的无限性、体验的个体性与接受的群体性之间的矛盾，用有限的语言把深深的文意淋漓尽致地表达出来自有困难。自然，刘勰也注意到言意的统一性，这样就形成了刘勰言意观上两种矛盾的现象。他既受有道玄言不尽意的深刻影响，又持有言尽意的观点，对前者又有所否定。这种既肯定又否定的矛盾现象，在他认识和解决

"思意言"的关系中表现了出来。

再次，言不尽意论。言与意矛盾的一面就是言不尽意。这一思想显然是刘勰受了道玄思想的影响。刘勰在解决"思意言"的关系时说："意受于思，言受于意。"这就是说：思想决定文意，文意决定语言，这种递进关系构成了思（神思）——意（意象）——象（言辞）的序列，这与王弼的意（理）——象（卦象）——言（言语）序列的联系是很明显的。刘勰实际上是根据文学活动的特殊性将王弼的哲学思想和方法加以移植和改造。王弼是庄玄的"言不尽意"、"得意忘言"、"得意忘象"论者，刘勰所说的句意之间"疏则千里"就说明他看到了语言文字很难完整无遗地表达作者的意象，因此，刘勰指出："对于思表纤旨，文外曲致，言所不追，笔固知止"，这也说明有些幽微奥妙的文意，是言和笔所难以完全表达出来的。这种思想与他所说的"伊挚不能言鼎，轮扁不能语斤"（《神思》）、"言不尽意，圣人所难"（《序志》）、"得意忘言，庄周所领"（《灭惑论》）都是同样的意思，都包含着艺术创造的微妙之处难以言传的意思，这与道家的言意观是一脉相通的。

最后，言尽意论。刘勰又认为言意之间又有"密则无际"的一面，也就是说，言也是能尽意的。言又怎样尽意呢？这就是刘勰所说的"志气"和"辞令"在想象中的作用。由于想象的活跃，所以意才能翻空而易奇。所谓"志气统其关键"，"辞令管其枢机"（《文心雕龙·神思》）是把志气和辞令视为在对象活动中起决定作用的两个重要因素。在这里"志气"泛指思想感情，这就是说思想感情是想象活动的动力，作家在创作中要展开想象，进行形象思维活动，只有神定气足，才能使想象活跃起来，"神"与"物"一起展开活动，否则思想僵化，感情枯竭，想象壅塞，意象干瘪，形成概念化的弊端。辞令是指语言，任何思维活动都是通过语言的媒介来进行的，没有不依赖语言而独立存在的所谓思维活动。艺术思维活动也是这样。刘勰把"辞令"作为掌管思维活动的枢机，指出只有准确的语言才能构成准确的意象，强调文学必须以言达意，曲写毫介，这就是他所说的"枢机方通，物无隐貌"的本意。在这种情况下，即当志气旺盛，辞令骏利时，就能达到言与意会，"密则无际"，这也就是言能尽意了。刘勰的这种既主张言不尽意，又主张言尽意的思想，表现出一种矛盾的现象，这种矛盾，实际上表明他既受道家思想的影响，也受儒家思想的影响，二者互相交错，形成刘勰言意观的复杂现象。

（三）唐人的"三外"说

老庄的"言不尽意"、"得意忘言"说，经过魏晋玄学、佛学家的引申发挥，经过南北朝时期一些文学家理论批论家的实践、总结，在理论上增加了新的内容，有了新的进展。到了唐代，皎然、刘禹锡、司空图等人，则提出了"三外"说，即"象外之象"、"韵外之致"和"味外之旨"，使艺术领域内的言意问题有了深入的发展。

首先，"象外之象"说。

"象外"问题，在其他领域早就提了出来，例如，汉代佛学兴起后，袁宏在《后汉纪》中以老庄的观点介绍西域佛教说："所求在一体之内，而所明在视听之外。"到南北朝时，释家又提出"求理于象外"。表现在艺术领域里，南齐谢赫在《古画品录》中说："若取之象外，方厌膏腴。"由于艺术发展的不平衡性，在诗文方面，"象外"问题到了唐代才提了出来。皎然开其首，曾说："采奇于象外。"（《评论》）刘禹锡也说："诗者其文章之蕴邪？义得而言丧，故微而难能。"他还说："境生于象

外。"（《董氏武陵集纪》）司空图在《二十四诗品·含蓄》中
说："不著一字，尽得风流。"又在《雄浑》中说："超以象外，
得其环中。"他在《与极浦书》中更明确提出了"象外"问题。
他说："象外之象，景外之景，岂容易可谈哉？"

　　这里所说的"象"，即文学艺术作品中的"意象"，也就是
今天所说的艺术形象，它是艺术的审美思想的基本范畴。所谓
"象外之象"，即在前一个意象的基础上，由它们的比喻、暗示、
象征等作用而形成的深层的意象，使诗的意蕴更为深厚宽广，如
同山外青山楼外楼那样，层峦叠嶂，望之不尽，含蓄深厚，耐人
玩味。例如，唐张祜的《赠内人》："禁门宫树月痕过，媚眼微
看宿鹭窠。斜拔玉钗灯影畔，剔开红焰救飞蛾。"诗中直接呈现
出来的，是在傍晚时分，月影移树，宫女闲看归鹭宿窠，忽见飞
蛾扑火，宫女急拔玉簪，剔开红焰，救出飞蛾。这是诗的第一个
意象。但是在这一个意象中，包含着一个更深层的意象，读者从
宫女的所作所为中，可以联想到在深锁的宫院内宫女的寂寞孤单
不幸的命运，以及诗人寄予的深切的同情。所以，这里宫女的形
象和命运，不只是"这一个"，而且更有了普遍的意义，应该
说，它是一个典型的形象。清孙联奎则从绘画方面，对司空图的
"象外"句加以阐释。他说："人画山水亭屋，未画山水主人，
然知亭屋中之必有主人也。是谓超以象外，得其环中。"（《诗品
臆说》）司空图立足于实实在在的"象"，但又不拘泥于实象，
而是要超越形象，"返虚入浑"，创造出一种更高深的意象。这
种象外的审美思想，就创作过程而言，也就是他在《形容》条
中所说的，是"离形得似"的过程，从而创造出的形象，既逼
真又传神，此"诗家之所尚"。

　　"象外之象"，不仅包含着深层的"象"，而且也包含着深层
的"意"，因为"意象"这一概念是由"意"和"象"所组成，

象中包含着意，意由象显，象是意的形式，意是象的内核。文学作品中只有写出象外之象，才能揭示出象所包含的深层意蕴，多层次多侧面地反映出生活的丰富性和深厚性。例如杜甫的《江南逢李龟年》："岐王宅里寻常见，崔九堂前几度闻。正是江南好风景，落花时节又逢君。"这首诗中的象包含着多层的意。其一是说杜甫在江南遇见李龟年正是落花时节；其二是说李龟年当年名动京师，如今流落江南已到落花时节；其三是说杜甫身世憔悴，已到落花时节；其四是说李唐王朝，几经战乱，国势衰微，已到落花时节。仅一个"落花时节"的"象"包含着多么丰富的意！所以这一复杂的文学现象，古文论家有的把它称做"象外之意"，有的把它称做"象下之意"，现代的文学理论家则把它称作"形象大于思想"，其实质都是一样的。

其次，"韵外之致"。

在此之前，很多诗人、理论批评家都强调诗的语言要含蓄蕴藉，反对浅露，如刘勰的"隐"、"秀"说即是如此。到了唐代，皎然强调"情在言外"，"旨冥句中"（《作风事》），"不顾词采，而风流自然"（《文章宗旨》），"两重意已上，皆文外之旨"（《重意诗例》）。司空图则进一步提出了"韵外之致"（《与李生论诗书》）。韵，本来是指和谐的声音，"声音和曰韵"，"同声相应为之韵"。而声音又表现在语言文字上，故后又加以引申，认为美的语言文字为韵，如诗的韵脚。魏晋后又以"韵"来品藻人物，如云："韵致"、"韵度"、"风韵"等，是说一个人在言谈举止中表现出来的精神风貌。到了南齐，谢赫把韵用于画论，以"气韵生动"为画的"六法"之首。所谓"气韵生动"是指绘画能够真实生动地描绘出事物的外貌与精神，使人感同身受。同一时期的萧子显，则进一步把"气韵"概念引进文学理论批评。他说："文章者，盖情性之风标，神明之律吕也。蕴思含

毫，游心内运，放言落纸，气韵天成。"（《南齐书·文学传论》）
这就把文学同作者的性格气质紧密地联系了起来，对曹丕的文气
论作了发展。刘勰更用"气韵"评论作家作品，如说："安仁轻
敏，故锋发而韵流"（《体性》），其所用的"韵"，既指语言文
字的形式美，又指蕴含于其中的性格气质美。到了唐代，在画
论、诗论、文论等各个艺术领域，"韵"的内含有了新的发展，
不仅要求形似，更强调神似，以形神兼备为贵。如张彦远说：
"今之画人，粗善写貌，得其形似，则无其气韵。"（《历代名画
记》）皎然论诗，也标以"韵"，如"风韵朗畅曰高"。又说：
"诗不假修饰，任其丑朴，但风韵正，天真全，即名上等。"
（《取境》）可以看出，在各个历史时期，各个理论批评范畴，各
个作家、理论家那里，对"韵"的用法和含义，尽管不完全一
样，或者强调语言文字声音的和谐美，或者突出人和事物的品质
性格美，但总是以语言文字的形式美体现出内容的精神气质美为
主要特征的。

　　司空图继承了魏晋齐梁作家对"韵"的解释，并在此基础
上以道家、玄学家的哲学思想为指导，对"韵"的含义又有了
新的发展，这种发展表现在两个方面。其一，韵的内涵有所不
同。在他的诗歌美学中，"韵"不只是指形式美的语言文字，也
不只是指具有审美内容的性格气质，而是指物化在作品中的
"意象"。这种意象是形式完美，内容深刻，写人状物，形神兼
备诸因素的统一，也包括读者的审美感受在内，是作品客观的美
学价值和读者审美体验的有机统一。古今中外不朽的作品之所以
能引起不同时代不同读者的欣赏和爱好，在不同程度上都由于具
有这种意象。其二，优秀的文学作品不仅要有这种韵味，而且要
有"韵外之致"。所谓"韵外之致"，就是指在有限的语言文字
之外能够感受到一种无限的声音和意象、意境的美，也就是刘禹

锡所说的"含不尽之意见于言外"。要能够达到这一点，在创作中，首先要做到"近而不浮，远而不尽"（司空图《与李生论诗书》）。"近而不浮"，是指诗的意象真实，具体，历历在目，但又不虚浮模糊，概念化。"远而不尽"是说诗的意象不能太实，太执著，拘泥于"物"，而要含蓄深厚，使人联想，玩味无穷。所以这"近"是指诗的意象的真实性，"远"是指诗的意象的启示性。这一近一远，正说明了诗的客观意象和读者主观的审美感受之间要保持着一定的距离，超越了一定的距离，诗美的欣赏就成为不可能。司空图的理论表述，与戴叔伦所描述的"可望而不可置于眉睫之前"是同一个道理。司空图认为诗只有具备了这两个条件，并使它们有机地统一起来，在这个基础上才能够谈"韵外之致"。所以"韵外之致"是司空图诗歌美学的最高要求，也是他文学创作方面的重要理论之一。

再次，味外之旨。

如果说象外说和韵外说是从文学创作方面着眼的，是唐代诗文作家和理论批评家的共识，那么，味外说则是从欣赏批评方面落笔的，主要是司空图诗歌欣赏批评经验的总结。他在《与李生论诗书》中开宗明义说说："文之难，而诗之难尤难。古今之喻多矣，而愚以为辨于味而后可以言诗也。"他不仅提出了辨味言诗，而且提出了"味外之旨"。他说："今足下之诗，时辈固有难色，倘复以全美为工，即知味外之旨矣。"

味，原指人的酸甜苦辣之感，是客观之物作用于人的味觉的结果。在中国古籍中就有不少谈味的，如《左传》："天有六气，降生五味。"（昭公元年）《国语·郑语》："和五味以调口。"味后来被引进文学欣赏和批评的领域，借以比喻人对文学艺术所产生的审美感觉。如东汉王充在《论衡·自纪》中以美味来比喻尧舜孔墨的典籍。到了晋代，陆机沿袭王充"大羹必有澹味"

之说，借以批评文章之病，说："每除繁而去滥，阙大羹之遗味。"（《文赋》）葛洪则持道家的观点以味论文，他说："考盐梅之咸酸，不知大羹之不致。"（《抱朴子·辞义》）到了齐梁，刘勰、钟嵘以味作为美学观念品诗论文，如刘勰说："繁采寡情，味之必厌"（《情采》）， "往者虽旧，余味日新"（《宗经》）。钟嵘《诗品·序》云："五言居文辞之要，是众作之有滋味者也，故云会于流俗。"他批评那些玄言诗"理过其辞，淡乎寡味"。在刘勰、钟嵘的理论批评里，"味"或作为名词用，如"滋味"，或作为动词用，如"味之"。前者是指文学作品本身的特性，它能使人产生美感；后者是指审美主体在审美活动中对艺术作品的感受。"味"不论是指什么，都是审美活动的内容。可见在齐梁时代，"味"作为一种审美的范畴，在文学理论批评中已经定型了。到了唐代，以"味"品诗赏文又比齐梁深入了一步。《文镜秘府论》云："理入景势者，诗不可一向把理，皆须入景语，始清味！……其景与理不相惬，理通无味。"（《十七势》）皎然论诗的风格说："其一十九字，括文章德体风味尽矣。"（《辨体》）又说："如康乐公《还旧园作》：'偶与张邴合，久欲归东山。'此叙志之中，是比非用事也，详味可知。"（《用事》）皎然或者把味作为诗的美学内容，如"风味"，或者作为审美主体的欣赏感受，如"详味"等，不论怎样，味都属于创作和理论批评的美学范畴之内。

　　司空图在前人以"味"论诗的基础上又有了发展。其一，丰富了味的含义。他说"辨于味而后可以言诗也"的"味"，具有美感作用。人的审美感觉有主观和客观的两层因素，"辨味"就是审美主体对客体中所包含的美学因素，辨别其不同的品格，详审其高下，评析其优劣，司空图的《诗品》就是其辨味理论的具体实践。每品之中，都突出其特点，由形及神，由象及意，生动而细腻地辨别了不同品格的诗美，使读者产生一种彼此不同的审美感受。其二，司空图不仅发展了诗味说的含义，强调了辨味言诗，还进一步提出了"味外之旨"的诗美理论。他说："今足下之诗，时辈固有难色，倘复以全美为工，即知味外之旨矣。"（《与李生论诗书》）什么是"全美"呢？这是指外形精美的诗句，包含着极为丰富的内容和无尽的神韵，使人味之无穷。这种"全美"在老庄那里就是"天地大美"。司空图在《诗品》中用哲学语言把"天地大美"表现了出来，"大用外腓，真体内充"，即是说浩大的变化发生于外，则由于真实的本质充实于内，道家认为这是宇宙万物生成变化的基本规律。宇宙万物都包含着"体"和"用"两个方面，"体"是本质，"用"是形式。但在道家那里，这"体"不是唯物主义哲学所说的由事物的特殊矛盾组成该事物的特殊本质，而是指道家所说的"道"。所谓的"用"，也不是指特殊本质的外在形式，而是"目击道存"的各种体道的形式。只有"超以象外"才能把握住事物的"真体"。司空图把道家的这一观念运用到艺术上，认为艺术描写的各种事物，如果仅得物象，拘守形式，并不算真实，只有通过现象的描写揭示出本质才算是真实，只有形象和神骨两方面的真实性相统一的诗美，即不离开言象而又超出言象，味在盐酸而又浓于盐酸，体用结合，形神兼备的美，才是诗的"全美"、"醇美"。从马克思主义的观点来看，司空图所追求的那种抽象的"真体"是不存在的，正如老庄所谓体现天地"大美"的"道"不可捉摸一样。但是在中国审美理论的发展中，从追求形似到追求神似，以至追求形神兼备，从品鉴作品的审美意味到追求味外之旨，标志着人们对艺术的特点和规律认识方面获得了一次重大的历史性进步。

最后，"三外"说的相互关系及其意义。

"象外之象"、"韵外之致"、"味外之旨"本来是有机地联系着的。意象就深层次而言，它是文学作品的形式；文学的审美内容，寓于意象及象外之象中，它是审美内容在艺术作品中体现的基本范畴，离开了这一深层次的形式，文学艺术的审美功能就落空了。韵外之致和味外之旨也有其异同。就其异者而言，"韵"指的是优美和谐的语言文字，它是意象的外在形式，是文学作品形式的第一个标帜。"味"指的是人对艺术作品所产生的审美感觉，两者属于不同层次和不同的档次。就其同者而言，都是以审美内容为基础的，但这些都不是纯客观的存在，而是渗透着作者审美情思以及读者的情感再体验和形象再创造。因此，过去人们在谈审美理论时，常把韵味作为一个词来用的。象外和韵外、味外的关系又怎样呢？一句话，它们是互为表里的。就作品意象而言，其美感特征寓于象外之象、景外之景；就美感的情趣而言，其美感特征寓于韵外之致，味外之旨。前者是从文学创作的角度提出问题的，后者是从欣赏批评方面着眼的，只有具备了前者，才能获得后者，二者既有区别，又有联系，共同组成了一个新的审美理论体系。如果说，在此之前的理论批评家，还停留在诗歌创作中一些浅层次的因素，如音韵、对仗、用典、用事等的研究阐释，以及诗的风格高下优劣的探讨的话，那么，"三外"说的提出，则是从审美的角度在深层次上探讨诗和艺术创作以及欣赏批评中的理论问题。这一问题，是皎然、司空图对有唐一代王维、孟浩然一派诗歌创作经验的总结，也是道家和魏晋玄学家以及佛家的"言不尽意"、"得意忘言"、"得意忘象"的言意观在诗歌问题上的表现，它标志着古代诗歌美学发展到一个新的阶段。

（四）宋人的言意观

老庄的"言不尽意"和"得意忘言"说，发展到宋代，则和禅宗的思想结合起来，使言意观带上了新的色彩。表现在文学创作和理论批评上，既有道家玄学家的思想影响，也有佛禅的思想影响，还有魏晋至唐美学文学思想的影响，使言意观复杂化。宋代言意观的特色，主要体现在以下几个方面。

第一，对"三外"说的继承和发展。唐司空图等人的"三外"说，形成风行一时的审美风尚，对当时和后人有着很大的影响，宋代许多作家和理论批评家都作过高度的评价，苏轼《书黄子思诗集后》在赞美了陶渊明、柳宗元"高风绝尘"、"寄至味于澹泊"后，赞美司空图的味外说："唐末司空图崎岖兵乱之间，而诗文高雅，犹有承平之遗风，其论诗曰：梅止于酸，盐至于咸，饮食不可无盐梅，而其美常在咸酸之外。盖自列其诗之有得于文字之表者二十四韵，恨当时不识其妙，予三复其言而悲之……信乎表圣之言，美在咸酸之外，可以一唱而三叹也。"杨万里也对晚唐的韵味说大加推崇："笠泽诗名千载香，一回一读断人肠。晚唐异味同谁赏，近日诗人数晚唐。"所谓"晚唐异味"主要就是指司空图的象外说和韵味说。对司空图的"不着一字，尽得风流"，杨万里则加以引申发挥。他说："读书必知味外之味，不知味外之味，而曰我读者否也。《国风》之诗曰：'谁谓荼苦，其甘如荠'。吾反以为读书之法焉，夫舍天下之至苦而得天下之至甘。作诗亦如。夫诗，何为者也？尚其词而已矣。曰：善诗者去意，然则去词去意，而诗安在乎？曰：去词去意而诗有在矣。然则诗果焉在？曰：尝食夫饴与荼乎？人孰不饴之嗜也，初而甘，卒而酸；至于荼也，人病其苦也，然苦未既，而不胜其甘。诗亦如是而已矣。……《三百篇》之后，此味绝矣，惟晚唐诸子差近之。"（《颐安诗稿序》）可以看出，杨万里的这段话，是对唐人韵味说的引申和发挥。然则唐人的韵味说，不论皎然的"但见性情，不睹文字"也好，司空图的"不着一字，尽得风流"也好，其着眼点都在强调言外之意，弦外之音，尚风格意味不尚形貌。而杨万里则加以片面地强调，认为作诗"去词去意而诗有在"，这对于诗的韵味说未免流于玄虚。

　　第二，宋人倡导含蓄韵味的不同倾向。宋人虽然都在提倡含蓄韵味，但其出发点各有不同。自苏轼以后，在诗词创作中以文字为诗，以议论为诗的风气日盛，特别是到了江西诗派，这种风气成为影响宋诗词发展的重要弊病之一。为了纠正这种不健康的诗风，张戒、严羽先后从不同的方面提倡诗的含蓄韵味，以矫正诗风之弊。

　　张戒从儒家的立场、观点出发，在《岁寒堂诗话》中，倡导含蓄，反对浅露，主张"词婉"、"意微"、"不迫不露"，一概反对通俗浅露，就连现实性、思想性较强的作品，也加以微词。他说："……意非不佳，然而词意浅露，略无余蕴。元、白、张籍，其病正与此，只知道得人心中事，而不知道尽则又浅露也。后来诗人能道得人心中事者少尔，尚何无余蕴之责哉？"（《岁寒堂诗话》）白居易的乐府诗，能关心民间疾苦，深刻地反映现实生活，有很高的思想性和现实性，他同意元稹说"道得人心中事"，"是其长处"，这倒是对的。但他又说白居易诗情意详，景物露，"浅近"，这倒不一定公允，不过，他比起司空图把白居易斥之为"都市豪沽"，要较全面公允一些。

　　与张戒不同，严羽也提倡含蓄蕴藉，强调韵外之致、味外之旨，主张诗词要有艺术性，反对浅露直白。他提出诗词要"不涉理路，不落言筌"。不难看出，这一审美思想既导源于老庄和魏晋玄学的"言不尽意"和"得意忘言"，又引进了佛禅的"言语道断"的思想，在这种思想指导下，他力图纠正宋代理学家取消诗歌，否定形象思维的"理障"，也反对苏黄诗风的"事障"（胡应麟《诗薮内编》卷三）。他在《沧浪诗话》中提出了诗的"鉴识"、"妙悟"、"兴趣"等理论主张。在"鉴识"中主张学诗以识为主，认为"汉魏古诗，气象浑沌，难以句摘"，"浑然天成，不假斧凿"，只能意会不可言传。在"妙语"中借禅宗宣扬佛法的术语，认为论诗如论禅，对"第一义"的好诗，只能心领神会，通过"悟"来掌握艺术规律。在"兴趣"中，认为"盛唐诸人，惟在兴趣，羚羊挂角，无迹可求，故其妙处，莹徹玲珑，不可凑泊，如空中之音，相中之色，水中之月，镜中之象，言有尽而意无穷"。

在上述诸理论中，都牵涉"不涉理路，不落言筌"这个问题。对这个问题有人提出异议，如冯班在《严氏纠谬》中说："诗者言也，言之不足故长言之，长言之不足故咏歌之，但其言微不与常言同耳，安得有不落言筌者乎？诗者，讽刺之言也。凭理而发，怨诽者不乱，好色者不淫，故曰思无邪。但其理玄，或在文外，与寻常文笔言理者不同，安得不涉理路乎？"冯氏的论点是对的，诗的特点是"理玄"、"言微"，既涉及理路，又要落实于"言筌"，不能天马行空，不见痕迹。不过诗之理路有自己的特点和规律，不同于一般的理论著作，也不同于一般的文学作品，否认这一点则是错误的。冯班以一般的理论，批评严氏，未免"无的放矢"。不过由于严羽受了道家和释家思想的影响，把诗的特点谈得过于玄虚，虽然他也谈到诗人要多读书，多穷理，以此来弥补言之过激，但这些话却终未能弥补其诗论之弊。因为这一诗学思想是以道、释的哲学为基础的。达摩创立禅宗，首先就立下了"不立文字，教外别传"的宗旨，认为佛教真理是"言筌不及，意路不到"的东西，只能心领神会，不能以语言文字表达，认为用语言文字表达出来的东西都失去了佛禅的真谛。这些论点和思维方式与老庄的"道"不可道、得意忘言的理论主张是完全一致的。严氏以禅论诗，也必然体现着道家的精神。

因为以老庄为代表的道家，是中国土生土长的哲学流派，源远流长，自成体系。佛教自汉代传入中国，要在中国这块土地上生根开花，则往往要依附于道家，两者既互相排斥，又互相吸收。特别是到了唐代，儒、道、释合流的趋势日益明显，这对中国思想文化、文学理论的影响更加复杂。在言意问题上，严羽的理论主张比前人更加玄虚化。

　　第三，不论晚唐的韵味说也好，"不着一字，尽得风流"说也好，或者宋人的"不涉理路，不落言筌"和"去词去意"说也好，在艺术的特点和规律方面，比前人的认识大大深入了一步，使艺术的审美特性带上了时代特色。其不足之处是对这些审美特征说得有些玄虚，而且忽视了诗的思想性。这些玄虚的理论也不是不能用语言文字阐释清楚的。从审美心理过程看，当艺术越加深入地表现人的心灵，触及人的心灵深处的情感意识时，所需要调动的审美心理机制也就愈加复杂。真正的艺术总是在有限的文字背后，交织着隐藏着更深刻的某种难以言说的对社会人生复杂的情感，所谓的可意会不可言传，就说明了即使调动人的全部审美心理因素，也仍然感到它难于捉摸，难以用语言文字把它确切地表述出来。这种复杂的审美心理现象表现在音乐上就是所谓"弦外之音"。老子所说的"大音希声"，庄子所说的"至乐无乐"，被后人引申为"无言之美"，这种无言之美的音乐才能给人以真正的艺术享受。白居易在《琵琶行》中说"此时无声胜有声"大概就是这种境界。古人所说的听音乐"余音绕梁，三日不绝"，也就是在听演奏之后所留下的"无声的音乐"。这种复杂的审美心理现象表现在文学上就是"言外之意"。这一点刘勰在《文心雕龙·隐秀》篇中把它称作"文外之旨"。他说："隐也者，文外之重旨也。"又说："隐之为体，义主文外"，他还说："深文隐蔚，余味曲包"，也都是这个意思。所以晚唐的韵味说所引起人们的审美心理活动，虽然复杂，但并不神秘，更不是老庄的"道"在起作用，这种无形无声之美，无非就是由于文学艺术作品含蓄蕴藉的意境唤起人们的审美情感罢了。

"不着一字，尽得风流"这种无形无声之美，固然是艺术的上乘，却不能囊括全部的诗歌艺术。统观中国古代诗歌，固然以写景抒情的意象诗见长，但哲理诗、议论诗、咏史诗、言志诗等思想性很强的诗，同样能含蓄隽永、意象鲜明、耐人寻味、引人遐想，以深刻敏锐的思想而非感觉来触探生活和历史，像唐李商隐和杜牧的咏史诗就是如此。就以杜牧的七言律诗《赤壁》来说："折戟沉沙铁未销，自将磨洗认前朝。东风不与周郎便，铜雀春深锁二乔。"这是一首咏史吊古的诗。前两句纪实，是说在沉沙中发现断戟，磨洗后认定是三国时吴破魏时的兵器，一个"未"字，感叹戟铁尚存而人事全非。后两句发议论，意谓在赤壁战争中，如果东风不与周瑜方便，那么曹将灭吴，二乔将被掳，深锁铜雀台中。诗人善于以小喻大，以"残戟"勾引起人们对历史的变化以及人事沧桑之感，以"锁二乔"来反映这场意义巨大而深远的战争。所以咏史吊古的这类诗，抒感叹，发议论，并不都枯燥乏味，而是同样具有很强的思想性和艺术性。如果一概加以贬斥，只不过表示这是一种"偏见"罢了。

（五）言意论与"神韵说"

道玄和佛禅的言意观发展到清代，则体现为王士禛的"神韵说"。"神韵"这一概念在王士禛以前早就有人运用过，如南齐谢赫的《古画品录》在评顾恺之的画时就用过"神韵气力"一语；唐张彦远的《历代名画记》也曾说过"至于鬼神人物，有生动之状，须神韵而后全"的话；以至后来的苏轼、胡应麟等人，评诗论文，都运用过"神韵"这个术语。到了王士禛，他接过了前人的这一概念，吸取了唐宋诸人的理论观点，总结了前人诗词创作的经验，把神韵作为诗词创作、鉴赏的首要理论而提了出来。

王士禛以前诸人虽用过"神韵"的概念，但并未明确地解释其含义。到了王士禛，虽也多方面地运用了这一概念，但对其含义也并无确切的界说，只是笼统地说过："格谓品格，韵为风神"，也语焉不详，且未中的。正如清代学术文化一样，虽然集历代学术文化之大成，但却没有自己时代的创新成就和特色。王士禛的神韵说也正是这样，他虽然未给"神韵"下过确切的定义，但从其具体的运用中可以窥见其本意。从他所推崇的诗论家和所征引的论点、诗句中，可以看出其诗歌美学思想仍然是以"言不尽意"、"得意忘言"为中心的理论主张，其内含包括以下几个方面。

首先，强调诗的含蓄蕴藉。这是我国古代诗歌中与直率浅露相反的一种艺术风格。古代许多诗人，为了使诗歌有深远的意境，总是提倡含而不露，意在言外。他们往往多用比喻、象征、暗示、隐喻等手法，创造这种风格。例如《诗经·邶风》："昔我往矣，杨柳依依；今我来思，雨雪霏霏。"写一个戍卒从军离去。诗人把他放在春天的环境里，以杨柳表示留恋故乡亲人不忍离去的难舍难分的心情。戍卒经过了九死一生的战斗生活后返归家乡，这本是一种归心似箭欢乐愉快的心情，但却把他放在雨雪霏霏、寒冷悲凉的环境中来表现，"以哀景写乐景，以乐景写哀景"，一倍增加其哀乐的气氛。类似这样的表现方法，在我国古代诗词中不胜枚举。我国古代许多诗文理论批评家，对诗词的这一特色曾作过大量的总结和论述，如刘勰所说的"文外之重旨"、"深文隐蔚，余味曲包"，皎然的"但见性情，不睹文字"、司空图的"三外"说等，都在强调文艺作品的含蓄蕴藉而引起人们的审美感情，都在强调人们鉴赏文艺作品时超乎语言文字、音响、色彩之外那种深远的意境。在这方面清代的叶燮也有确切的论述。他说："诗之至处，妙在含蓄无垠，思致微渺，其寄托在可言不可言之间，其指归在可解不可解之会，言在此而意在彼，泯端倪而离形象，绝议论而穷思维，引人于冥漠恍惚之境，可以为至也。"（《原诗》）这话是深得艺术三昧的。这些含蓄蕴藉的诗美理论，前人论之已详，王士祯吸收了前人的意见，重新加以阐释强调，把它作为"神韵"说的重要内容。

其次，在诗的意象上强调空灵。一首好诗，其特点是不粘不脱，不即不离，既似生活，又不似生活。如果完全不似，则太玄虚，失去了生活的真实性；相反，太实太切，如印之印泥，成为生活的翻版，容易束缚人的艺术思维，不能激发人的想象，进行艺术的再创造。所以诗要写得空灵，不能质实，这一点前人也谈得不少，如明胡应麟就说过："诗贵清空。"它不执著于感情而向心灵深处拓展。元代张炎所主张的词要"雅正"、"清空"、"意趣高远"（张炎《词源》），以及在他以前和在他以后的周邦彦、姜夔、浙江词派都持这种理论主张，表现了重艺术派的审美趣味。

王士祯强调诗的"意趣"、"空灵"的同时，反对诗的思想倾向，反对诗写得太实、太直露。他像司空图一样，把白居易的诗加以贬斥，在他看来，白诗现实性强，同情人民疾苦，倾向鲜明，不合他的审美趣味。他认为盛唐诗之所以成就高，就是"更不着判断一语"。他把严羽的"不涉理路，不落言筌"的说法绝对化，一概反对诗中有理语，这种纯艺术的审美思想也构成了"神韵"的重要内容，显示出他艺术思想的落后性。

再次，表现在言意问题上，强调"得意忘言"。王士祯一再赞美司空图的"味在咸酸之外"，"不着一字，尽得风流"，"言有尽而意无穷"。他说:"表圣论诗,有二十四品,予最喜'不着一字,尽得风流'八字。又云:'采采流水,蓬蓬远春'二语形容诗境,亦绝妙,正与戴容州'蓝田日暖,良玉生烟'八字同旨。"(《带经堂诗话》)他又说:"唐人五言绝句,往往入禅,有得意忘言之妙,与净名默然,达摩得髓,同一关捩。"(《带经堂诗话》)他对司空图在《诗品》中标举的"超逸"、"冲淡"、"清奇"、"飘逸"的风格很赞赏,以严羽的"羚羊挂角,无迹可求"为诗之极致。

如前所述,不论司空图的"不着一字"也好,或者严羽的"无迹可求"也好,都是意在强调在重视思想内容的同时不要拘泥于语言文字,更不是"去词去意",天马行空。对前人的话不能机械地理解,否则会与前人的本意相反。而王士祯的"神韵"说未免有这方面的弊病,他片面强调了前人的见解,把言与意对立起来,认为语言文字不能达意,这就使"神韵"说趋向玄虚化了。

最后,王士祯标举"兴会神到"。他认为这是达到"神韵"境界的重要契机。他说:"大抵古人诗画,只取兴会神到,若刻舟缘木求之,失其指矣。"(《池北偶谈》)所谓"兴会神到",就是内心诗兴突发,他援引司马相如答盛览《诠赋》的话说:"'赋家之心,得之于内不可得而传',诗家真谛,无过于数语。"这就是说,"兴会神到"是诗家的妙谛,而其"妙"就在于"得之于内"而不是受外物的感召;而其妙也在于用语言说不清楚。而这种"兴会神到"一来时,诗人"笔忘手,手忘心"(王士祯《僧宝传》中借用石门禅师的话),无意识地疾书,这样才能达到艺术的最高境界。其实王士祯所描述的"兴会神到"不过是前人所说的灵感罢了。如果说在很早以前人们对灵感产生的原因困惑不解,那么到了王士祯时代,早有人对灵感现象作了比较科学地说明之后，王士禛还视为"得之于内，不可得而传"，也并没有自己的新东西，如果说有，那只不过是用了"兴会神到"这一概念而已。

从以上几个方面可以看出，王士禛的"神韵"说，不过是皎然、司空图、严羽这一派诗歌美学思想的继承和发展，也是唐代王维、孟浩然一派诗歌创作实践的理论概括，而其哲学基础则是老庄和禅宗的思想在言意问题上的具体体现。这一派的优点是重视对艺术特点和规律的探讨，对中国审美理论有重要的发展。其不足之处是把艺术谈得过于玄虚神秘，无人间烟火气息，导致艺术脱离现实、脱离人民，在这一点上，它比儒家的审美思想落后一步。

第六章　意象论

　　意象和意象创造，是中国古代文学艺术的中心问题，也是文学艺术区别于非文学艺术的重要标志。在老庄生活的时代，文学艺术的发展从总体上说是不充分、不成熟的，因而文艺理论也相对薄弱，老庄很少有直接的艺术创作实践，因而也没有直接谈过文学艺术创作的经验；但他们的哲学思想却与文学艺术的特点和规律相合，从而对意象和意象创造产生了深远的影响。

一　意象

　　意象是作家进行艺术思维的同伴和结果，在这个问题上，它与道家的哲学思想有着深刻的内在联系。

（一）哲学中的“意象”说

　　“意象”一词最早出现在《易传》中：“圣人有以见天下之赜，而拟诸形容，象其物宜，是故谓之象。”（《易传·系辞》）《易》是中国最古老的典籍，一切文化的总源头。这里所谓的“象”，既是指客观的物象，也是指圣人拟诸形容而创造出来象征吉凶的图像。所谓的“意”，不是纯主观的意识，而是“圣人之意”，是圣人代表天意预示吉凶祸福的。因为这种意还是抽象的，所以圣人用"象"以显示，故而出现在《易传》中的意象是用来说明卜筮的结果，带有神秘的色彩。

老庄哲学的"意象"，既导源于《易》，又有自己的特点。道家的"意象"是用来体现"道"的，因为道是抽象的，必须以"物"显，所以"道"总是伴随着"象"而出现的。老子说："无状之状，无象之象，是谓恍惚。"（第十四章）韩非子在解释这一问题时说："人希见其生象也，而得死象之骨，案其图以想其生也。故诸人之所以意想者皆谓之象也。今道虽不可得闻见，圣人执其功以处其形，故曰：无状之状，无象之象。"（《韩非子·解老》）他以"象"为喻，说明可以以"死象"之骨，想象出"生象"，但这"生象"，已不是客观存在的"象"，而是经人们头脑的加工，是想象中的象，是客体融合了主体的产物。"道"虽然"无状"、"无象"，但人可以根据它的作用，以想象其形象，创造出"道"的形象。其实老子说"道"是恍惚的，虽不可见，但其中有物，有物就有形、有象，不过这种极细微的物质，肉眼看不见，只有在显微镜下才能见到，老子生活的时代，不具备这样的条件，所以他只能凭着想象去推论。在老子看来，那种惚恍的意识活动是理性的（"道"），但其中又伴随着"象"（感性），但这"象"不是客观的物象，而只是客观的物象在人们头脑中的反映。所以老庄的"道"既是理性的，又是感性的，既可见，又难以捕捉，似有似无，若即若离，跟艺术思维、诗的意境很类似，深刻地启迪了艺术创作，成为中国文学中"意象"创造的重要参照系。

庄子承袭了老子的观点，也认为意象出于"道"。他认为，道"于大不终，于小不遗"（《庄子·天道》）。他回答东郭子的问"道"时说：道"无所不在"，"在蝼蚁"、"在稊稗"、"在瓦甓，乃至在屎溺。"（《庄子·知北游》）这同禅宗所说的"触目即真"、"青青翠竹，尽是法身，郁郁黄花，无非般若"（《景德传灯录·大珠慧海和尚》）一样，都说的是"道"、"真如"和物象的关系，即"道"以物现，目击道存。"道"和物象的关系虽然不等于意和象的关系，但却将这种关系包蕴其中。因为老庄"道"的概念中就包含着"意"，所以"道"和"物"的关系中就包含有"意"和"象"的关系。后来王弼在解释庄子的"言者所以在意，得意而忘言"这一句话时说："象者所以存意，得意而忘象。"（《周易略例·明象》）他更明确地把"意"与"象"联系起来，这虽然是对庄子话的引申发挥，但完全符合庄子意象说的精神。意以象显，意象结合，这样，庄子"意象"说同样能给文学艺术以深刻的启示。

（二）古文论中的"意象"说

意象是外界的人和物被反映者感知后，留在脑海中的声、色、体、味等具体表象，其中以人物的表象为主。这种"象"，是观念的象，是作者在自发的基础上，经过想象改造而成的。它诉诸文字或其他形式，物化在作品中，就成了今天所说的艺术形象。在古文论中运用这一概念时，有时是指作者头脑中的"意象"，有时是指物化在作品中的"意象"，二者并没有严格的区别。不论是哪一种"意象"，都是"意"和"象"的统一，在"象"中渗透着作家的审美思想感情。而作家的思想感情、理想、愿望，则通过"象"表现出来。正由于这样，作品中的意象才有了巨大的艺术感染力。

"意象"一词在汉代王充的著作中已经出现。他在《论衡·乱龙》篇中说："夫画布为熊麋之象，应上布为侯，礼贵意象，示义取名也。"这是谈绘画创作中的意象，意谓画家只有在头脑中孕育出熊麋的意象，才会在画布上创造出熊麋的意象。

　　陆机在《文赋》中也很重视"象"对表现"意"的作用，他说："辞呈才以效技，意司契而为匠……虽离方而遁园，期穷情而尽相。"他把意与象联结在一起，要求把虚无寂寞之"意"，变成可感的艺术形象。虽然艺术的门类很多，表现的技术和方法多样，但不能受各种规矩和方法的局限，目的是要塑造好艺术形象，充分地表达思想感情，让读者通过"象"，去欣赏和领会作品之"意"。在创作中怎样才能够"穷情"、"尽相"呢？这就是要"笼天地于形内，挫万物于笔端"。这里的"形"，已不是天地万物的"形"，而是艺术的"形"。所谓"笼"和"挫"，实际上都是指艺术的提炼和概括，作者要有很强的艺术表现力，把情意与万物的表象融合在一起，创造出作品的艺术形象，这样才算是完成了写作的任务。

　　刘勰在承袭前人"意象"说的基础上，对其加以创造性的论述。他在《文心雕龙·神思》篇中谈了怎样陶钧文思之后说："然后使玄解之宰，寻声律而定墨，独照之匠，窥意象而运斤。"在这里，刘勰是在庄子美学思想影响下来阐述意象问题的，甚至连一些用语，如"玄解之宰"、"若有真宰"、"运斤"等，都是来自庄子的《人间世》、《齐物论》、《徐无鬼》等篇章。在刘勰看来，文学创作中，作者的文思酝酿成熟后，就要根据文思表达的要求，依照洞察入微的心灵的指挥，运用高超纯熟的技术，寻求和谐的音律和恰当的语言文字，按照构想的意象来下笔。这里的"意象"，既不是客观的物象，也不是心理学上所说的表象，而是熔铸了表象和作者审美意识的"意象"，是作者形象思维的产物，在《神思》篇中主要指萌发于作家创作构思中的艺术想象世界。它虽然还不是客观化了的艺术形象，但"窥意象而运斤"的结果，必然使意象"由隐以之显、因内而符外"，成为物化在作品中的意象。"窥意象而运斤"就包含着采用什么手段、怎样更好地物化意象的问题。"运斤"的典故表明,刘勰和庄子一样,认为艺术创作不是一种机械操作的活动,而是既有规律但又不归结为某种可以传授的机械规程的活动,是一种自由灵活的创造,这包含了刘勰对艺术创造的深刻理解。

对于意象的创造,刘勰提出了重要的原则,这就是他在《神思》篇中所说的"神用象通,情变所孕"和在《比兴》篇中所说的"拟容取心"。"神用象通"本是佛家认为神佛幽冥难解,借用"象"以教化人们,使人皈依佛门。刘勰是佛教徒,他认为这种"神用象通"与艺术形象的构成一脉相通,就用来说明意象的构成。不过刘勰这里所说的"神",已不是佛家所说的神灵,而是人的精神情意,它也是通过"象"来显示的,是作家的主体和物象的客体统一在艺术形象中。这与"拟容取心"是同一个道理,即艺术家通过对客观物容物貌真实生动的描绘,把作者的思想感情寄寓其中,心与物、思想感情与艺术形象,完美地统一起来,这样才是意象创造的上乘。

"意象"说发展到司空图时期,则进一步成为以意象为中心的诗歌创作论。

司空图在道家和魏晋玄学的影响下,综合前人意见,把"意象"看作创作的中心问题。他的《二十四诗品》和《与李生论诗书》、《与极浦书》等,运用了许多玄奥神秘的概念以表现他的诗美思想,其核心问题就是意象的创造。《二十四诗品》谈意象的地方很多,如在《诗品·缜密》中说:"是有真迹,如不可知。意象欲出,造化已奇。"这里的"意象"是作为一个完整的概念出现的,但在司空图的诗学思想体系中,往往把"意"、"象"、"意象"作为相互联系又彼此不同的三个概念来运用。他所谓的"意",有时叫"意"、"兴"、"情"、"思",指的是作者主观的思想感情,如"倘然适意,岂必有为"(《疏野》),"意苦欲死，招慭不来"（《悲慨》）等。"象"一般是指客观的物象，如"万象在旁"（《豪放》）、"超以象外"（《雄浑》）等。"意象"则是"意"与"象"的有机统一。它一方面包含着作者主观的思想感情，另一方面则包含着物象。二者互相融合，互相渗透，意寓于象中，象依意而存在，水乳交融，浑然一体，《诗品·缜密》中所说的"意象"就是这样的概念。在《诗品·缜密》中，所说的"是"，指的是缜密的艺术构思，"真迹"指的是自然迹象，意谓诗歌创作中的艺术思维，好像有一种天然的秘密，难以被人理解，当"意象"在作家头脑中形成的时候，它浑然一体，天衣无缝。当诗人挥笔为文，欲将头脑中的意象物化为作品中的意象的时候，意象愈鲜明生动，呼之欲出。作品中所反映的生活愈独特而深刻，作品就愈有艺术魅力，司空图这里揭示出"意象"形成的秘密，也就是艺术思维的"真迹"。

司空图不仅说明了意象的构成，而且提出了"象外"的要求，这在本书"言意论"一章中已经论及，这里就不再重复了。不过有一点需要提及，就是他的"象外"说，同样脱胎于庄子。庄子在《齐物论》中说："枢始得其环中，以应无穷。"庄子以环为喻，说明事物现象和本质的关系。环是现象，而环内的空体才是本体，枢只有得其环中，才能自由旋转，应付裕如。庄子意在说明，"道"是宇宙的本质、本体，只有掌握了"道"，才能左右逢源，获得最大的自由。司空图把它引进诗学，在《诗品·雄浑》中说："超以象外，得其环中"，后来又用理论文字表述，要求写"象外象"，对意象提出了更高的要求。

司空图不仅谈了意象构成，而且进一步提出了意象创造的方法。他在《诗品·洗炼》中说："如矿出金，如铅出银，超以炼冶，绝爱缁磷。"在司空图看来，艺术与生活，虽然有联系，但又不是一回事，生活如同"矿"、"铅"一样，是自然形态的东西，虽然丰富生动，但本质和现象之间呈现为复杂的状态，有的现象能体现本质，有的不能，甚至还有许多假象。而艺术如同"金"、"银"一样，是经过加工以后的生活，源于生活，而又高于生活。在艺术和诗的创作中，由表象到意象，由生活的真实到艺术的真实，这个过程，是由现象到本质，由量变到质变的艺术创造的过程，如同由矿出金，由铅出银一样，是"冶炼"的结果。

怎样通过"冶炼"来创造诗的意象呢？司空图在《诗品·含蓄》中形象地说明了这一问题："悠悠空尘，忽忽海沤。浅深聚散，万取一收。"所谓"万取"也就是尽可能多，尽可能广，尽可能全面地积累生活素材；"一收"意在说明从众多的生活素材中选择、集中、提炼、概括，使生活升华为艺术，使表象升华为典型的意象。这个过程是从个别到一般，由现象到本质的过程，也是一个复杂的形象思维的过程。它需要诗人把全副身心融进浅深聚散、万象纷纭的社会生活中，从中选取最生动、最鲜明，最能寄寓情志、最能表达审美感情的物象，从而创造出典型的意象。

司空图在创造典型意象的时候，不仅要求"万取一收"，而且还要求"离形得似"（《诗品·形容》）。所谓"离形"就是不求形貌相似，不以类似；"得似"是求其神似。在写形和写神的问题上，司空图更强调的是"写神"，这与"超以象外"说一样，都是同一美学思想的表现。当然，司空图的"离形得似"也好，"超以象外"也好，并不意味着离开形象抽象出本质，把诗歌写成哲学讲义，而是要求通过"象"显示义，通过"形"显示"神"，从而做到形神兼备。

司空图还强调诗人的审美情思在意象创造中的作用。他说："虚注神素，超然畦脱"，意谓诗人的情思要高洁，要突破世俗礼教的桎梏，随着自己天然的本性，去发现和拮取事物的真美与本质，以表现"离形得似"的意象，这同刘禹锡所说的"心源为炉，笔端为炭，锻炼元本，雕镂群形"（《董氏武陵集纪》）是同一个意思，都是强调作者的审美情思在创造意象过程中的重要性。所不同的是，司空图所强调的原本是超然世外的"道心"，所以在他诗中的意象，大都是超尘绝俗的"幽人"、"畸人"、"真人"等形象，这表现了他的审美情思的落后性。不过这种虚无缥缈的思维方式，却有利于创作中的想象，以便更好地把意象物化在作品中，创造出优秀的文学艺术作品。

二 庄子散文中的意象与人物性格的描写

梁萧统在《文选·序》中说："老庄之作，管孟之文，盖以立意为宗，不以能文为本。"这种说法，对老庄著作中的文学因素一概加以排斥，表现了一定的片面。倒是刘知几谈得较为公允，他说："战国之文，深于比兴，即其深于取象者也，《庄》《列》之寓言也，则触蛮可以立国，蕉鹿可以听讼。"（《文史通义·易教下》）确乎如此。《老子》是以抽象的说理著称的，但其中也不乏生动形象的描绘，例如关于"小国寡民"理想的社会，老子这样写道："甘其食，美其服，安其居，乐其俗，邻国相望，鸡犬之声相闻，民至老死，不相往来。"（第八十章）寥寥几笔，栩栩如生地描绘出一幅空想社会的生活图景。庄子的文章更善于"取象"，表现的方法也更多样化。

他的寓言，善于描写人物性格。例如，他在《盗跖》篇中，对盗跖和孔丘的描写就是如此。孔丘欲以仁义道德去说服盗跖。"谒者入通，盗跖闻之大怒，目如明星，发上指冠，曰：'此夫鲁国之巧伪人孔丘非邪？'……盗跖大怒，两展其足，案剑瞋目，声如乳虎，曰：'丘来前，若所言，顺吾意则生，逆吾心则死。'"庄子通过盗跖的语言行动，描写了一个豪侠任性，狂放不羁，疾恶如仇的大盗的性格。写孔丘则不同。他见盗跖时，小心翼翼，懔懔惊惊，"孔丘趋而进，避席反走，再拜盗跖。"当他们讲完后，"孔子再拜趋走，出门上车，执辔三失，目芒然无见，色若死灰，据轼低头，不能出气。归到鲁东门外，适遇柳下季……柳下季曰：'跖得无逆汝意若前乎？'孔子曰：'然。丘所谓无病而自灸也。疾走料虎头，编虎须，几不免虎口哉！'"庄子在对跖与丘的描写中，用了对比和夸张的手法，一褒一贬，一扬一抑，使人物性格鲜明突出，从而完成了讽刺贬斥儒家仁义道德说教的思想目的。又如《庖丁解牛》，叙述庖丁解牛的过程，写道"虽然每至于族，吾见其难为，怵然为戒，视为止，行为迟，动刀甚微，谋然已解，如土委地，提刀而立，为之四顾，为之踌躇满志，善刀而藏之"。这里具体描绘了庖丁解牛时遇到难解之处的谨慎态度，以及难关过后喜悦和得意的神情。这些都描绘得有声有色，形神毕肖，这样对人物性格和心理的刻画，与后世文学比较也毫不逊色。

庄子的寓言，善于使事物人格化。例如在《则阳》篇中写道："有国于蜗之左角者，曰触氏，有国于蜗之右角者，曰蛮氏。时相与争地而战，伏尸数万，逐北，旬有五日而后反……客曰：'王与蛮氏有辩乎？'若曰：'无辩。'客出而君恍然若有亡也。"这个故事看来怪诞，实际上寓意深远。它以蜗牛的左右角之战，比喻诸侯之间攻城略地之争。蛮氏是战败者，而魏王也曾经因秦国的入侵威逼而迁都大梁，也是败北者，与蛮氏没有差别。现在魏王因齐王背约而大怒，要派人刺杀齐王，讨伐齐王。因而客（体道之士）以蜗牛左右角启发魏王，"王悟，曰：'客，大人也，圣人不足以当之。'"宣扬了道家的主张。

庄子的寓言，富于生动的故事情节。例如，"惠子相梁"。"惠子相梁，庄子往见之。或谓惠子曰：'庄子来，欲代子相。'于是惠子恐，搜于国中三日三夜。庄子往见之，曰：'南方有鸟，其名鹓雏，子知之乎？夫鹓雏，发于南海而飞于北海，非梧桐不止，非练实不食，非醴泉不饮。于是鸱得腐鼠，鹓雏过之，迎而视之曰：'嚇！'今子欲以子之梁国而吓我邪？"（《秋水》）

庄子的寓言，还善于描写人和事物的环境。例如在"井坎之蛙"中，写井水之浅，"赴水则接腋持颐，蹶泥则没足灭跗"；写井之低，"出跳梁乎井干之上"；写井坎之狭窄，"除虷蟹与科斗"外，蛙自己就是庞然大物了。作者不仅对浅水之井作了正面的描写，而且还作了侧面衬托，"东海之鳖左足未入，而右膝已絷矣"。就在这样一个环境里，庄子描写了一个见识不广，目光短浅的自乐者。好在蛙并不故步自封，他听到东海鳖介绍大海的情况后，"适适然惊，规规然自失也"（《秋水》）。

庄子的寓言既有人物语言，又有叙述者的语言。其语言生动具象、幽默泼辣，有巨大的讽刺力量。例如，"宋人有曹商者，为宋王使秦。其往也，得车数乘，王悦之，益车百乘。反于宋，见庄子曰：'夫处穷闾陋巷，困窘织屦，槁项黄馘者，商之所短也；一悟万乘之主，而从车百乘者，商之所长也。'庄子曰：'秦王有病召医，破痈溃痤者，得车一乘，舐痔者，得车五乘，所治愈下，得车愈多，子岂治其痔邪？何得车之多也，子行矣！'"（《列御寇》）又如："庄子曰：'鲁少儒'。哀公曰：'举鲁国而儒服，何谓少乎？'庄子曰：'……君子有其道者，未必为其服也；为其服者，未必知其道也，公固以为不然，何不号于国中曰：无此道而为此服者，其罪死。'于是哀公号之五日，而鲁国无敢儒服者，独有一丈夫，儒服而立乎公门。"（《田子方》）对这些无耻之徒的讽刺挖苦，又是何等的尖刻。

　　丰富的人物性格，生动的故事情节，有机的生存环境，形象生动感人的语言以及结构的安排、表现手法的运用，都达到了相当高的水平，所以《史记》说庄子"善属书离辞，指事类情，用剽剥儒墨，虽当世宿学，不能自解免也。其言洸洋自恣以适己，故自王公大人不能器之"（《老子韩非列传》）。这说明庄子的寓言散文善于"取象"，善于通过故事形象，表达情感，说明事物的道理，富于浪漫主义的特色，它和孟子的散文一样，属于文学的范畴。

　　如果说"意象"和"意象的创造"是诗词一类文学体裁的中心任务，那么，人物性格及其创造，则是小说、戏剧、叙事诗等叙事文学体裁的中心课题，庄子的寓言散文在这方面，对后世文学，也有着深远的影响。

　　就小说而言。"小说"一词，最早见于《庄子·外物》篇。他说："饰小说以干县令，其于大达亦远矣。"意谓用粉饰浅识小语以求高明，那和明远大智的距离就很远了。所以这里所说的"小说"，显然是指那些无关"大达"的言论，并不是一种文学体裁。中国的小说，起源于上古的神话和传说。神话中的主角，大抵多属于天神，而传说中的主角，往往是有神性的人，或古代的英雄。前者如刑天（《山海经》）等，后者如西王母（《穆天子传》）等。随着社会矛盾斗争的发展，老庄思想、道教、佛教的影响，以及文学本身的内在要求和发展，魏晋南北朝时期出现了"志怪"、"志人"小说，如干宝的《搜神记》、刘义庆的《世说新语》等；唐时出现了"传奇"，如沈既济的《枕中记》、李公佐的《南柯太守传》、白行简的《李娃传》；宋元时期出现了"话本"，如《清平山堂话本》、《大宋宣和遗事》等；明清时期出现施耐庵的《水浒传》、吴承恩的《西游记》、兰陵笑笑生的《金瓶梅》、蒲松龄的《聊斋志异》、吴敬梓的《儒林外史》、曹雪芹的《红楼梦》等。

由于各个历史时期社会矛盾的特殊性、复杂性，人的思想、感情、性格的多样性，以及文学本身的继承、革新、创造和发展，小说史上出现了许许多多具有典型性格的艺术形象，如英雄豪杰、忠臣志士、将军士卒、绿林剑侠、王公贵族、公子小姐、和尚道士、善男信女，等等。这些艺术形象，既是现实的，又是理想的，既是特定时期的生活反映，有着具体的思想感情、气质个性，又打着传统思想这样和那样的烙印，受到各种传统思想的影响。而老庄思想的影响，就是其中之一。例如关于"俗儒"，在庄子散文和寓言中就对他们作了讽刺挖苦等多方面的描写，刻画了他们的品质和特点。魏晋时期，那些受老庄影响的"名士"，如嵇、阮等，则对那些依附统治者的"俗儒"，进行了各种丑化，阮籍看他们以"白眼"，嵇康说他们是"裤中虱"，而这个讽刺比喻，也导源于《庄子》。庄子在《徐无鬼》中对那些"苟安自得"的人进行了讽刺，说："濡需者，豕虱是也。择疏鬣自以为广宫大囿，奎蹄曲隈，乳间股脚自以为安室利处。不知屠者之一旦鼓臂布草操烟火，而己与豕俱焦也。"意谓"苟安自得"者，像猪身上的虱子，选择猪毛长的地方，或蹄边胯下，乳腹股脚之间，以为最安全，不知道屠夫有一天持草放火，自己和猪就一起被烧焦了。嵇康把这个寓言加以改造，赋予以新意，发展了庄子思想。

小说发展到《儒林外史》，则是对"俗儒"的大集中、大暴露，周进、范进就是其中的代表人物。周进考到胡子都发白了，范进考到五十四岁。当他们还没有考中的时候，受尽世人的冷眼和奚落，但一旦考中，范进喜极发疯，充分表现了知识分子被八股文腐蚀造成的心灵创伤和精神上的畸形变态。等他们功名到手后，以前凌辱他们的人，一变而向他们讨好、吹捧，这就使得他们神气起来，作威作福。但是他们迂腐昏聩、孤陋寡闻，对社会对人民没有什么用处，只不过是封建统治者的一个驯服工具，给社会添了一粒渣滓而已。至于其他"俗儒"则各有丑态。例如杜慎卿对季苇萧伤心掉泪地谈到"朋友之情"，说自己"万斛愁肠，一身侠骨"，却遇不着知己，因而"对月伤怀，临风流泪"。而实际上，他所说的"朋友"，不过是同性的情人（《儒林外史》第二十四回）。又如严贡生对张静斋说自己"为人真率"，从来不沾人寸丝的便宜。话音未落，就有小使来报告："早上关的那口猪，那人来讨了"，这就揭露出伪君子的本相。《儒林外史》的语言准确、简练、生动、形象、含蓄、幽默、讽刺，富于庄子语言的特色。

庄子思想的影响是深远的，就连《红楼梦》的一些细节中，也可以看得出来。例如贾宝玉抄了《南华经》中的一段话："塞师旷之耳，而天下始人含其聪矣，灭文章，散五采，胶离朱之目，而天下始人含其明矣"（《庄子·胠箧》）。并据此联想到"戕宝钗之仙姿，毁黛玉之灵窍……"黛玉看了后反驳道："却将丑语诋他人。"从这一细节，也可以看到庄子思想对贾宝玉思想性格的影响。

在中国文学的发展中，由诗词到戏剧小说，在文学理论批评中，由诗话、词话到戏剧小说理论，对艺术形象的研究，范围愈来愈宽广了，认识愈来愈深入了，由意象到典型形象、典型性格的创造，愈来愈成熟，这标志着我国文学艺术的创作和理论批评，已经达到了更高的阶段。

庄子的寓言之所以能成为文学作品，是和当时技艺的发达分不开的。在春秋战国时代，以雕塑为特征的各种手工技艺相当发达，各种技艺的创造，如铸鼎、制镤、做车等，已经达到很高且熟练的程度，带有马克思所说的"半艺术"的性质。这些技艺创造给庄子文学思想以深刻的影响，使他从中体会到文学创作的某些特点和规律。技艺的制作与文学创作常有相通之处。就技艺而言，不论是梓庆的制鐻也好，驼背老人的"承蜩"也好，之所以能够"得心应手"，制造出"鬼斧神工"的工艺品，表现出高度熟练的技巧，即使"口不能言"，但总是"有术存焉"。这"术"是长期实践的结果，用"轮扁"的话说，也是"行年七十而老斫轮"；这"术"也是"用志不分，乃凝于神"的结果。在技艺的制作中，只有思想高度集中，排除一切私心杂念，一心一意进行工艺制作，才能创造出具有高度水平的工艺品。文学创作也是这样，它不仅要有丰富的生活实践和艺术实践，而且在这两个实践中，只有思想高度集中，排除一切私心杂念，才能在构思、造型、表情等方面展开想象的翅膀任意飞翔，进行自由的创造，从而创作出精美的文学艺术作品。技艺制作的特点不仅与文学创作的特点相通，给文学创作以深刻的启迪，而且这也正是"道"的特征的体现。因为在老庄看来，道没有任何目的，但却创造着万事万物，能够达到任何目的；道是按照自然的规律运行着，却又不受任何规律的局限，只要按照道的规律行事，没有事情是做不成的。而技的形成也有"道"，庄子在《达生》中说："善游者数能"，"蹈水有道"。在"轮扁斫轮"中说："有术存于其间"，这些都说明"道"是客观事物存在的普遍规律，这些规律不是不可知的，只要通过不断地实践是可以认识的，只要合规律地进行创造，目的就会达到。庄子把道的精神和技艺制作的经验运用到他的寓言和散文写作上，不仅对技术的制作作了多方面生动形象的描绘，而且使他的寓言、散文成为文学作品，使他的思维成为艺术思维，并对后世产生了很大的影响。

三　直觉、体悟、灵感

在中国古代的文学艺术创作中，有些作家过于强调主观意识在创作中的作用，所以在审美思想中，有一股重艺术轻思想，重直觉、体悟、灵感，轻生活的潮流，这股潮流的哲学基础，就是道玄和佛禅思想。

（一）艺术直觉

直观的形象思维是道家思维的特征，"道"就是老子用"涤除玄览"，即河上公所诠释的，用"心居玄冥之处，览知万物"（《老子河上公章句》）的思维方式体悟出来的。所以"直观"是一切认识论的基础和前提，也是道家认识论的基础和前提。不过这种认识不是"从生动的直观到抽象的思维"（列宁语）从而得出科学的结论，而是从生动的直观，跨越理性思维，用内省体悟得出自己的认识。不过道家的直观尽管停留在感性阶段，但它毕竟是在览知宇宙万物的基础上体悟的，因而可以生发出自己的理论体系和各种有价值的、意出尘外的见解。

庄子承袭了老子的思想，同样也注重直观。他在《天地》篇中说："黄帝北游赤水，归还遗其玄珠，乃使象罔得之。"这是一篇寓言，用"玄珠"比喻"道"，用"象罔"比喻无心者。庄子告诉人们，"道"不是感觉的对象，用感官言辨都无从求得，只有无心者即抛弃一切心机智巧，在静默无心中才能领会"道"，这同他在《天地》中所说的求道当"刳心"是同一个意思。

直观领悟也是佛家的思维方式。因为佛教的目的是出世，他们认为事物的实相是不可言辨和名相的，而要掌握事物的实相只有采取直觉思维的方式。佛家的最后归宿是成佛，进入涅槃境界，而佛又是"圣智幽微，深隐难测"，必须借象以显示。佛教既要用感性直观，而又要超越感性直观才能达到解脱的自由，所以用直觉的形象思维来体悟佛教的真谛就成为佛教的主要思维方式，佛祖在灵山"拈花微笑"就是用这种方式传教的。

由于道家和佛家的直观形象思维的方式与艺术审美思维的特征相契合，故道、佛哲学的方法论进入文学艺术是很自然的事，接受这一影响而在文学理论中较早倡导艺术直觉说的是钟嵘。齐梁时期诗歌创作中的"用事"、"用典"之风很盛，钟嵘为了反对这种形式主义诗风，于是提出了"直寻"说。他认为诗是"吟咏情性"的，而感物起兴，则是展现想象，引起形象思维、抒发对自然和社会生活感受的最佳思维方式。它无论借景抒情或直抒胸臆，都能做到情真景切，意境鲜明。如果用事用典过于繁密，就会使诗歌失去自然真美。钟嵘在强调"直寻"的同时，又提出了"贵奇"的观点，这是"直寻"的必然结晶。因为只有诗人对客观事物有了直接的感触和独特的感受，才能找到恰当新奇的词语抒情写物，创造出不同于其他艺术品的独特的形象和意境。而那些形式主义者，只顾"竟须新事"，忽视了诗是"吟咏情性"的特性，所以"辞不贵奇"，平庸乏味。钟嵘"直寻"说的提出，以矫诗风之弊，提高了人们对诗的审美特性的认识，对后世发生了很大的影响。

钟嵘之后倡导艺术直觉说者颇多，唯唐司空图颇具代表性。他在《与李生论诗书》中提出并论述了以味品诗的审美理论后，接着又提出了怎样才能创造出耐人玩味的好诗。他说："直致所得，以格自奇。"所谓"直致"，就是诗人对生活中的审美对象直接地接触和感受，并把它自然而然地抒写出来，也就是所谓"即境会心，不劳拟议"，相当于作者在《诗品·自然》中所说的"妙造自然"，"俯拾即是，不取诸邻"，自然而然地写出，不假雕饰，不矫揉造作。前辈有名的作家之所以能在各自的艺术领域标新立异，独俱风姿，就是由于"直致所得"。

"直寻"、"直致所得"的作品便具有独特创造的风格，因为诗人总是以自己特有的美感来感受生活、摄取形象，把自己的情感和想象熔铸于形象之中，这样创造出来的诗必然打着自己的印记。李商隐谈自己的创作经验时说："始闻长老言，学道必求古，为文必有师法，常悒悒不快。退自思曰：夫所谓'道'，岂古所谓周公孔子独能邪，盖愚与周孔俱身之耳，是以有行道不系今古，直挥笔为文，不爱攘取经史，讳忌时世。百经万书，异品殊流，又岂能意分出其下哉？"（《上崔华州书》）李商隐以异端自居，离儒家之经，叛周孔之道。他不受传统的文艺思想的束缚，为文不爱攘取儒家的经史，"直挥笔为文"，写自己的所感所触，抒发自己的真实感情。所以他的诗文富有创造性，在晚唐文坛上能独树一帜，别开生面，对那些庸夫俗子起了发聋启聩的作用。谢灵运的"池塘生春草，园柳变鸣禽"被认为是千古名句，但名在何处，解释不一，而叶梦得颇得真髓。他说："世多不解此语为工，盖欲以奇求之耳。此语之工，正在无所用意，猝然与景相遇，借以成章，不假绳削，故非常情所能到。诗家妙处，当须以此为根本，而思苦言难者，往往不悟。"（《石林诗话》）这说明诗句之妙，正在于诗人触景生情，信手拈来，不假绳削，所以被认为是天然自得的名句。叶梦得的阐释，也可以说是对艺术直觉的中的之语。

王夫之的艺术直觉说则更多的是从佛教方面立论的。王夫之是唯物主义的美学家、诗论家。他论述诗歌创作的审美活动，并未局限于一般的唯物主义的认识论，而是认识到审美创造活动的特殊性。这种特殊性不在于感性和理性的统一，而在于诗人感触生活后，在保留生活表象的具体性、生动性、丰富性的基础上，以直觉快感的形式纳入自己的审美结构中，再加以想象和思考，并使之物质形态化，从而创造成艺术作品。这里所谓以直觉和快感的形式对客体审美属性的直接理解，也就是审美直觉。王夫之为了阐明审美直觉的特点及其在诗歌创作中的重要性，他从印度"因明学"中借用了"现量"一词来加以说明。王夫之在其研究佛教唯识宗的著作《相宗络索》中这样说："现者，有现在义，有现成义，有显现真实义。现在，不缘过去作影，现成，一触即觉，不假思量计较，显现真实，乃彼之体性本自如此，显现无疑，不参虚妄。前五于尘境与根合时，即时如实觉知是现在本等色法，不待忖度，更无疑妄。"这就是说"现量"是指由感觉取得的直接知识，即通过感觉器官对事物的直接反映。例如，眼识之于色，耳识之于声，现实量知其自相，毫无思考计较，毫无分别推求之念，这种情况就是现量。王夫之上述一段话，明确地辨析了直觉的形象思维是如何融合情与景的。它不是生活表象的回忆，而是抒情主体将自己感情的表现与客观物象巧妙地结合起来，从而达到艺术的真实。

王夫之以审美直觉的理论评论贾岛的诗时说："'僧敲月下门'，只是妄想揣摩，如说他人梦……若即景会心，则或推或敲，必居其一。……'长河落日圆'，初无定景，'隔水向樵夫'，初非想得，则禅家所谓限量也。"（《夕堂永日绪论》内编五）他在《题芦雁绝句序》中又说："家辋川诗中有画，画中有诗，此二者同一味，故得水乳调和，俱是造未造，化未化之前因现量而出之，一觅巴鼻，鹞子即过新罗国去矣。"他在这里谈论的都是审美直觉的特征，写诗应"即景会心"，"初非想得"，凭审美直觉去把握，这样"直致所得"，便是真美，如果像"推敲"那样，妄想揣摩，付诸理性，那么，生动逼真的意象美便消失了。

艺术直觉对于艺术创作、艺术欣赏都有着重要的意义。文学作品中的意象往往比语言文字所直接表现出来的东西还要深远广阔，而这种意象往往是在直观的审美经验中所感受到的，这种审美活动和老庄说的"恍惚"、"意致"有类似之处，当我们沉醉于某种优美的意象、意境中时，往往"只可意会，不可言传"。所谓"不可言传"并非是不可知，只是说艺术给人们的美感以及美感所引起人们的种种精神活动，不一定都是能用语言形容的，也不是理智活动所能代替的，这不正是庄子所说的"言之所不能论，意之所不能察致"（《庄子·秋水》）的那种精神境界吗？不就是那种"可传而不可授，可得而不可见"（《庄子·大宗师》）的境界吗？所以王夫之的现量说既通于佛，又通于道。

一谈到艺术直觉，人们往往把它与西方的直觉主义联系起来，其实二者是根本不同的。西方的直觉主义完全排斥理性思维。它同本能相似，认为运用直觉可以掌握宇宙精神的实质，是一种神秘主义的认识论，如法国的柏格森，认为经验和理性对于作为世界本质的生命冲动"无能为力"，而生命冲动只能靠直觉来把握。他所谓的"直觉"是和理智对立的，是不可分析、不可言传的内心体验。跟哲学上的直觉主义相联系，艺术上的直觉说，如意大利的克罗齐，认为客观上不存在美，美是人直觉创造出来的价值，艺术是对表现于感性形象中的个体的直觉领会，它同理性思维是无关的。

中国传统的哲学和文学则不同。庄子虽然排斥理性，但是以老庄为代表的道家却又是以谈哲理著称的。在中国文艺传统中，不论是"直寻"说、"直致"说或"即景会心"说等，都不是与理性对立的，而是表象与思维融合在一起的。"直觉"的特点在于：作家面对着自然和社会生活中各种复杂的现象，以自己特有的视觉、听觉等审美器官，对感触到的人和事，不假思索地作出判断，然后把认为具有特征的人和事，选择并摄取到自己的审美结构中来，组成与创作有关的具体生动的表象。在审美直觉阶段，表象和感觉、知觉、思维的联系是复杂的，表象是思维反映存在的中介。当人们的感觉作用于客观对象时，感性活动总是伴随着理性活动的。这理性思维可以跟感觉直接联系，也可以跟知觉直接联系，也可以跟表象直接联系，这样就出现了表象与思维概念联系的复杂性。在文学创作过程中，形象思维是从感性直观开始的，但这种感性直观不是沿着表象——概念——表象的过程运行的，而是沿着客观的表象——主观的表象——主客观融合一体的表象进行的。在这个过程中，不论哪一个阶段都离不开思维，思维贯穿在一切表象记忆中。有时作者感物后的映象处在潜意识状态，如王夫之所说的"兴在有意无意之间"（《姜斋诗论》，卷一），叶燮所说的"幽渺以为理，想象以为事，惝恍以为情"（《原诗·内篇》）。也如歌德所说，"精灵在诗里到处都显现"（《歌德谈话录》）。这里所说的都是带有潜意识的表象，而这种处在潜意识中的表象，只不过是由潜意识上升为意识的一个过渡阶段，随着构思的展开，潜意识便会升华为意识，表象升华为意象。这也说明中国文艺传统中的艺术直觉有别于西方的直觉主义。它是直觉的，但与思维是水乳交融而不可分割的；它是直观的，但又是长期积累的产物。正如巴甫洛夫所说："记忆结果……却忘记了自己的先前思想的经过，这就是为何显得是直觉的原因。我发现一切直觉都应该这样来理解，人记得最后的结论，却在其时不计其他接近它和准备它的全部路程。"（《巴甫洛夫论心理学及心理学家》）

（二）体悟

"悟"本来是佛家思想，但在佛教传入中国以前，在中国传统的哲学思想中，道家就是以内省体悟作为主要的思维方式。老子说："不出户，知天下，不窥牖，见大道，其出弥远，其知弥少。"（第四十七章）老子不太重视在自然和社会实践中所取得的经验知识，而重视直观和内在的体悟。在老子看来，世界上一切事物都在依循着某种规律运行，掌握了这种规律，就可以洞察事物的真实情况。但是如何能够体悟这种规律呢？只有靠心灵。他认为心灵的深处是透明的，好像一面镜子，这种本明的智慧上面蒙了一层如灰尘般的情欲，情欲的活动受到外界的诱发，就会趋于频繁。老子认为只有透过自我修养的功夫，作内心的返照，净化欲念，才能清除心灵的蔽障，以本明的智慧，虚静的心境，去览照外物，才能体悟外物运行的规律。所以他说："不出户，知天下。"反之，如果我们的精神活动向外驰求，外界的万事万物，将会使思虑纷杂，精神散乱，一个轻浮躁动的心灵，自然无法明彻透视外界事物，所以老子说："其出弥远，其知弥少。"

庄子也重视对"道"的体悟。他说，人们为什么不可能把"道"献给君主呢？"无他也，中无主而不止，外无正而不行。由中出者，不受于外，圣人不出；由外入者，无主于中，圣人不隐。"（《庄子·天运》）庄子认为人们心中不自悟，则道不停留，向外不能印证，则道不能通行，出自于内心的领悟。不为外向所承受时，便不告示，由外而入内，而心中不能领受时，圣人便不留存。这也就是说，"道"只能出自内心的领悟，否则便不能体"道"。

道家这种体道的思维方式与佛家的"悟"是一脉相通的。佛家本是讲悟的，因为佛性幽冥，深微难测，佛教徒只能靠悟来领会佛的存在。所以直观和体悟是一个问题的两方面。佛教是外来的思想文化，它要在中国这块土地上生根开花，就要与中国传统的思想文化相结合，而道家在中国源远流长，又与佛教的思维模式相近似，所以佛教传入中国后就依附于道家。东晋名僧僧肇就以佛释道，他的"妙悟"说的根本点就在于"有无齐观"。这本是庄子"齐物论"思想。在僧肇看来，对于物我问题，不能执著于"有"、"无"的对立，"处有不有"、"居无不无"，超出于有无的区分对立之上，这样就可以消除物我的对立，达到天地与我同根，万物与我一体的境界，获得精神的绝对自由。僧肇还描述了主体达到"妙悟"时的精神境界，即"虚心冥照"。这是一种自由地观照，"怀六合于胸中，而灵鉴有余，镜万有于方寸，而其神常虚"。"群动以静心，恬淡渊默，妙契自然"（《肇论》）。这也就是说，主体的心灵，像明镜那样映照万物，但主体精神又能超越万物，不为万物所累，而处于一种恬淡无欲，深思默想，与自然惟妙契合的状态。僧肇把这种"有无齐观"而来的状态称之为"妙悟"。佛教的发展终于出现了具有中国特色的佛学禅宗。禅宗突出的特点是讲"顿悟"。它以心为本体，认为人类所能感知的物象及内在情感都是虚妄的，只有人的本心是真实的永恒的，只要顿悟本心就可以打破"事法界"的障碍和"理法界"的束缚，达到事事无碍的境界。如果说道家在谈空虚的时候还承认恍兮惚兮其中有"物"、"有象"，那么禅宗则更彻底，一切从本心出发，追求的是超越经验的内心体悟，这种忘却一切的个人的认识动机、意志情感，抛弃一般认识事物必须遵循的逻辑秩序，不依赖理性思辨，完全靠自己直觉的感受与内心体悟来把握人生宇宙的真谛，形成了直觉主义的非理性的思维方式。

道、佛和艺术，虽然性质不同，但在思维方式上却有一脉相通之处。就性质说，"道"是一种哲学，佛是一种宗教，诗文是一种艺术，它们如马克思所说是人类把握世界的不同方式。道家追求的是"忘世"，佛家追求的是"出世"，而艺术所追求的

"入世"。它们把握世界的目的虽不同，但其思维方式却有相同之处。因为道家的"道"，佛家的"真如"，都是形而上的，形迹渺茫，难于把握，只能靠内省体悟来掌握。艺术掌握世界的方式靠形象思维，而道佛的内省体悟和恍惚有物、有象的思维模式，在客观上道出了创作和欣赏艺术作品的方法，二者有一脉相通之处。因为艺术反映生活时，人类有些深层次的意识，不是用语言文字所能淋漓尽致表现出来的。艺术作品中意与境的结合，往往有形象大于思想的复杂现象，这就不能执著于语言文字本身，也不能靠逻辑思维的推理去求得，还必须借助于"悟"，即内省的审美体验，才能体味到作品的意境美。同时，道佛都是形而上的，要让人们感觉到"道"的真实存在，"佛"的真实存在，不仅要凭"象"，而且要专注一境，不存杂念，这就是庄子所说的"求道当剞心"，佛家所说的"不能参虚妄"。而艺术家进行形象思维时，也只有虚心静气，展开想象，进行创作。由于道佛的思维模式与艺术的思维方式有相同之处，所以道佛的理论主张被引进艺术领域是很自然的事情。它一经艺术家所运用，就加深了对艺术特征的认识，提高了艺术的质量。同时那些具有艺术素质和修养的僧人，如唐代的寒山、拾得、贯休、齐已等也都写了不少的好诗，被誉为"诗僧"。当然，他们的诗大都是以禅说诗，具有说教的味道。但其中也有许多山水诗，情真景切，意境鲜明，具有独特的美学价值。

　　在诗论上，以禅喻诗的，则有严羽的"妙悟"说。严羽在《沧浪诗话·诗辨》中说："大抵禅道惟在妙语，诗道亦在妙语。且孟襄阳学力下韩退之远甚，而其诗独出退之之上者，一味妙悟故也。惟悟乃为当行，乃为本色。"这段话有几点值得注意：第一，严羽以禅理喻诗理，而"悟"就是其中重要的一点。他所说的"悟"就是"领悟"。参禅通过悟领会佛的"真谛"，写诗通过对汉魏盛唐诗的"妙悟"，达到心领神会，彻底掌握。第二，妙悟是写出好诗的根本，它与学问关系不大，孟浩然之所以能写出好诗就在于他善于"妙悟"。第三，禅悟和诗悟都是凭非理性的思维进行的感性直观活动，是体认而非推理，是感受而非认知，如果在思维中用概念而不是形象，则失去了"悟"的特征。第四，无论是佛禅，还是艺术创作活动，强调非理性的感性活动，并非完全排斥理性，而是如严羽所说的，"尚意兴而理在其中"，即是要把理性渗透在形象之中，如同盐溶于水中一样，能感觉到却分辨不出。第五，严羽所说的"妙悟"，其特征和今天所说的"形象思维"差不多，是艺术的根本特征，作家只要能很好地进行形象思维，就能写出好诗，孟浩然诗之所以居韩愈诗之上就在于他能进行形象思维。严羽关于诗悟的论述，大大提高了艺术创作和欣赏的美学认识。

道家的内省体悟和佛禅的顿悟都直接或间接地影响了诗文学家的"妙悟"。不过形象思维作为把握世界的方式之一，它不同于前二者的"悟"在于：诗人艺术由直观到悟，把握的是对人在自然和社会生活中产生的审美主体的心与物，情与景，在瞬间艺术感受中变成一个妙合无间的整体，对于这样一个境界来说，理性的思辨是无法捕捉其内在的审美韵味的，只有靠"妙悟"即"内省体悟"，也就是审美体验来实现，这就是作为把握世界的方式，"妙悟"在审美这一点上有别于道家哲学的"悟"和佛家宗教的"悟"，前二者不过在客观上为艺术创作和欣赏提供了一个新颖的科学的思维方法。

（三）灵感

直观、体悟的过程，就是灵感产生的过程。灵感也是创作的重要契机。

　　灵感这种创作中的精灵，不论在古代或现代，中国或外国都早已被人们意识到了，并且加以解释研究。在西方，柏拉图就是最早提出并论述灵感的哲学家和美学家，在中国，灵感则导源于道家，道家的虚静说就是产生灵感的温床。庄子寓言中的梓庆之所以能制作出鬼斧神工的"鐻"，就正是在"斋戒"中得灵感之助而创造出来的。后世的作家、理论批评家对这种现象从不同的方面作了不同的描述和解释，随着创作实践的发展，人们对它的特点和规律的认识愈来愈深入了。

　　关于灵感的名称。有的人把它称作"天机"，如陆机的《文赋》："方天机之骏利，夫何纷而不理。"陆机又把它叫做"应感"。因为作家在构思时心与物交相感而产生了这一现象，故用"应感"来表达它。后来沈约、萧子显也沿用了"天机"这一名称。沈约说："天机启则吕律自调，六情滞则音律顿挫。"（《答陆厥书》）萧子显说："若夫委自天机，参之史传，应思排来，易生构聚。"（《南齐书·文学传论》）唐代皎然也沿用了这一名称，他说："使无天机者坐致天机。"（《诗式》）有的人把灵感称作"标举兴会"，如颜延之在《颜氏家训·文章篇》中说：文章乃是"标举兴会，引发性灵"的具体表现。也有的人，如王夫之、袁守定等，把灵感称作"兴会"、"感兴"，因为诗歌表现方法的"兴"，具有因外物触发而激起诗人创作冲动的作用，因此这样称呼它。还有的人把灵感叫做"自然灵气"（汤显祖）、"神理"、"神会"（王夫之）等，叫法不同，而现象和实质则一。

　　灵感的特征。许多作家和理论批评家，对它都作了许多分析论述，从此分析论述中可以看出，灵感有以下几个特点：

　　爆发性。灵感作为直觉、顿悟，是由偶然机缘触发的，这种偶然机缘在文学创作中，往往突然袭来，稍纵即逝。陆机说：
"若夫应感之会，通塞之纪，来不可遏，去不可止，藏若景灭，
行犹响起。"（《文赋》）唐李德裕说："文之为物，自然灵气，
恍惚而来，不思而至。"（《文章论》）汤显祖也说："自然灵气，
恍然而来，不思而至，怪怪奇奇，莫可名状，非夫寻常得以合
之。"（《汤显祖诗文集·合奇序》）王夫之更描述了灵感来去的
迅疾，他说，诗歌创作，"以神理相取，在远近之间。才着手便
煞，一放手又飘忽去"（《姜斋诗话》），这些都生动地描述了灵
感突发性的特点。

狂热性。灵感是作家自我审美感受高度活跃的产物，因此当
灵感袭来时，作家的情绪就处在高亢昂扬的状态，同时总伴随有
异常鲜明的表象或印象。柏拉图称这种灵感袭来时的情绪极度兴
奋的状态是酒醉后的迷狂性。皎然称灵感袭来时的情绪状态是
"意静神王"，"神王"就是情绪处于高度兴奋的状态。

创造性。灵感来时，也是作家创造力最旺盛的时候。陆机就
认为："方天机之骏利，夫何纷而不理，思风发于胸臆，言泉流
于唇齿，纷葳蕤以驳遝，唯毫素之所拟，文徽徽以溢目，音泠泠
而盈耳。"（《文赋》）皎然也说，当灵感来时，"佳句纵横，若
不可遏，宛若神助"（《诗式》）。李德裕在谈到灵感与创造时说：
"杼抽得之，澹而无味，琢刻藻绘，弥不足贵，如彼璞玉，磨砻
成器，奢者为之，错以金翠，美质即雕，良宝斯弃。"（《文章
论》）王夫之谈到这一问题时说："含情而能达，会景而生心，
体物而得神，则自有灵通之句，参化工之妙。若……于心情兴
会，一无所涉，适可为酒令而已。"（《姜斋诗话》）这些都说明
艺术的创造性与灵感是不可分的，灵感来时是创造力最旺盛的时
机，失去了这个机会，作品就索然无味，平淡无奇。

灵感产生的原因。灵感的特征及其在创作中的重要性，许多

作家都认识到了，但是灵感是怎样产生的，许多人却困惑不解。例如，陆机说："虽兹物之在我，非余力之所戮，故时抚空怀而自惋，吾未识夫开塞之所由。"（《文赋》）到了唐代，皎然的认识前进了一步，当他叙述了灵感来时创造力旺盛之后说："宛如神助，不然盖由先积精思，因神王而得乎？"（《诗式》）他朦胧地意识到灵感的产生是长期积累精思的结果，但又不能肯定。后来到了袁守定，谈得就明确了。他说："文章之道，遭际兴会，摅发性灵，生于临文之倾者也。然须平日餐经馈史，霍然有怀，对景感物，旷然有会，尝有欲吐之言，难遏之意，然后拈题泚笔，忽忽相遭，得之在俄倾，积之在平日，昌黎所谓有诸其中是也，舍是虽刊精竭虑，不能益其胸中之所本无，犹探珠于渊，而渊本无珠，采玉于山，而山本无玉，虽竭渊夷山以求之，无益也。"（《占毕丛谈·谈文》）"得之在俄倾，积之在平日"。平日的积累，一方面是"餐经馈史"，另一方面是"对景感物"。在这两方面中，后一方面即生活实践和思考却是更重要的一面，历来许多作家对此都加以强调，如陆游在谈到"诗家三昧"时说："法不孤生自古同，痴人乃欲镂虚空。君诗妙处吾能识，正在山程水驿中。"（《剑南诗稿·题庐陵萧彦毓秀才诗卷后》）这也说明，创作的灵感和成果乃是作家亲身经历的生活实际所激发出来的，但袁守定对于这一点和"先经积思"未加以强调，这不能不说是作者的不足之处。

其实，灵感的产生并不神秘。作家在日常的生活积累、艺术实践积累，以及感受思考的基础上，当临文之顷，进入虚静的状态时，展开想象。想象伴随着情感，如一对孪生的兄弟，互相作用：情感激发着想象，规范着想象的性质和方向；而想象则深化着情感，深化着作家的形象思维。在虚静中作家的潜意识便活跃起来，此时的心理状态，道家表述为"堕肢体，黜聪明，离形去知，同于大通"（《庄子·大宗师》）；佛家表述为"非想非非想"（《首楞严经》）。"非想"是说虚静时抽象的思维被抛弃了，"非非想"是说虚静又不是心念断灭，思维停止，而是说，在这种情况下，平时被压抑的潜意识格外活跃，那些过去被储藏的记忆表象纷纷觉醒，被压抑的情感和欲望悄悄抬头，平时被忽略了的一些细微的情绪也明晰起来了，这时的"我"和反映在内心的"物"呈双向交融状态，水乳交融，物我不分。在这种心态下，灵感最容易产生，艺术创造力最旺盛。

所以，灵感作为一种精神现象，虽然复杂，但并不神秘。从哲学认识论的角度来看，它是作家自我的生活实践和艺术创作实践在长期的感性积累的基础上，出现的由感性到理性的飞跃。从心理学上讲，它是作家在长期的潜意识积淀的前提下，出现的由潜意识到意识的突然闪现。所以灵感的出现有其偶然性，也有其必然性。如果离开了长期的生活实践和思考，那么灵感就成为神秘而不可解的"精灵"了。

四　规矩法度与自由地创造

真善美的统一是文学创作的规律，儒家强调美与善的统一，道家强调美与真的一致，不同的美学思想表现在文学创作的规矩法度和方法技巧上就有不同的要求，不同的倾向。其中一种倾向和要求，是强调无目的而又合目的，有规律而又不受规律限制自由地创造。在这种审美思想指导下艺术创造所取得的是天然美；另一种倾向和要求，强调合规矩法度，甚至要求严格地按照前人的经验进行创作，不能逾越雷池一步。在这种审美思想指导下艺术创作所取得的是人工美。在中国美学和文学史上存在着这样的两种不同的审美倾向和要求。

主张遵守规矩法度强调人工美的，导源于儒家，特别是荀子。荀子强调美是人为的，他说："人之性恶，其善者伪也。""无伪则性不能自美。"（《性恶篇》）他认为美不能脱离人为的努力，不能脱离"礼"，而礼是有一套规矩法度的。在荀子看来，只要是改恶从善，合乎礼的法度，就需要人为地改造。这影响到艺术的创造，就是强调循规蹈矩，按照前人的经验办事，甚焉者，亦步亦趋，在已有的规矩法度上进行人工的雕琢刻镂，如同颜延之诗那样，"铺锦列绣"、"雕缋满眼"（钟嵘《诗品》）。特别是宋代，此风愈甚，强调向古人学习诗法的人更多，正如李东阳所说："唐人不言诗法，诗法多出于宋，而宋人于诗无所得。所谓法者，不过一字一句对偶雕琢之工，而天真兴致未可与道。其高者失之捕风捉影，而卑者坐于黏皮带骨，至于江西诗派极矣。"（《怀麓堂诗话》）江西诗派的首领黄庭坚倡导诗法最力。他说："诗意无穷而人才有限，以有限之才追无穷之意，虽渊明、少陵不得工也。"（惠洪《冷斋夜话·换骨夺胎法》）这显然是受了庄子"以有涯随无涯殆矣"的思想影响而发的一番议论。他为了走捷径，很强调"法"。他在《与洪驹父书》中指出，洪的缺点是读书少，不懂古人的规矩法度，要洪"多读书，遵守古人绳墨"，为此，他总结出一套方法，即所谓"夺胎法"、"换骨法"。他虽然也强调"理"，如说："好作奇语，自是文章病，但当以理为主，理得而辞顺，文章自然出群拔萃。"（《与王观复书》）但他在谈"理"与"法"的关系中，突出的还是诗法技法，终免不了形式主义之弊。

宋代江西诗派形式主义的诗法论发展到明代，变本加厉，演变为复古主义的"死法"论。前七子之一的李梦阳就提出"尺寸古法"的主张，他说："然其翕辟顿挫，尺尺而寸寸之，未始无法也，所谓圆规而矩方者也。"（《驳何氏论文书》）他所谓的

"翕辟顿挫"、"疏密虚实"等诗法，主要是指诗的章法结构，都是属于形式方面的问题。学习古人这些创作经验是必要的，但李梦阳等人把这些规矩法度绝对化，要求后人墨守成规，"独守尺寸"，不敢逾越雷池半步，把古人诗法方面的经验，变成了万古不变的教条。这种复古拟古的形式主义思想对当时和后世产生了很坏的影响。

同样也是主张学习古法，但有人不同意李梦阳等人的"死法"，而是主张灵活多样的"活法"，吕本中就力倡这种主张。他所谓的"活法"就是"规矩备具，而能出于规矩之外；变化不测，而亦不背于规矩也"。简而言之就是"有定法而无定法，无定法而有定法"《夏均父集序》。这种"活法"说对江西诗派的囿于"死法"说是一种艺术的解放，但他把"活法"又限制在"规矩"之内，承认"有定法"并且不得违背，这又大大限制了"出于规矩之外"的创造性。南宋姜夔论诗词也倡"活法"。他认为诗必有法，即在立意布局字句等方面要有一定的规矩法度，不了解这些诗法，就不知道诗的弊病所在，写不出好诗。但又不能囿于诗法，还要积学和蓄意，灵活运用，既有规矩法度又不为规矩法度所局限，这样就掌握了活法。不论是强调"死法"也好，还是强调"活法"也好，都不同程度地有些形式主义倾向。唯有杜甫，承认有"法"，但又不受"法"的限制，经过精心苦思，千锤百炼，炉火纯青，臻于巧夺天工之妙。黄庭坚说："所寄诗多佳句，犹恨雕琢功多耳。但熟观杜子美到夔州后古律诗，便得句法简易，而大巧出焉。平淡而山高水深，似欲不可企及，文章成就，更无斧凿痕，乃为佳作耳。"（《与王观复书》三首之二）宋叶梦得谈杜诗的技巧时也说："诗语固忌用巧太过，然缘情体物，自有天然工妙，虽巧而不见刻削之痕。老杜'细雨鱼儿出，微风燕子斜'，此十字殆无一字虚设。雨细著水面为沤，鱼常上浮而渖，若大雨则伏而不出矣；燕体轻弱，风猛则不能胜，唯微风乃受以为势，故又有'轻燕受风斜'之语。至'穿花蛱蝶深深见，点水蜻蜓款款飞'，'深深'字若无'穿'字，'款款'字若无'点'字，皆无以见其精微如此。然读之浑然，全似未尝用力，此所以不碍其气格超胜。"（《石林诗话》卷下）

主张天然美的与此不同。强调天然美的，导源于道家的自然观。道家主张"法天贵真"、"大朴不雕"，庄子主张以"天籁"、"天乐"为大美。人工创造，也要达到技巧天然。他在《达生》中记述了一件事："工倕旋而盖规矩，指与物化，而不以心稽，故其灵台一而不桎。忘足，履之适也；忘要，带之适也。忘是非，心之适也。不内变，不外从，事会之适也。始乎适而未尝不适者，忘适之适也。"据说工倕是尧时工匠，技艺水平很高，造成的器物，如天生化成一般，而其特点是"指与物化，而不以心稽"，也就是"手随物化，因物施巧，心不稽留也"（成玄英疏）。他制造物器时，身心与物融合，没有任何主观意会，完全因物施巧，自己也变成了物。他用心专一，无一桎梏，不受任何外界干扰，身心俱忘，从"心与物化"到"手与物化"，所以创造的器物，与天工机巧一样，达到了天工的境界。道家的这种思想，影响到诗文创作，就是要求自然天成，不假雕饰。

主张天然美者代不乏人。早在汉代贾谊就提出"化工"这一概念，他在《鹏鸟赋》中说："天地为炉兮，造化为工"，他赞美了大自然的造化之美胜于人工美。这一审美思想在钟嵘的《诗品》中表现得更为明显，《诗品》的主导思想就是他所倡导的"自然英旨"，反对人工雕琢。他在评颜延之的诗时引用汤惠休评颜（延之）谢（灵运）诗的话："谢诗如芙蓉出水，颜如错彩镂金。"据《南史·颜延之传》记载:"延之尝问鲍照,己与谢灵运优劣。照曰:'谢公诗如初发芙蓉,自然可爱,君诗如铺锦列绣,亦雕缋满眼。'延年终身病之。"钟嵘转引这些评语意在说明,颜诗虽然也精雕细刻,以人工取胜,终不如谢诗的天然美。

诗至李白,登峰造极,他的诗美思想也明显地受了道家的影响。他在《古风其一》中提出了他的政治理想是:"圣代复元古,垂衣贵清真。"在诗歌创作上,主张自然天成,反对人工雕饰、因袭模仿,要求不受规矩法度的限制而自由地创造。他在《经乱离后天恩流夜郎忆旧游书怀赠江夏韦太守》中说:"览君荆山作,江鲍堪动色。清水出芙蓉,天然去雕饰。"他以这种美学思想欣赏评价诗歌,进行诗歌创作,并以自己的天才、高深的艺术造诣和勤奋的耕耘,登上浪漫主义诗歌的顶峰,成为千古绝唱。

如果说宋代是讲诗法的时代,那么苏轼则相反,他反对诗法的束缚。据周紫芝《竹坡诗话》记载:"有明上人者作诗甚艰,求捷法于东坡,作两颂以与之。……其一云:'冲口出常言,法度去前轨,人言非妙处,妙处在于是'。"苏轼明确地告诉人们,不要被前人的规矩法度局限了自己的自由创造,他自己也正是这样实践的,他的"随物赋形"说等,就是他创作经验的概括说明。他的词作,突破了词为"艳科"的成规,开拓了词表现生活的境界,创造了豪放词派的艺术风格,使宋词在文学史上大放异彩。而姜夔为了倡导诗词的天然美,则直接提出了"天籁自鸣"的口号。他说:"诗本无体,《三百篇》皆天籁自鸣,下逮黄初,迄于今人,异辊故所出亦异。或者弗省,遂艳其各有体也。"(《白石道人诗集自序》)意谓本来没有固定不变的体制,《诗经》都是出于自然天成,后世从魏晋始到现在,诗人内蕴的思想感情不同，写出来的作品也就不同。有人不理解这个道理，便羡慕追求固定不变的体制，于是刻意古范，不敢进行大胆的创新。要知道古今的名句都是诗人神会与物，自然天成。历来被人们所称颂的名句，如"采菊东篱下，悠然见南山"，"池塘生春草，园柳变鸣禽"等便属此类。宋人胡仔曾说："东坡云：'陶潜诗：'采菊东篱下，悠然见南山。'采菊之次，悠然见山，初不用意，而境与意会，故可喜也。'"（《苕溪渔隐丛话前集》）。叶梦得谈到谢灵运时也说："'池塘生春草，园柳变鸣禽'，世多不解此语为工，盖欲以奇求之耳。此语之工，正在无所用意，猝然与景相遇，借以成章，不假绳削，故非常情所能到。诗家妙处，须当以此为根本，而思苦难言者，往往不悟。"（《石林诗话》）

　　倡导艺术的天然美到明清时益被人们所重视，而李贽的"化工"说具有代表的意义。他上承贾谊、李商隐的"化工"说，并与人为的"画工"相对称，强调天然工巧。他在《杂说》中说："《拜月》、《西厢》，化工也；《琵琶》画工也。夫所谓画工者，以其能夺天地之化工，而其孰知天地之无工乎？……要知造化无工，虽有神圣，亦不能识知化工之所在，而其谁能得之？由此观之，画工虽巧，已落二义矣。"李贽认为"化工"天衣无缝，毫无斧凿痕迹，而"画工"虽巧，却无论如何都赶不上天然工巧。如果说他的"童心"说强调在内容上的真情实感，那么他的"化工"说则是着眼在手法技巧上天然的重要，二者互为表里，是一个问题的两个方面，总归而称之为自然真实而已。同样是强调天然美，王夫之则提出了"天巧偶发"说。他的审美思想虽然主导方面是儒家的，但又明显地受了道家的影响。他强调文学创作要"天巧偶发"（《古诗评选》）、"不复劳斯整理，讵非天假"（《明诗评选》），这种审美思想跟庄子的思想是相通的。王夫之在《庄子解·达生》中，解释梓庆，工倕的神秘境界是"持志凝神，以守纯气，精而又精之妙合乎自然也"，"以志守气，志斯正矣"，于是乎"天效自灵"。这里他强调了"气"的作用，主张"以气化之心，合气化之天"，表现了他的以"气"为中心的一元论唯物主义思想，这对道家"以自然之人，合自然之天"的神秘思想，是一种有意义的发展，同时与庄子的"天籁"、"天机"的思想又不背离。

在文学史、美学史上，虽有天然美、人工美之分，人们对它们的要求和评价各不相同，但是真正精美的作品，都会受到人们很好的评价，"巧夺天工"，就是人们对人工美的美誉，李白诗，如"金翅擘海"，杜甫诗，如"香象渡河"，也都是这个意思。"香象"云者，本是佛经中的故事，《优婆塞戒经》卷一："如恒河水，三兽俱渡，兔、马、香象。兔不至底，浮水而过，马或至底，或不至底；象则尽底。"原佛教用语，皆喻悟道精深。后喻诗文写得精美透彻，宋严羽《沧浪诗话·诗评》："李杜数公，如金翅擘海，香象渡河，下视郊岛辈，直虫吟草间耳。"清袁枚《随园诗话》卷八："严沧浪借禅喻诗，所谓羚羊挂角，香象渡河，有神韵可味，无迹象可寻。"

总之，在中国美学和文学的法度技巧问题上，虽然存在着天然美和人工美的两种倾向、两种要求，但人们评价的时候总是以天然美胜于人工美，"自然为上，精工次之"，可见道家的美学思想对中国文学在法度技巧方面深远的影响。

第七章 方法论

方法是指认识世界和改造世界的方式，它与世界观是统一而不分的，故又称世界观方法论。在哲学宏观方法论的前提下，各门科学又有自己的方法。文学艺术也有自己的方法，这就是一般所说的创作方法和表现方法。文学艺术的方法既有自己的特殊性，又受着哲学方法论的制约。道家的世界观和方法论就对中国传统文学艺术的方法则有着明显而深远的影响。

一 老庄的思辨与艺术辩证法

老子哲学思想中具有辩证法因素，这是他从对自然和社会的观察认识中得出来的，例如，他曾说："万物并作，吾以观复。"（第十六章）他正是从现实的观复中，看到了事物发生发展变化的某些规律。他认识到的这些规律有以下几个特点：首先，他看到事物千变万化，纷纭复杂，但它们并不是孤立的，彼此间有着这样或那样的联系。这就启示我们，看任何事物不要被它的表面现象所迷惑，而应透过现象看本质，要把它们相互联系起来去看，这样才能全面准确地把握事物，不至于失之片面；其次，相互联着的事物又处在对立的状态中。老子说："有无相生，难易相成，长短相形，高下相盈，音声相和，前后相随。"（第二章）

这就是说，任何事物，都是对立存在着，有它的正面，也有它的反面。有易就有难，有强就有弱，有高就有低，有上就有下，二者是在对立的状态中形成的，非此无彼。因此，我们看事物时，不仅要看到它的正面，还要看到它的反面，从对立的两方面看事物的发展变化；再次，对立的两方面又可以互相转化。老子说："曲则全，枉则直，洼则盈，敝则新，少则得，多则惑。"（第二十二章）又说："祸兮！福之所倚，福兮！祸之所伏。"（第五十八章）在老子看来，大小、强弱、祸福、盈亏等都不是绝对的，在一种因素中潜伏着另一种因素。这个道理也告诉我们看任何事物，不要把它绝对化地认为好就是绝对的好，坏就是绝对的坏。而要辩证地看，坏事可以变成好事，好事也可变成坏事，要一分为二，所谓"塞翁失马，安知非福"的故事就说明了这个道理。据《淮南子·人间训》记载："近塞上之人，有善术者，马无故亡而入胡，人皆吊之。其父曰：'此何遽不为福乎？'居数月，其马将胡骏马而归，人皆贺之。"《淮南子》一书杂有儒道法等各家思想，"人间训"则以道家思想对老子的福祸观进行演绎，说明福与祸不是固定不变的，在一定条件可以转换，这一朴素辩证法思想对后世的文学艺术有很大的影响，如宋孔平仲《和经父寄张绩》就说，"倚伏万端宁有定，塞翁失马尚归来"，这一思想对后世作家在认识生活、表现生活上都起了积极的作用。

老子看到了事物的对立转化，但没有认识到对立转化是要有一定条件的，没有一定的条件，对立面要转化就不可能。一个弱小的国家，弱小的军队，要战胜强大的国家，强大的军队，如果没有天时地利，或人的主观努力及才能等诸因素，要由弱变强，战胜强国、强敌是不可能的，在这里"条件"就成了决定的因素。老子只看到对立面可以转化，但忽略了转化的条件，这就导致了形而上学的谬误。又如，老子的对立转化的发展观是循环式的发展观。他从"道"的观念出发提出了返本复初的论点。他说："反者道之动"（第四十章）这个命题，说明他一方面认识到矛盾运动是事物发展的动力，事物就是循着对立转化的规律发展变化的，这种思想是积极的。可是，另一方面，他却说这种发展变化是循环式进行的。他所谓的"反"，即"返"，事物的发展最终又回到了本初，老子把这本初称之为"根"，呈现为"静"的状态，老子说："归根曰静，静曰复命。"（第十六章）由静到动，由动到静，往复循环，无穷无尽，"道"是这样，体现道的万事万物也是这样，这种循环式的发展观，又否定了他的矛盾运动是事物发展的命题，体现了形而上学的思想。从上面这两点看，老子的辩证法是直观的自发的辩证法，与唯物辩证法是根本不同的。

　　庄子的哲学思想中也不乏辩证法因素，他继承了老子的思想，又从自然和社会的观察中，认识到事物发生发展和对立转化的某些规律。他在《齐物论》中说："非彼无我，非我无所取"，"物无非彼，物无非是"。这就是说，事物中彼和此是相互联系的，而且是对立地存在着，有彼才有此，有此也才有彼，若失去一方，对方也就不存在了。既然彼此是对立地存在着，因此也就有了差别，有了是非，有了矛盾。"彼出于是，是亦因彼，彼是方生之说也，虽然"，"方生方死，方死方生，方可方不可，方不可方可"（《齐物论》）。这样一来，是因彼生，彼因是生，是是非非，差别矛盾，无穷无尽。庄子又认为，认识客观事物是非的标准是没有的，他以儒墨两家为例，说他们各以对方所是为非，所非为是，"彼亦一是非，此亦一是非"，最后争辩不出一个结果来，与其这样，还不如干脆取消是非观念。他把世间事物都看作是相对的，他说："天下莫大于秋豪之末，而大山为小，莫寿于殇子，而彭祖为夭。"（《齐物论》）他从不同的角度、不同的标准认识事物，就把大小、强弱、得失等都颠倒了。为此，他提出了"道枢"的观念。他说："彼是莫得其偶，谓之道枢。枢始得其环中，以应无穷。"（《齐物论》）在庄子看来，彼与此、是与非、可与不可的差别对立与纷争，并非客体的存在，而是人的主观作用，如果陷入这个圈子里，是非就永远搞不清楚，所以他主张彻底取消这些彼此是非的对立，像"枢"入"环中"一样，自由地旋转，"以应无穷"。所以"道枢"是庄子相对主义方法论的集中表现，运用这一思想方法认识和处理事物，就会带来很大的危害，一方面，他抹煞了认识对象质的规定性和事物彼此间的界线；另一方面，他又抹煞了反映客观事物性质的人的主观思维概念之间的区别。所以庄子比老子走得更远，但他哲学思想中的一些微弱的辩证法因素，却被他发展成为相对主义，被他的唯心主义形而上学所淹没。

老庄特别是老子哲学中的辩证法虽然是自发的，并不彻底，但它却是从自然和社会观察中所得，反映了自然和社会发展中的某些本质规律，所以它对自然和社会科学产生了深远的影响。文学艺术是自然和社会的反映，作者在认识和描写自然和社会生活时，在生活实践和艺术实践中，在认识和体会这些矛盾发展规律的同时，必然也会受到道家哲学中辩证法因素的影响，因而中国古代文学作家在长期创作实践中积累了许多丰富的艺术辩证法。

如果说，道家创始人的朴素辩证法思想，在文学艺术创作精神方面给后世以影响，那么，儒家创始人孔子的朴素辩证法思想，则是从文学艺术的欣赏和批评方面，对后世发生了作用。《论语·八佾》记载："子谓《韶》尽美矣，又尽善也。《武》尽美矣，未尽善也。"古乐《韶》是反映舜接受尧的"禅让"而得天下的，音乐动听，品德也好，所以说是"尽美尽善"。《武》反映的是周武王讨伐纣而取得天下，虽然音乐很动听，但内容不够妥善，所以"尽美矣，未尽善也"，只有形式美，内容善，二者有机地统一起来，才算是好的艺术品。又如，孔子在《论语·雍也》中说："质胜文则野，文胜质则史。文质彬彬，然后君子。""质"是质朴品质，"文"是文采辞藻，前者是内容，后者是形式。他认为一个人，如果只有内在美好的品质，没有外在的礼节文饰，则显得疏野；反之，只有外在的礼节文饰，没有内在美好的品质，则显得浮华，如同一个普通的史官。只有质与文有机地结合，才能成为有社会地位的"君子"。孔子论乐论人这种内容和形式统一、文质兼备的看法，表现了他的朴素辩证法思想。

道家和儒家创始人的这些辩证法思想，从不同的方面对后世产生了深远的影响。经过历代文学艺术家和理论批评家的实践总结，形成了一套辩证法经验，如客观的景与作家主观的情的关系（情与景）、作家的思想和情感的关系（情与理）、文学作品的内容和形式的关系（文与质）、人物的形体与精神的关系（形与神）、景事的虚拟和实在的关系（虚与实）、创作材料的集中概括和广泛搜集的关系（一与万）、文学语言和表情达意的关系（言与意）、文学艺术的继承和发展的关系（通与变）等，在认识生活和表现生活的许多问题上，积累了极其丰富的辩证法经验。同时，那些杰出的作家、理论批评家，既反对了重道轻文，又反对了重文轻道的各种形式主义的文艺思潮，使中国文学艺术沿着健康的道路向前发展。

现以"情与景"为例，看看其辩证关系。

（1）情与景的主客观关系

王国维在《文学小言》中说："文字中有二原质焉，曰景曰情。前者以描写自然及人生之事实为主，后者则以吾人对此种事实之精神的态度也。"这里所说的"二景"，包括广义的和狭义

的两种。广义的，指"人生之事实"，狭义的指自然之景。一般
地说，所谓的景是指自然景物。所谓的"情"，是作家的思想感
情。景是客观的存在，情是作家的意识，它们之间的关系是主观
和客观的关系。作家的创作就是作家的思想感情被景物所感动而
产生了创作欲望，从而摄取客观的景而形成表象，在头脑中经过
作家审美意识的倾注，孕育而形成意象，然后用物质手段使之外
在化，成为作品中的意象，即艺术形象。作家在创作中，虽然情
和景有主观和客观之分，但是它们又互相依存，相生相融，不可
分割。明谢榛说："景乃诗之媒，情乃诗之胚。"(《四溟诗话》)
王夫之说："情景虽有在心在物之分，而景生情，情生景，哀乐
之触，荣悴之迎，互藏其宅。"(《姜斋诗话》卷一) 顾起元说：
"触境而生情，而情每以境夺，因情而耦境，而境即以情迁。"
(顾起元《竹浪斋诗草序》) 我国古诗论家、文论家都认识到了
情与景虽然有心与物、主观与客观之不同，但它们又"孤不自
成，两不相背"(谢榛《四溟诗话》)，相互联系，相互作用，而
不可分割的道理。

我国古典诗歌中，抒情诗占的分量最大，古诗论家研究的对
象主要是抒情诗，所以诗论家在谈情与景的关系时，比较强调
"情的主导作用"。所谓情的主导作用，实际上就是强调诗的主
题思想的统帅作用。例如宋代的葛立方说："盖心中有中外枯菀
之不同，则对境之际，悲喜随之尔。"(《韵语阳秋》卷十六) 这
就是说，诗人心中悲喜不同，对同一自然景物，就各有不同的感
受与表现。李渔则说："词虽不出'情''景'二字，然二字亦
分主客，情为主、景是客，说景即是说情，非借物遣怀，即将人
喻物。有全篇不露秋毫情意，而实句句是情，字字关情者。"
(《窥词管见》) 王夫之更明确地说："诗文俱有主宾，无主之宾，
谓之乌合。……立一主以待宾，宾无非主之宾者，乃俱有情而相

浃洽。"若夫'秋风吹渭水，落叶满长安'。于贾岛何与？'湘潭
云尽暮烟出，巴蜀雪消春水来'，于许浑奚涉？皆乌合也"（《姜
斋诗话·夕堂永日绪论》）。王夫之认为贾岛和许浑诗中的写景
没有与诗的主题紧密结合起来，情与景是游离的，不相融合。即
使持论比较平允的刘熙载，也说："在外者物色，在我者生意，
二者相摩相荡而赋出焉。若与自家生意无相入处，则物色只成闲
事，志士遑问及乎？"（《艺概·赋概》）这些说法自有道理，但
更多的诗论家大都强调情景相融，不可分离。

（2）情与景辩证的统一

在情与景的关系中，虽有心与物、主观与客观之分，但是在
作家的创作中，两者互相依存，互相作用，情景交融，不可分割
地辩证地统一在一起。就作家的情感来说，情的产生，就要靠景
和事物的激发，所谓"触景生情"就是这个意思。而且作家在
作品中要抒情，也不能纯粹地抒，总是要通过一定的"景"，即
通过特定的艺术形象来抒发，这样才能生动地细致入微地打动读
者，起到应有的审美效果，即使是"纯粹的"抒情，也总是这
样地或那样地与景联系着。例如杜甫的《登岳阳楼》诗中云：
"亲朋无一字，老病有孤舟。"乍看来这句诗，孤情突起，不是
"情中景"、"景中情"，情与景似乎无关，其实不然。如果没有
前面的"吴楚东南坼，乾坤日夜浮"，没有后面的"戎马关山
北"的诗句，那这一句就难以理解了。正因为当时诗人流寓岳
阳，境遇坎坷，疾病缠身，而又心怀社稷，情系国家。在这样的
情况下，诗人登上他渴欲一见的海内名胜岳阳楼。面对着壮阔壮
丽的湖山，自身潦倒穷愁的身世，万方多难的时势，一齐奔向诗
人的眼底，注入诗人的心头，不禁心潮澎湃，凭轩涕泗流。这种
情与景的融合，构成了这首诗涵浑苍茫，千汇万状的基调，遂成
千古传诵的名句。相反的，诗中的景也离不开情，如果诗中的

景，没有诗人审美情思的倾注，就没有生命力，正像一朵纸花，没有水分，没有香气，不能感人一样，就与诗的主题思想无关，从而成为诗的游离部分，甚至成为赘疣。

所以"情与景"在作品中相生相融，不可分离。宋代的范希文说："景无情不发，情无景不生"，"情景相融而莫分也"（《对床夜语》）。情景之不可分，就创作过程而言，心与物"相植相取"，"相摩相荡"（刘熙载《艺概·赋概》），"物以貌求，心以理应"（《文心雕龙·神思》），"目既往还，心亦吐纳"（《文心雕龙·物色》），情景交融而形成完美的艺术形象。而就形成诗的意象来说，情景相融的情况就各不相同。王夫之说："情景名为二，而实不可离。神于诗者，妙合无垠。巧者则有情中景，景中情。"（《姜斋诗话·夕堂永日绪论》）王夫之在这里指出了情景相融的三种情况：最好的是情与景浑然一体，难分彼此。次之则有"情中景"或者是"景中情"。首先就情与景"妙合无垠"说，例如王维的《竹里馆》："独坐幽篁里，弹琴复长啸。深林人不知，明月来相照。"诗表现的是隐居者闲适的情趣。诗人表现这一思想感情的时候，把它放在极幽静的自然环境中，从各方面加以表现。诗中的"幽篁"与"深林"相映带，"独坐"与"人不知"相应和，"明月"与"幽篁"织成一幅美景，"弹琴"、"长啸"与明月相照映，使无情之景也染上闲远之情。诗人的情怀，既通过弹琴长啸得以表现，也通过无情之景得以应和，情景融为一体，很好地表现了诗的主题思想。其次就"景中情"说。所谓"景中情"，是指作家在客观地描绘景物的过程中体现出作家的某种思想感情，作家的审美情思，不是外露于物象，而是隐含于所描绘景物之中，读者从景物形象中，才能感受到诗人的情感。例如李白的《子夜吴歌》"长安一片月，万户捣衣声"。从表面看来全是景，而实际上其中隐含着妻子思念征戍丈夫的感情，正如王夫之所说，其中"自然是孤栖忆远之情"，这种情是通过"物象"不以"我的面目出现"（王夫之《唐诗评选》）。再次，就"情中景"来说。这类诗与"景中情"相反，它是指作家在抒情写景的过程中，突出了作家的主观感情，使景物形象带上了诗人浓厚的主观色彩，让景物以"我"的面目出现，也就是景物的"拟人化"。例如杜甫的"感时花溅泪，恨别鸟惊心"（《春望》）。"泪眼问花花不语，乱红飞过秋千去"（欧阳修《蝶恋花》）等。在这类作品中，花鸟已经不是纯客观的花鸟了，而是浸染上诗人悲喜之情，使"客观之物"，成为"为我之物"了。

（3）"即景会心"

这是情与景"即合无垠"的最好方式。在抒情写景的诗与文学作品中，不论是"情触景"还是"景入情"，又不论是"情中景"，还是"景中情"，总之，都是情与景"二合"。明都穆说："乡先生陈太史嗣初尝云：作诗必情与景会，景与情合，始可言诗矣，如'芳草半人还易老，落花随水亦东流'，此情与景合也。'雨中黄叶树，灯下白头人'，此景与情合也。"（《南濠诗话》）然则怎样才能做到"情景相入，涯际不分"，水乳交融，浑然一体呢？这就要"即景会心"。所谓"即景会心"，即是说在诗人心目中情与景猝然相遇，在诗人兴会浓烈，灵感涌现的一刹那间，把景物表象纳入自己的审美结构中，经审美意识的倾注，情景交融，浑然一体，形成新的意象，然后用物质的手段把它表现出来，即成作品中的艺术形象。这中间不劳苦思冥想，无须拟议推敲，这个过程，是灵感的触发和形象思维的过程，不容许抽象思维穿插其间。这样的诗，"情景自合，自无涯际"。所以王夫之说："'蝴蝶飞南园'，'明月照积雪'，皆心中目中与相融浃，一出语时，即得珠圆玉润，要亦各视其所怀来而与景相迎者也。"（王夫之《姜斋诗话·夕堂永日绪论内编》），他在《唐诗评选》中又说："只于心目相取处得景得句，乃为朝气，乃为神笔，景尽意止，意尽言息，必不强括狂搜，舍有丙寻无。在章成章，在句成句，文章之道，音乐之理，尽于斯矣。"总之，"即景会心"，佳境的出现还要借助灵感，此时此际，才能产生"情景妙合"的佳作。杜甫的"露从今夜白，月是故乡明"，就是在这种情况下出现的脍炙人口的名句。

二 老庄对现实的批判及中国现实主义文学的批判性

（一）老庄的批判锋芒

老庄生活的时代是春秋战国之际，社会大变动的时代，奴隶社会日渐崩溃，封建地主阶级逐渐兴起，在政治经济领域内逐渐取得了支配的地位。新的统治者，有许多人都是从奴隶主转化过来的，随着社会财富的增加，滋长了他们掠夺的野心。于是列国之间的兼并战争，此起彼伏，对人民的掠夺，日益加剧。人与人之间，产生了尖锐复杂的矛盾冲突，虚伪、残暴、罪恶的现象前所未见，面对着这样的现实，老庄进行了无情的揭露和批判。

首先，他们把矛头指向了新兴的统治者。

老子痛感当时政风的腐败，为政者挟持权力，剥夺榨取，侵公肥私，过着奢侈糜烂的生活，而下层民众却陷于饥饿的边缘，针对这种情况，老子说："朝甚除，田甚芜，仓甚虚，服文绮，带利剑，厌饮食，财货有余是谓盗夸。非道也哉。"（第五十三章）这就为新兴地主阶级的统治者画了像，描绘出他们外表威严和内心残酷的掠夺本性，老子把他们叫做强盗头子。老子认为世风日下的原因是统治者用法智巧诈治国的结果，他说："绝圣弃智，民利百倍，绝仁弃义，民复孝慈，绝巧弃利，盗贼无有。"（第十九章）他主张用釜底抽薪的办法，弃绝"圣智"、"仁义"，使人归真返朴，从而保持纯厚的天性。

到了庄子生活的战国时代，统治者的掠夺更残酷，社会更黑暗了。庄子气愤地揭露说："彼窃钩者诛，窃国者为诸侯，诸侯之门而仁义存焉。"（《胠箧》）这种揭露真是痛快淋漓，尖锐深刻。他认为社会风气之坏，是由统治阶级造成的。他说："古之君人者，以得为在民，以失为在己；以正为在民，以枉为在己，故一形有失其形者退而自责。今则不然，匿为物而过不识，大为难而罪不敢，重为任而罚不胜，远其涂而诛不至，民知力竭，则以伪继之，日出多伪，士民安敢不伪！夫力不足则伪，知不足则欺，财不足则盗，盗窃之行，於谁责而可乎？"（《则阳》）这里揭露出社会上的虚伪、欺骗、盗窃产生的根源在于统治者，正是他们争夺抢掠，增加了繁琐的苛政，造成了财货的不足和生活的困难，使世风日坏。但他们却隐匿了事实的真相，把责任推给人民，而人民只要不满，就有惨遭杀戮之祸。庄子在《人间世》中说："支离疏者，颐隐于脐 ……终其天年，又况支离其德者乎？"这里以支离疏为喻，写残形者无所可用于当政者，乃得全生免害。相反栎社树"以其能若其生"遭斧斤之患，说明全生遗害，在于以无用为大用，这与《逍遥游》篇中所说的欲避"机辟"、"刀斧"之害而求无所可用，有同样的"困苦"处境与沉痛感。如果说这些地方还谈得比较隐晦，那么在孔子与楚狂接舆的故事中，接舆所唱的就更为明确了，该篇云："天下无道，圣人生焉，方今之时，仅免刑焉。……迷阳迷阳，无伤吾行。"（《人间世》）这里通过接舆之口，唱出了在重税与苦役下喘息的人民能免于刑是福，深刻地揭露了现实的黑暗。

其次，老庄批判的锋芒，也指向了儒家的礼乐文化。

老庄认为儒家的礼乐仁义说教，是为新兴统治者服务的，所以他们也对之加以揭露。老子说："失道而后德，失德而后仁，失仁而后义，失义而后礼。夫礼者，忠义之薄而乱之首。"（第三十八章）他揭露新的统治者追求声色犬马的享乐生活："五色令人目盲，五音令人耳聋，五味令人口爽，驰骋畋猎令人心发狂，难得之货令人行妨。"（第十二章）庄子更加清楚地看到孔子鼓吹的那一套礼乐仁义在现实中所造成的危害，他说："及至圣人蹩躠为仁，踶跂为义，而天下始疑矣，澶漫为乐，摘僻为礼，而天下始分矣。"（《马蹄》）他在《缮性》中说得更透彻："礼乐偏行，则天下乱矣……文灭质，博溺心，然后民始惑乱，无以反其性情而复其初。"正因为儒家倡导的礼乐文化破坏了人的天然本性，所以庄子才主张："绝圣弃智"，"掊斗折衡"，"擢乱六律、铄绝竽瑟"，"灭文章，散五彩"，"毁绝钩绳而弃规矩"，以"使天下复归于朴"。（《胠箧》）老庄对儒家礼乐文化的批判，并不意味着他们要否定文化艺术，而是因为他们认为统治者把文化艺术当成享乐的手段，对文化艺术的追求已经达到了有害于人的生命或发展的程度，不惜为这种追求而损害自己的人性。老庄的批判，是为了反对在思想文化领域内人的异化，因而它包含着比墨子"非乐"更为深远广阔的思想。

再次，老庄的批判，还指向了世俗的美丑观，表现了道家的美学思想。

真善美的统一，是世俗美丑观的最高要求，也是文学艺术美学的最高要求。真善美又是与假丑恶相联系而存在，相斗争而发展的，二者相反相成，不可分割。

孔子站在维护新兴封建主的立场上，强调美与善的统一，他对《韶》、《武》古乐的评论，对"巧笑倩兮，美目盼兮，素以为绚兮"的"绘事后素"（《八佾》）的评论，以及文质说等，强调的都是美与善的统一。他虽然没有明确地谈过"真"与美的关系，但他一再表述"君子不妄言"、"修辞立其诚"（《易传·文言》）、"情欲信，辞欲巧"（《礼记·表记》）就包含了真与美的一致。联系起来看，他的美学思想，仍然是真善美的统一。

老子则站在没落奴隶主的立场上，对世俗的美丑观表示不满，他着重强调的是真与美的矛盾。他说："信言不美，美言不信。善者不辩，辩者不善；知者不博，博者不知。"（第八十一章）意谓真实的话，由衷之言，并不华美，而那些动听的话，华美之言，并不真实。善良者的言论和行为，符合实理，不必巧言辩饰；而那些用巧辩虚饰的人，言行并不善良。这就揭露了那些"美言"、"辩者"在华美言辞的掩饰下所进行的巧取豪夺的丑恶行为。他又说："天下皆知美之为美，斯恶已；皆知善之为善，斯不善已。"（第二章）这就是说，天下都知道美之所以为美，而丑的事物及观念也就产生了；都知道善之所以为善，而不善的事物和观念也就随之出现了。这就揭示了人们在称颂美和善的同时，就潜伏着掩盖着丑恶和残酷的事物及行为，两者是同时出现的，人们对美丑事物的认识和价值的判断，也就是在相互对待的关系中产生的。在这里，老子是不是要否定美和善呢？事实并非如此。他说："美言可以市尊，美行可以加人。人之不善，何弃之有。"（第六十二章）意谓有德行的人，美好的言辞，能博得人们的尊重；良好的行为，可以受到人们的推崇。又说："善行无辙迹，善言无瑕谪。"（第二十七章）这说明他是很重视美言和善行的，他更以"言善信"作为言行的最高标准，他所不满和反对的是以新的统治者为代表的虚伪巧诈，因为他们在华美的言辞后面，隐藏着丑恶的思想，用饶舌巧辩，掩饰他们巧取豪夺的行为。"老子疾伪"（刘勰《文心雕龙·情采》），他对这种言行，予以揭露，要求人们在自然中求真美，要求人们像"水"一样，"利万物而不争"（第八章）。所以老子也主张真善美的统一，不过这种统一，是统一于"道"：符合道，就真善美，违背了道，就假丑恶。他说："天得一以清，地得一以宁，神得一以灵，谷得一以盈，万物得一以生，侯王得一以为天下正。"（第三十九章）这体现了道家的美丑观。

庄子也强调美与真的一致。他所说的"真"，就是思想感情的"精诚"（《渔父》），他一再强调"形莫若缘，情莫若率"（《山木》），这就是说，思想感情应该精诚率真。庄子认为美与真是不能分开的，西施病心而美，就因为她真，丑女效颦而不美，就因为她不真。美是有客观标准的，而不是自封的。"毛嫱丽姬，人之美也。"（《齐物论》）而河伯则自以为美。"秋水时至，百川灌河，泾流之大，两涘渚崖之间，不辨牛马。于是焉河伯欣然自喜，以天下之美为尽在己。"（《秋水》）及至与东海若对话后，才知道并非如此。这种不知"天地之大美"而以为美尽在一己的自我欣赏自我陶醉的自美者，庄子说，"其美者自美，吾不知其美也"（《山木》），这话用到这里倒是不无道理的。老庄崇尚质朴，以朴实无华为美，而对于儒家崇尚文饰华美的美学思想，持批判的态度。庄子在《列御寇》中，通过颜阖回答鲁哀公的问话时说："仲尼方且饰羽而画，从事华辞，以支为旨，忍性以视民而不知不信，受乎心，宰乎神，夫何足以上民！"也就是说，孔子喜欢雕饰文采，从事华丽的文饰，以支节为主，矫情饰性，以诗示于民。以这种精神领导人民，则会使人民脱离朴实而变得虚伪，这怎么能对他委以重任呢！

道家的美学思想，也有其相对性的一面，这就是其落后性。

儒家认为美丑是对立的，明确地支持美，反对丑，"杀身以成仁"，"舍生以取义"，表现出明显的进步倾向。而道家则认为美丑是相对的。老子说："唯之与阿，相去几何？美之与恶，相去若何？"（第二十章）意谓贵与贱，恭敬与傲慢，美好与丑恶，都是相对的，差不了多少。又说："天下皆知美之为美，斯恶已；皆知善之为善，斯不善已。"（第二章）也表明美丑善恶都是在相互对立中产生的。如果取消了美丑的对立，就会持一种超然的态度，所以老子说："俗人昭昭，我独昏昏，俗人察察，我独闷闷。"（第二十章）老子这种取消美丑对立的思想，还体现出一种与人群的疏离感。

　　庄子也抹煞美丑的界限。他在《山木》中写了一个寓言故事，阳子之宋，住在一家旅馆。旅馆主人有一妻一妾。其一个美，一个恶（丑），恶者贵而美者贱。阳子问其故，旅馆小子说："其美者自美，吾不知其美也；其恶者自恶，吾不知其恶也。"在《知北游》中，庄子从"万物为一"的观念出发，把"臭腐"与"神奇"，混淆起来，说："是其所美者为神奇，其所恶者为臭腐；臭腐复化为神奇，神奇复化为臭腐。"美与丑，善与恶，真与假，神奇与臭腐，都是对立的，各有其特定的内涵，不能混淆。它们之间有界限，但要寻找绝对界限，那就困难了。例如，白天和黑夜，有什么绝对的界限呢，但否认它们之间界限，就是否定了事物的性质和概念。美丑、善恶在一定条件下可以互相转化，但如果取消了一定的条件，就成为相对主义者了。老子哲学就有这方面之嫌，他在美丑对立中，采取了超然的态度，这是心知有美丑，却无法坚持美反对丑，是一种怯懦的表现，所以有人说老子的哲学是"弱者的哲学"。庄子则走得更远，他在《齐物论》中，彻底抹煞了美丑是非的界限，把一切都混同起来，说："彼亦一是非，此亦一是非，果且有彼是乎哉？果且无彼是乎哉？"表现了一种相对主义思想。不过话又说回来，庄子的这些话，并非全是颠倒是非的无稽之谈，只要考察一下当时社会纷乱的事实，了解一下当时政治斗争的情况，庄子这些过激的言辞就不难理解了。

当然老庄对当时社会的批判，不论是对新兴地主阶级统治者的批判也好，对为之辩护的儒家的礼乐文化的批判也好，抑或是对世俗的美丑观的批判也好，也许是发自没落奴隶主阶级的思想情感，庄子的思想情感尤其如此。但他那放言无惮的程度，却是当时其他的思想家所不及的，那些激越的言辞，宽广的思路，代表着那个时代独有的特征。老庄的批判倾向，也正像马克思在《共产党宣言》中所说的："封建的社会主义者"批评资产阶级社会，有时"也能刺中资产阶级的心窝"，但他们所向往的社会跟历史的行程是相背谬的。无独有偶，老庄对新兴地主阶级的批判，与马克思所说的何其相似。老庄对权贵蔑视，对虚伪巧诈的暴露和批判，更对后世的文学艺术产生过积极的影响。

（二）中国现实主义文学的批判性

中国的现实主义文学主要源于《诗三百》，而叙事诗，一源于史官文化，一源于国风，这两部分诗都具有征实、质朴、现实性很强的特色。道家尤其是庄子对社会弊病的揭露和批判，其玩世不恭、嬉笑怒骂的态度，尖锐、泼辣、幽默的文风，更加深了中国现实主义文学的批判性和战斗性的特色。

司马迁就是受这种思想文风影响的重要作家之一。

司马迁是一个伟大的历史学家和史传文学家，他的思想具有强烈的反抗精神和批判精神，他的史学观、美学观就其现实性来说，是基于他对社会矛盾的深刻认识以及自己的生活遭遇而形成的，就其思想渊源说，主要是受道家思想的影响。这种影响从司马迁小时候就开始了。他的父亲司马谈精通天文星历、《易经》、黄老之学，其著作《论六家之要指》，对阴阳、儒、墨、名、法等各家都作了分析批判，而对于道家则作了更多的肯定，认为它兼有五家之长而没有五家之短。正当汉武帝"罢黜百家，独尊儒术"的时候，司马谈能够持这样的观点，足见其胆识。司马迁幼年就是在司马谈这种重黄老学术的思想里熏陶出来的，后来又受道家思想的影响，所以他对问题的看法很富于独特见解，班固说他"是非颇谬于圣人"，"论大道则先黄老"，这也说明了司马迁的思想倾向。

由于司马迁受道家特别是庄子的思想影响，两次游历，增加了丰富了生活阅历。他受李陵之祸的缧绁，使他愤世嫉俗，同情下层人民；他发愤著书，以排遣愤懑不平之气；他在《史记》中引用了庄子"窃钩者诛，窃国者侯"的名言，把矛头直接指向统治者，揭露了他们仁义道德的虚伪性。他在《高祖本纪》中写刘邦"坚韧不拔"长处的同时，也写了他无赖的行为和奸诈性格。在《封禅书》和《平准书》等篇章中，写了武帝迷信方术、对外用兵、奢侈糜费、财用不足，向民间搜刮等行为，这种暴露讽刺精神在历史上是很少见的。他在《酷吏列传》、《魏其武安侯列传》中暴露了统治阶级之间尔虞我诈、阴险狡猾的本质。与此同时，司马迁热忱地赞美了一些英雄人物和品德高尚的下层人物，如李广、蔺相如、聂政、侯嬴、朱亥等。司马迁和庄子一样，对儒家的礼乐仁义和温柔敦厚之风持以保留的态度，而推崇的是"不羁之才"，"倜傥非常之人"（《报任少卿书》），具有同庄子极为相似的宏阔、自由的思想作风。他在《老子韩申列传》中，曾赞美庄子"善属书离辞，指事类情，用剽剥儒墨，虽当世宿学，不能自解免也。其言洸洋自恣以适己，故自王公大人不能器之"。庄子是这样，司马迁的思想和文风何尝不是这样。可以看出，司马迁从他对社会矛盾的深刻认识，对统治阶级的暴露批判，以至其文风，显然都是与老庄思想的影响分不开的。

老庄对魏晋现实主义文学的影响更具有时代特色。

魏晋时期，社会动荡，司马氏政权逐渐取代了曹魏政权。门阀士族专权，社会矛盾日趋尖锐。这种政治斗争决定着当时的思想文化潮流。当时思想界的主要趋向是崇尚老庄，高谈玄理，不管世务，行为放诞。老庄哲学本来有进步的一面，也有落后的一面，魏晋的玄学家和文学家也就从老庄的哲学中寻找不同的思想武器。

阮籍和嵇康就阶级出身来说，属于中小地主阶级的知识分子，他们既不同于代表大贵族地主阶级利益的何晏、王弼，也不同于代表司马氏集团利益的郭象，他们代表的是中小地主阶级的利益。他们和曹魏集团有着密切的关系。嵇康是曹睿的女婿，阮籍的父亲阮瑀曾依附于曹操，他们都属于曹魏集团的人物。司马氏集团为夺取曹魏政权，大力宣扬儒家的礼教，以掩饰其篡权的野心。他们对自己的政敌加以打击陷害，对寒族地主阶级知识分子采取高压政策。在这种情况下，寒族地主阶级有的同司马氏集团妥协，有的逃避现实，而阮籍、嵇康则采取不合作态度。他们与司马氏集团的矛盾，主要表现在自然与名教之争。这一斗争有以下几个特点：

1. 嵇、阮的批判精神是老庄批判精神的继承和发展

嵇、阮都受到老庄哲学思想很深的影响。嵇康在《与山巨源绝交书》中说："又读老庄，重增其放"，阮籍也著有《达庄论》。这种影响在魏晋时代特定的历史条件下表现为玄谈。他们既是玄学家，又是文学家。作为玄学家的阮籍、嵇康，他们继承了老庄"道"的"玄而又玄"的思想，谈玄论虚；作为文学家，他们继承了庄子特有的批判精神，揭露名教与自然的深刻矛盾，反对司马氏集团的礼乐教化。嵇康认为儒家的仁义礼智束缚人的

自然本性，是虚伪的，违背人的天性的，因此提出"越名教而任自然"。而阮籍则认为自然高于名教。嵇康公开表白自己："每非汤武而薄周孔。"（《与山巨源绝交书》）阮籍也自称："礼岂为我辈设邪?"并且"见礼俗之士以白眼对之"（《晋书·阮籍传》）。他们抨击了儒家"名教"的虚伪性，暴露了司马氏集团利用"名教"篡权窃位的野心。嵇、阮的揭露和批判，触及最高的统治者虐害人民的本质。他们说："君立而虐兴，臣设而贼生"（阮籍《大人先生传》），认为君臣们都是"凭尊侍势，不友不师，宰割天下，以奉其私"，"矜威纵虐，祸崇丘山，刑本惩暴，今以胁贤，昔为天下，今为一身"（嵇康《太师箴》），这样就彻底撕破了统治者残暴的丑恶面目。

嵇、阮批判文学中的许多事义典故都来自庄子。例如阮籍在《卜疑》中说："方将观大鹏于南冥，又何忧于人间之委曲"，这显然是用庄子《逍遥游》中追求自由的旨意来表示对现实的不满。嵇康在《与山巨源绝交书》中说："己嗜臭腐，养鸳雏以死鼠也"，是用庄子《秋水》篇中"惠子相梁"的故事，表示自己鄙弃功名利禄和跟司马氏政权不合作的态度。阮籍在《咏怀》诗中，通过对洪生虚伪做作、表里不一的刻画，对儒家的礼仪之士进行了辛辣的讽刺，其手法也渊源于庄子的一些寓言故事。嵇、阮的现实主义批判文学从内容到形式，都受到了老庄的深刻影响。

2. 嵇、阮的批判与庄子的不同之处

庄子的愤世嫉俗、批判现实，是以丰富的想象力遨游于无限的宇宙，超出于一切贫贱、祸福、富贵、生死、荣辱、得失的考虑，不为名利所桎梏，而获得精神的绝对自由。而嵇、阮对现实的批判，则基于对司马氏篡权夺位的不满，这实际上是一种政治斗争的表现。他们对司马集团的阴险狡诈毒狠，以及他们利用儒家的名教作掩饰的虚伪性表示了极大的愤慨和蔑视。但是在这种斗争中又恐祸及自身，所以外表佯狂任性，蔑视名教，而内心却并不完全否定儒家的名教，正如鲁迅所说的；"表面上毁坏礼教者，实则倒是承认礼教，太相信礼教。"（《魏晋风度及文章与药及酒之关系》）尤其是阮籍，他虽然不满意现实，但是又"口不论人过"，他佯狂醉酒，实际上正是全身免害的手段。这种内心的矛盾和痛苦，使他的现实主义文学在揭露现实矛盾、批判社会弊病方面的尖锐性、深刻性受到了局限。

老庄从"道"出发，主张"顺应自然"，自然不可违，天地不可易也。只有"顺物自然"、"无为而治"，治国处世才能成功，才能获得百姓的拥护。而嵇、阮则是"超越现实"、"高于现实"，因为现实的矛盾难以克服，邪恶势力过大，因此超越现实，高扬自我，所以阮籍说："形神在我而道德成"（《达生论》），这正是魏晋时代精神的特色。他们批判儒家的"名教"，也是因为儒家的仁义礼乐束缚了人的自然本性，是一种伪饰。他们要求去伪存真，主张个性从儒家传统思想的束缚中解放出来，这与老庄强调我对天地万物的顺应，把自己融入天地万物的自然之中是不同的。这种高扬个性正是魏晋时代精神的体现，见之于文学，就使文学在反映现实、塑造形象、抒发感情、批判现实时打上了时代的烙印。

3. 嵇、阮批判现实的文学也各有特色

嵇康擅长散文，《与山巨源绝交书》是其代表作。他的很多作品都带有浓厚的老庄思想色彩，表现了孤傲愤世、狂放不羁、大胆议论、尖锐激切的文风。刘勰《文心雕龙·才略》篇说："嵇康师心以遣论"，就是指他的这种思想文风。嵇康也善于写四言诗，《幽愤诗》就是抒发他愤世嫉俗的情感和志趣的，他的《四言十八首赠兄秀才入军》中的第十四首："息徒兰圃，秣马

华山。流磻平皋，垂纶长川。目送飞鸿，手挥五弦。俯仰自得，
游心太玄。嘉彼钓叟，得鱼忘筌。郢人逝矣，谁可尽言！"诗虽
写的嵇兄秀才入军的事，但其中的人物性格、生活情趣却完全是
自己的。诗中引用的事义典故都来自《庄子》，通过这些事义典
故，表现了一个孤高自赏，不同流俗、风流倜傥，超然物外的人
物。嵇康还是一个音乐家，他的《声无哀乐论》认为声音本身
并不含有情感，同一的声音，可以引起人们不同的情感和效果，
其目的仍然在于否定儒家的礼乐教化。

　　阮籍也写散文，但主要成就在诗，《咏怀诗》就是他的代表
作。阮籍也反对司马氏集团，但他不像嵇康那样态度明朗，锋芒
毕露。《咏怀诗》虽然也抒发了对司马氏集团的憎恶，对现实的
不满和自己的忧生之叹，但不像嵇康的《幽愤诗》那样，任性、
梗直、峻切，而是含而不露、委婉曲折，多用比兴手法，以抒发
自己愤懑不平之气，所以钟嵘说他："言在耳目之内，情寄八荒
之表……颇得感慨之辞。厥旨渊放，归趣难求。"（《诗品》）刘
勰也说："阮籍使气以命诗。"（《文心雕龙·才略》）也正说明
他的不满而又隐忍的特点。即使这样，他对现实的暴露和批判仍
然相当深刻，如《咏怀诗》第三十一首："驾言发魏都，南向望
吹台。箫管有遗音，梁王安在哉！战士食糟糠，贤者处蒿莱。歌
舞曲未终，秦兵已复来。夹林非吾有，朱宫生尘埃。军败华阳
下，身竟为土灰。"作者借古讽今，描写了统治者的享乐腐化，
士兵生活的困苦，贤达之士的窘迫。诗中虽然写的是历史事实，
但是影射现实的意图是非常明显的。阮籍也写散文，如《大人
先生传》，讽刺那些礼法之士为"裈中之虱"，它们深藏于坏絮，
自以为安全，然付之一炬，则焚身毁骨，这对于那些依附司马氏
集团的儒家人物的讽刺是多么辛辣！

　　老庄的哲学思想是复杂的，对后世文学理论的影响是多方面

的。他们愤世嫉俗、尖锐泼辣的文风和揭露和批判现实的斗争精神，给后世现实主义文学以积极的影响，魏晋时代现实主义文学的战斗特色，就是道家特别是庄子思想影响的结果，也是建安文学传统在新的历史时期的表现。而老庄在尖锐的社会矛盾面前，超然物外，明哲保身，安之若命的思想，对后世则起着消极的影响。这种思想表现在进步作家那里，则是对丑恶现实的一种高傲的蔑视和抗议，如陶潜等。对于那些软弱的作家，则与黑暗势力妥协，成为统治者的御用文人，如阮大铖等。对于那些既不坚持正义斗争，又不与统治者同流合污，而是采取明哲保身、全身远害态度的作家，这种消极的思想影响也是不容忽视的。

三 老庄的理想与中国的浪漫主义文学

（一）老庄的理想

老庄的浪漫主义文学思想仍然是以对社会矛盾的认识和理想为前提的。如果说在社会大变动的面前，孔子、墨子、孟子以及后来的荀子、韩非等人，以积极的态度研究社会矛盾，提出了各种主张和方法企图解决这些矛盾，那么老子、杨朱、庄子等人则是以消极的态度对待这些矛盾，甚至回避矛盾，企图忘掉世事。老子固然愤世嫉俗，揭露和批判社会弊病，有积极的一面；但是这种揭露和批判是站在没落奴隶主的立场上，矛头主要是针对新兴地主阶级的统治者，其理想是要恢复奴隶社会的旧秩序，回到过去的时代去。老子把"道"又称作"朴"，"朴"就是原始的意思，他向往回到原始太初的时代，所以他总是美化古代的社会生活，赞美古代纯朴的人性，这就表现出他复古倒退的历史观，确定了他的理想的保守性和落后性。列宁在谈到列夫·托尔斯泰的思想矛盾时曾说：作为一个伟大的现实主义者，他对现实的认识是深刻的，批判是尖锐的，但他为医治社会弊病所开的"药方"——回到古代去，这是深刻意义下的"反动"。这里所说的"反动"，就是指他复古倒退的历史观。当然，列宁所说的托尔斯泰历史观的内容，跟老子不同，但其基本精神却适用于老子的，历史往往有惊人的相似之处。

庄子的时代比老子的时代更前进了一步，社会矛盾更尖锐了。庄子看不惯社会混乱状态下出现的种种恶劣现象而竭力加以否定，他对封建社会初期的弊病暴露是深刻的，讽刺批判是尖锐的。但是社会矛盾将如何解决呢？否定了现存的社会秩序，社会将朝着什么方向发展呢？庄子对待这些问题的方式方法是：其一，构筑自己精神自由的理想王国。他认为现实世界污浊混乱，"不可与庄语"。他要在无限的宇宙中超时间超空间地逍遥，只有忘记客观存在的外界事物，抛却人间的穷通利害，才能达到精神上纯粹自由的境界。例如他在《大宗师》中通过女偊说，要"外天下"，就表现了他所理想的精神自由的王国。其二，是回到过去时代去。庄子也像老子一样，竭力美化过去。他说："夫天地者，古之所大也，而黄帝尧舜之所共美也。"（《天道》）目睹现实，他却向往黄帝尧舜的时代，推崇那唯尊天地为大美的时代，认为天地自然是从根本上脱离社会现实最博大最玄奥的世界。他称古代的社会是"至德之世"。他说："至德之世，不尚贤，不使能，上如标枝，民如野鹿，端正而不知以为义，相爱而不知以为仁，实而不知以为忠，当而不知以为信，蠢动而相使不以为赐。是故行而无迹，事而无传。"（《天地》）所以庄子希望回到古代的社会去，过着原始初民的生活，保持着无知无欲朴纯浑厚的人性。他对儒家所倡导的"礼"持否定的态度，就是因为儒家的仁义礼智破坏了人的纯朴性。他在《马蹄》中庄子说："彼民有常性，织而衣，耕而食，是谓同德，一而不党，命曰天放。……夫至德之世，同与禽兽居，族与万物并，恶乎知君子小人哉！同乎无知，其德不离，同乎无欲，是谓素朴，素朴而民性得矣！"他把古代纯朴的社会，看作是最理想的社会，并以之与现存的污浊的社会相对比，从而否定现存的社会，要回复到这个理想的社会，因而他的历史观是复古倒退的，保守的，这就确定了他文学思想上浪漫主义的消极性。

（二）老庄笔下的人物形象

在道家的著作中，"道"的特点也是通过各种体道之士的人物形象体现出来的，这些人物形象在老子和庄子的著作中都有不同的表现。

在老子的笔下，这些体道之士有着更多的现实感。老子描绘他们是"大成若缺"、"大巧若拙"、"大辩若讷"，这些都表明对一个完美人格的赞美，说明一个完美的人格不在外形上表露，而为生命的内藏内敛。老子说他们的人格形态是"挫其锐，解其纷，和其光，同其尘，是谓玄同"（第五十六章）。"玄同"的境界就是消除个体我的固蔽，化除一切的封闭隔阂，超越于世俗褊狭人伦关系的局限，以开阔的心胸与无所褊狭的心境去对待人和事物。老子很少谈人生的境界，这里所谈的"玄同"可以说是老子对得道的人们最理想境界的描绘。

庄子笔下的人物形象大致有三类。第一类是"体道之士"。这是他最高的理想人物，庄子称他们是"真人"、"至人"、"神人"，如伯昏无人、长梧子等。庄子对这些人物多方面加以神化，描写他们都有特异的形貌："藐姑射之山，有神居焉，肌肤若冰雪，绰约若处子，不食五谷，吸风饮露。"（《逍遥游》）他们都有神奇的本领："乘云气，御飞龙，而游乎四海之外。其神凝，使物不疵疠，而年谷熟。"又如："至人神矣，大泽焚而不能热，河汉沍而不能寒，疾雷破山而不能伤，飘风振海而不能惊，若然者，乘云气，骑日月，而游乎四海之外。"（《齐物论》）。他们都有理想的人格："死生无变于已，而况利害之端乎！"（《齐物论》）。他们能够去除偏执的我见，"至人无己"（《逍遥游》），破除自我中心，待人接物"无所甚亲，无所甚疏"（《徐无鬼》），能"以目视目，以耳听耳，以心复心。若然者，其平也绳，其变也循"。（《徐无鬼》）这样，他们的心灵，得失都听其自然。他们能"抱德炀和以顺天下"，（《徐无鬼》）"独与天地精神往来"。（《天下》）他们有高深的道德修养："无为名尸，无为谋府，无为事任，无为知主，体尽无穷，而游无朕，尽其所受乎天，而无见得，亦虚而已。"（《应帝王》）他们都能"宗大道为师"，所以他们有天人合一的自然观，死生如一的人生观，安化的人生态度，相忘的生活境界，游心乎寂静的领域，承受着自然的本性，而不自我矜持，故能达到空明的心境。庄子说："其耆欲深者，其天机浅。"（《大宗师》）体道之士精妙深玄，恍惚而不可捉摸，静秘幽沈，难以测识。一般世俗的人，形气秽浊，利欲熏心，对体道之士当然不可理解。只有"体道之士"是"道"的化身，形神兼备，是大美的体现，是庄子最理想的人物。第二类，是"形残德全"的人物，如"瓮盎大瘿"等。庄子在这里旨在破除形残神全的观念，强调"神"比"形"更为重要。他借了许多畸形之人说明一个人外表残缺并不重要，只要内在的德行美就是一个完美的人，就能够使人"故德有所长而形有所忘"。（《德充符》）而这里所谓的"德"是指体现宇宙人生的根源性与整体性的精神。有德的人生命自然流露出精神的力量。庄子对"瓮盎大瘿"这类形残神全人物的刻画，说明了美在"神"而不在"形"。庄子这种美学观点有它的合理性，但未免失之片面，这对后世的诗文论中重神轻形的文学思想产生了重要的影响。第三类人物，是作为"体道之士"的陪衬人物而出现的，如孔子等。庄子对这些人物不是歌颂赞美的，而是讽刺嘲笑的。像儒家泰斗孔子，在庄子的笔下变成了道家的门徒。在《齐物论》中，庄子这样描写：瞿鹊子问乎长梧子曰："吾闻诸夫子：'圣人不从事于务，不就利，不违害，不喜求，不缘道，无谓有谓，有谓无谓，而游乎尘垢之外。'夫子以为孟浪之言，而我以为妙道之行也，吾子以为奚若？"长梧子曰："是黄帝之所听荧也，而丘也何足以知之？……而愚者自以为觉，窃窃然知之，君乎，牧乎，固哉，丘也与女，皆梦也。予谓女梦，亦梦也。"这里庄子把孔子的形象加以丑化，借长梧子的话说，连"圣人"、"黄帝"听了都犹惑不解，孔丘又怎能了解呢。只有非常清醒的人才知道。人的一生就像一场大梦，可是愚人却自以为清醒，什么皇上呀，臣子呀，真是浅陋极了，我看孔丘和你都做梦。庄子把孔丘及儒家视为愚人，浅陋的人，而把自己的言论视为高深奥妙的哲理，像孔子这类形象是作为"至人"、"真人"、"神人"的陪衬而出现的。

庄子著作中出现的人物与老子著作中出现的人物，明显的不同特点在于：庄子著作中出现的人物，都是经过他尽意刻画的，或凭空塑造，或根据一点史实线索加以装扮。在《庄子》一书中，"寓言十九"，举凡山川人物鸟兽虫鱼，无一不是他手中的素材，许多历史人物都成了表达庄子自己哲学思想的传声筒。庄子理想中人物的特点就是"道"的特点。在庄子看来，"道"既然被描述为"玄"、"大"、"常"、"虚"，因此得道的人都是以玄为德，以虚为宗，不说不动不思，像一段呆木头；或者随化任远，形如槁木，心如死灰，失我丧我；或者回到人类的古代，无知无识。他们都是宇宙的自由人，不受客观事物的任何束缚，是大美的体现者。庄子以神奇的幻想，强烈的感情和夸张的手法，或褒或贬，从多方面加以刻画。

老子笔下的人物形象，有着更多的现实生活气息，很少有神化的色彩。他说："古之善为道者，微妙玄通，深不可识。夫唯不可识，故强为之容；豫兮若冬涉川，犹兮若畏四邻，严兮其若客，涣兮其若凌释，敦兮其若朴，旷兮其若谷，混兮其若浊，澹兮其若海，飂兮若无止。"（第十五章）老子所描绘的体道之士的人格形态和心境是：慎重、戒惕、威仪、融和、敦厚、空豁、虚怀、恬静、深远、朴素、简直、自适。这种体道之士和人格修养的境界，跟庄子笔下所描绘的气象恢宏、独与天地精神往来的真人有很大的不同。老子取材于日常的生活和自然的风物，朴素、自然，与庄子的奇异怪诞的故事情节也迥乎不同。

（三）老庄的理想与后世的浪漫主义

老庄对后世浪漫主义文学起什么作用，取决于他们对社会现实的认识和理想的性质。老庄对社会现实是不满的，但是对这些矛盾是怎样解决的呢？一方面，他们在现实的基础上筑构自己精神自由的理想王国。他们在追求精神自由时，以强烈的感情和丰富的想象创造了许多形象，以及生动富于浪漫主义色彩的寓言和散文，并在理论上加以说明，这些对后世的浪漫主义文学起了积极的作用。另一方面，他们对现实的黑暗腐败又无可奈何，只好回避矛盾，逃避现实，希望回到人类的原始时代去，这种复古倒退的理想对后世的浪漫主义起了消极的作用。这两方面的思想有时交织在一起，很难截然分开。

1. 庄子对屈原的影响

庄子的浪漫主义与屈原的浪漫主义共同形成中国浪漫主义文学的源头，而庄子的文学思想对屈原又有着一定的影响。

庄子生活的时代不仅早于屈原，而且他也是第一个在文学理论批评史上描述了浪漫主义风格特征的人。他在《天下》篇中说:"古之道术有在于是者,庄周闻其风而悦之。以谬悠之说,荒唐之言,无端崖之辞,时恣纵而不傥,不以觭见之也。以天下为沉浊,不可与庄语,以卮言为曼衍,以重言为真,以寓言为广,独与天地精神往来而不敖倪于万物,不谴是非以与世俗处。其书虽瑰玮,而连犿无伤也,其辞虽参差而諔诡可观,彼其充实不可以已。"这是庄子对浪漫主义文学风格的描绘,也是对自己文学实践的理论概括,他评述自己浪漫主义文学风格其精神是"弘大而辟,深闳而肆",其手法是"谬悠之说,荒唐之言,无端崖之辞"。可贵的地方是,形式虽然如彼,但其本质并不玄虚不实,而是以非常的形式表现了生活的本质,在荒诞不经的语言和故事中,体现着唯物主义精神,它同外物、同天倪相和相应,一起运动变化,因此"其理不竭,其来不蜕","固其蔓延,所以穷年"。因此庄子的浪漫主义有巨大的生命力,用庄子的话说:"彼其充实不可以已。"(《天下》)

庄子所倡导的浪漫主义精神和手法,虽然是为他所追求的"绝对自由"服务的,却也为文学艺术反映生活提供了经验,对后来浪漫主义文学有着深远的影响,尤其与屈原的浪漫主义有着复杂的内在联系。

屈原与庄子本不相同,庄子属道家,是哲人、散文家,屈原的思想体系属儒家,是诗人。屈原对庄子的处世思想和玩世不恭的态度是反对的,对庄子"不谴是非以与世俗处"的全身远害的人生哲学是不满的,主张"杀身成仁,舍生取义"。屈原也不同意庄子避逃社会矛盾、复古倒退的历史观和社会理想,而始终坚持着积极入世的思想,这是屈原在世界观、人生观等方面不同于庄子之处。

屈原和庄子也有相同之处。就其所接受的文化传统来说,他们浪漫主义精神的形成都受楚国文化传统的影响，都属于以楚国为中心的南方文化系统。汉代王逸说过，楚地风俗，"信鬼而好祠，必作歌乐鼓舞以乐诸神"（《楚辞章句》）。楚人这种信鬼神、好巫卜，大胆、生动、丰富的想象，歌乐、鼓舞、激越的感情，无疑是孕育浪漫主义文学思想的温床。早于屈原的老子和庄子，不可能看到《楚辞》，然而活动在楚国附近的庄子，自然会接触到同《楚辞》的产生直接相关的楚文化的巫术歌舞，因而屈原和庄子在浪漫主义精神和手法方面却有某些共同相通之处。就其对社会矛盾的态度来说，庄子和屈原都处在社会大变动时期，他们都对代表社会前进方向的社会势力不满，同情和支持的反而是没落的社会力量，然而这种新旧势力的斗争是复杂的，其中有先进和落后、真理和谬误、正义和非正义之分。庄子不满现实，揭露社会弊端，蔑视儒家礼法，要求恢复人的自然本性。屈原也不满现实，愤世嫉邪，追求儒家的理想政治，但是这种追求，遭到了无法挽回的挫折，这就使得屈原对儒家的理想信念动摇了，以致和庄子一样，蔑视儒家的礼法，遗世独立，遨游宇宙，追求个体人格的无限自由。

由于上述原因，所以屈原在某些方面易于接受庄子的某些思想影响，这种影响表现在浪漫主义精神上，庄子愤世嫉俗，揭露现实，抒发不平之气。屈原也对现实强烈不满，"发愤以抒情"，"世混浊而莫知余兮"，"忠不必用兮贤不必以"（《涉江》）。现实污浊，黑白不分，而自己又无能力改变现状的心情，二人何其相似；所不同的是庄子无可奈何而安之若命，而屈原则舍身以殉国，表现了强烈的爱国主义精神。

对君臣关系的认识，也能从观察中得到了大体相同的结论。庄子说："人主莫不欲其臣忠，而忠未必信。"（《外物》）又说："今处昏上乱相之间，而欲无惫，奚可得邪？此比干之见剖心徵也夫。"(《山木》)庄子从对社会历史的观察中，看到君臣关系的实质，所以楚威王以重金欲聘庄子为相，庄子以太庙的祭品为喻，说明自己宁愿过自由的生活，不愿当太庙的祭品。屈原也说："忠不必用兮贤不必以。"他以自己的亲身遭遇，感受到君王昏庸，忠奸不分，贤愚不辨，致使遭谗受贬，小人得势。一个哲人，一个诗人，一个是理智的观察，一个是亲身的感受，方式方法不同，所揭示的真理却臻乎一致。这其中屈原受庄子的影响不是亦可见到蛛丝马迹么！

在表现手法上也大体相同。庄子在《应帝王》中说："予方将与造物者为人，厌，则又乘夫莽眇之鸟，以出六极之外，而游无何有之乡，以处圹埌之野，汝又何帠以治天下感予之心为？"这是庄子彻底摆脱了名缰利索，在幻想中遨游以适己。而屈原则是在现实中遭到失败后，到天国去追求自己的理想，他以热烈的情感，大胆的想象，乘虬龙，驾凤凰，鞭羲和，上昆仑，参王母，遨游太空，追求自己理想的王国，这与庄子的浪漫主义方法又何其相似乃耳。

从庄子和屈原浪漫主义精神和表现手法上看，他们都既有南方充满奇丽的幻想、激越的感情和原始活力巫术文化的内容，又有北方儒家理想主义美学思想的影响，是二者相结合的产物；既有时代社会的特点，也有各自个性气质的特色。他们的美学思想有着内在的联系，共同成为中国浪漫主义文学的源头，影响着中国浪漫主义文学创作和理论批评的形成和发展。

2. 中国浪漫主义的理论概念："奇"、"幻"

"奇"、"幻"作为中国浪漫主义文学的理论术语，仍然导源于庄子。庄子称自己的书"其书虽瓌玮，而连犿无伤也，其辞虽差参而諔诡可观"（《天下》）。"瓌玮"即奇伟的意思，"諔诡"即奇谲的意识，"差参"是或"虚"或"实"的意思，从内容到形式都突出了"奇"、"幻"的特点。他在《知北游》中说:"是其所美者为神奇,其所恶者为臭腐。臭腐复化为神奇,神奇复化为臭腐。"所以"奇"与"幻"是庄子散文和寓言写作的特点,他把这个特点在理论上也作了概括说明,他的理论和实践是完全相符的,所以后世的作家和理论批评家就沿袭了这些用语,用以说明浪漫主义文学的特点。例如刘勰在《文心雕龙·辨骚》中开头就说:"自风雅寝声,莫或抽绪,奇文郁起,其离骚哉。"这"奇文"的"奇"从文字上看,是奇伟的不同凡响的文章,从实质上看,它包含着浪漫主义精神和手法。刘勰为了矫正汉以来班固、王逸等人对屈原及其作品片面的理解和评价,特作《辨骚》以矫正,并把它提到"文之枢纽"的高度来看待。在这篇评论文章中,他征引了屈原作品中的许多诗句,说明哪些是属于"正",即符合风雅,哪些属于"奇",即具有浪漫主义特色。属于"奇"方面的,有"托云龙,说迂怪,丰隆求宓妃,鸩鸟媒娥女,诡异之辞也;康回倾地,夷羿彈日,木夫九首,土伯三目,谲怪之谈也;士女杂坐,乱而不分,指以为乐,娱酒不废,沉湎日夜,举以为欢,荒淫之意也"。这些都体现了浪漫主义文学情节上奇异的特征。至于"叙情怨,则郁伊而易感,述离居,则怆怏而难怀"等,这些都是浪漫主义文学特征的表现,刘勰把这些浪漫主义文学的精神和手法称之为"奇文"。

庄子和屈原的浪漫主义对中国文学产生了很大的影响,从陶渊明到李白,从苏轼到汤显祖,都可以看出这种影响的痕迹。在诗文小说戏剧等的评论中,则以"奇"、"幻"这些概念语术来表述,这些都显示出中国浪漫主义文学的民族特色。

3. "奇"、"幻"的内涵及其表现

首先,要求情感的强烈和新奇。

浪漫主义作家情感往往强烈而激越,抒情酣畅。庄子虽然是哲人，但又是诗人，他的感情是很强烈的。在《庄子借粟》中，他对河侯君的"借西江之水以迎子"的虚伪本质，予以揭露和抗议，表现了天下穷人的愤怒不平的思想感情。屈原更富于强烈的思想感情，"介眇志之所惑兮，窃赋诗之所明"（《悲回风》），"志憾恨而不逞兮，杼中情而属诗"。（《哀时命》）所以司马迁说："屈平之作《离骚》，盖自怨生也。"（《史记·屈原贾生传》）李白在《古风》中说："哀怨起骚人。"也说明浪漫主义者屈原具有强烈的哀怨之情。这些都说明强烈的情感和抒情的主观性是浪漫主义诗人所共有的特点。

浪漫主义不仅情感强烈，而且要求情感新奇。皇甫湜说："夫意新则异于常，异于常则怪矣；词高则出于众，出于众则奇矣。虎豹之文不得不炳于羊犬，鸾凤之音，不得不锵于乌鹊，金玉之光不得不炫于瓦石，非有意先之也，乃自然也。"（《答李生第一书》）皇甫湜认为意新词高是"奇"的先决条件，并以虎豹的花纹为例，认为都是积于中而发于外，不是有意为奇，而是出于自然。这道理当然是对的，但由于他片面地强调文章的"奇"，甚至在他的作品中离开了意新而沉醉于辞奇，这就不可避免地产生了形式主义的倾向，背离了庄子和屈原的精神。刘勰谈屈原的浪漫主义时说，"酌奇而不失其贞，玩华而不坠其实"（《辩骚》），这正是屈原的正确伟大之处。"传奇"是中国浪漫主义文学的样式之一，在"传奇"的理论中，也有强调感情的新奇，如明末周裕度在《大马媒题辞》中说："尝谬论天下，有愈奇则愈传者，有愈实则愈奇者，奇而传者，不出之事是也，实而奇者，传事之情是也。"这就是说，事奇则传，而事奇的基础则是情感的真实，事奇情真，传奇就能传开。要不然情节怪奇，而情感虚伪，这样传奇就没有价值了。

其次，故事情节的"奇"、"幻"。

重视故事情节的"奇"、"幻"，是中国浪漫主义文学的重要特征。明汤显祖谈到传奇剧时说："以奇僻荒诞，若灭若没，可喜可愕之事，读之使人心开神释，骨飞眉舞。"（汤显祖《点校虞初志序》）明末倪悼在《二奇缘小引》中说："传奇，纪异之书也。无奇不传，无传不奇。"清代戏剧家孔尚任在其所写的《桃花扇小识》中说："传奇者，传其事之奇焉者也，事不奇则不传。"这些都强调了故事情节的怪诞离奇在浪漫的"传奇"中的重要性。

要"奇"就要"新"。清代戏剧家李渔在强调了故事情节"非奇不传"的原则后，在《闲情偶寄·脱窠臼》中又强调了"新"。他说："欲为此剧，先问古今院本中，曾有此等情节与否，如其未有，则急急传之，否则枉费辛勤，徒作效颦之妇。"可见他所说的"奇"其核心是"新"，只要故事情节前所未见，"奇"也就成立了。

在传奇小说理论中，则强调"幻"，以"幻为奇"。明张无咎在《三遂平妖传序》中说："小说家以真为正，以幻为奇"，幻就是奇。明末袁于令在《西游记题辞》中说："文不幻不文，幻不极不幻。是知天下极幻之事乃极真之事，极幻之理乃极真之理，故言真不如言幻，言佛不如言魔。"在浪漫主义小说中，之所以"幻中有真，幻而能真"，在于这种"幻"不是虚幻，不是空中楼阁，是在现实生活的基础上激发的幻想，如同艺术创作的虚构一样，重在揭示生活的本质。言佛之所以不如言魔，因为"佛"是虚幻的，概念化的，而"魔"则体现着现实生活中各种人物性格，"神魔皆有人情，精魅亦通世故"（鲁迅《中国小说史略》）。浪漫主义小说的"幻"是奠基在生活基础上的，是艺术的真实，故读者能理解它。睡乡居士在《二刻拍案惊奇序》中谈到《西游记》时说："演义一家，幻易而真难。……则正以幻中有真，乃为传神阿睹。"艺术创作，不一定要按照现实提供的样式进行创造，故事情节虽然奇幻，但奇幻中有真实，这真实不一定是生活中所实有，而是可能有和一定会有的，即能体现人的思想感情和意志。那些荒诞不经的形象和故事，生活中绝不会有，但是这些非生活的形式经过作者的虚化和升华，体现了人的思想情感和意志，达到了艺术的真实，仍能得到读者的理解和喜爱。

再次，形象的奇特。

在过去的时代，作家的理想和现实之间总是不一致，现实生活不理想，理想的生活又不能实现，两者之间存在着一条不可逾越的鸿沟。浪漫主义作家为了解决这一矛盾，在创作中，或者向前看，构想未来的乌托邦，塑造超越现实的理想人物，以满足自己的愿望，《诗经·硕鼠》中的"适彼乐土"以及后来空想的社会主义等，就表现了这种理想；或者向后看，缅怀过去，美化已逝的生活，以甜蜜的回忆，填补对现实绝望痛苦的心情，如《桃花源记》；或者干脆撇开现实，借酒浇愁，羽化登仙，"人生在世不称意，明朝散发弄扁舟"，"抽刀断水水更流，举杯消愁愁更愁"，借酒消愁，发泄对现实的不满情绪。

浪漫主义作家塑造典型的方法总的说来还是遵循典型化的原则，如李渔在《闲情偶寄》中说："传奇无实，大半皆寓言耳。欲劝人为孝，则举一孝子出名，但有一行可纪，则不必尽有其事，凡属孝亲所应有者，悉取而加之。亦犹纣之不善，不如是之甚也，一居下流，天下之恶皆归焉。其余表忠表节，与种种劝人为善之剧，率同于此。"（《闲情偶寄》卷一，《词曲部·审虚实》）"无实"即不是生活事实而是虚构的，"寓言"即是从生活中提炼出来脱离了生活原型的具有典型性的人和事，李渔这里所说的实际上是艺术典型化的原则。按照这样的原则创造出的戏剧小说，应该说比生活中的事实更具备艺术张力，因为它是经过作家由此及彼、由表及里、去伪存真，改造制作的结果，是生活的艺术升华，所以它比实际的生活更典型，更具有普遍意义，这就是庄子所说的"寓言十九"，"寓言为广"。

浪漫主义作家塑造人物形象的具体方法是多种多样的，有的是打破人与非人的界限，把人神魔化，或者是把神魔人化，在非生活的形式中体现着人的生活和思想感情，如《列仙传》、《西游记》、《封神榜》等作品。或者打破生与死的界限，可以使人由生到死，由死到生，随着作者主观情感的需要任意驱遣，如汤显祖《牡丹亭》中的杜丽娘等，或者打破时间和空间的界限，时而远古，时而当今，时而天上，时而地下，"浮天渊以安流，濯下泉而潜浸"，"观古今于须臾，抚四海于一瞬"（陆机《文赋》）。

最后，语言、结构和表现手法上的"奇"。

浪漫主义作家为了渲染感情、突出形象和故事情节的奇特，常常采用极度夸张、对比、借代、拟人化等手法来表现。在优秀的浪漫主义作家那里，则是"夸而有节，饰而不诬"（《文心雕龙·夸饰》），"酌奇而不失其贞，玩华而不坠其实"（《文心雕龙·辨骚》），做到恰如其分，既美且真。

浪漫主义作品的结构，往往突破常规，大开大阖，大起大落，时而暗流潜伏，时而巨浪滔天，奇遇巧合，变化多端。

浪漫主义的语言，富于情感和夸张，惊世骇俗，绚丽多彩，如李白的《蜀道难》、《梦游天姥吟留别》等。后人评李白诗："往往风雨争飞，鱼龙百变，又如大江无风，波浪自涌，白云从空，随风变灭，诚可谓怪伟奇绝者矣。"（《唐宋诗醇》卷六）这是李白诗的整个特点，也是李白诗的语言特点。

4. 浪漫主义的不同倾向

　　浪漫主义的不同倾向有两个含义，其一，是不同的"家"、"派"的哲学思想不同，就有不同的浪漫主义；其二，同一"家"由于理想的性质不同，也会形成不同的浪漫主义。现分别加以论述。

　　其一，关于不同的"家"、"派"哲学思想不同，会形成不同的浪漫主义问题。儒家哲学思想的核心是"仁"，它的理想是贤人政治，它们要达到的目标是修身齐家治国平天下，它的理想人物是尧舜禹汤文武周孔，其出发点是入世的，因此，在儒家思想影响下产生的浪漫主义文学，以"奇"、"幻"的非生活的形式体现着儒家的思想内容，如屈原、扬雄、韩愈等人的文学作品中的浪漫主义因素就是这样。释家的出发点是要摆脱难苦的人生，他们的归宿是要达到涅槃境界。他们的理想人物是佛陀、菩萨，佛教文学中"奇"、"幻"的人物和故事情节中则体现着佛法无边、大慈大悲、救苦救难的佛教思想内容，像《西游记》、《目莲救母》等都是这样。在佛教文学中，"奇"、"幻"的形式所体现的佛家的"色"、"空"观念，其本质则是唯心主义的。道家的哲学核心是"道"，其理想人物是"体道之士"如"真人"、"圣人"等，道家的理想人物比起佛家来有着较多的现实生活内容，这种幻化的思维方式对后世的宗教和文学也有着很大的影响。例如道教奉老子为"教祖"，并把他神化为"太上老君"。道教文学中所宣扬的神仙方术之士，以及"传奇"诗歌中所描写的神仙鬼怪故事，都说明了它们与道家的体道之士有着这样或那样的联系。旧题为西汉刘向所撰而实为东汉人伪托的《列仙传》就记述了许多神仙怪异之事，其中所描写的赤松子不就是道家的理想人物的脱出吗？到了晋代，道教的理论家葛洪在承袭老子养生学的基础上，本《列仙传》发展演绎成为《神仙传》，其中容成公、彭祖的形象亦乃《列仙传》所重出。此后，其他言神仙方术鬼怪变异之书亦多沿袭这一传统演绎而出。魏晋时代，儒家衰落，门阀士族兴起，玄谈之风盛行，老庄"体道之士"精神内蕴的"德"变异被称之为"性"。"性"主要指一个人的气质、性格、才气、智慧等因素，由老庄对"体道之士"的神化到这个时期与门阀士族相适应的世俗化，这是道家思想影响下浪漫主义理想人物的深入发展。这一时期对理想人物的要求集中体现在对人的神气风韵的品评上，如南朝宋刘义庆的《世说新语》，刘劭的《人物志》等都记载了许多品评人物的事例。这一时期品评人物重"神"、"气"、"韵"，如评王右军："飘若游云，矫若惊龙"等。这些魏晋玄学的人物品评，体现在文学创作上就是浪漫主义理想人物。

　　受道家理想人物影响最突出的是李白诗中的形象。李白是唐代伟大的浪漫主义诗人，他浪漫主义的艺术方法和豪放的艺术风格，固然和他所处的时代，生活经历，性格气质分不开，但与他所受的哲学思想也是紧密联系在一起的，李白受到道家思想的深刻影响，特别是他那高期自许、与权贵不同流合污的精神气概，可以说是庄子精神的继承和发展。这些因素都是通过李白的诗歌创作体现出来的，而又集中体现在形象的创造上。

　　李白诗的形象群中重要的形象之一是"仙人"的形象。李白厌恶当时社会的黑暗、污浊和虚伪，只好到幻想的仙境中和醉乡里去解脱，于是仙与酒就成为李白常常吟咏的题材，由此而构成诗的形象，最富于李白诗的特色。他的《古风十九》："西上莲花山，迢迢见明星。素手把芙蓉，虚步蹑太清。霓裳曳广带，飘拂升天行。邀我登云台，高揖卫叔卿，恍恍与之去，驾鸿凌紫冥。"诗人以美妙的想象，羽化登仙，遨游太空，与明星、卫叔卿等仙子相会。在《庐山谣》中云："遥见仙人采云里，手把芙蓉朝玉京"，他把"安史之乱"重大的社会政治内容，嵌入一次游仙活动之中，虚中有实，心情沉重，却又风格飘逸。又如："别君去兮何时还，且放白鹿青崖间，须行即骑访名山。"（《梦游天姥吟留别》）李白诗中的这些仙人群像，正是诗人对现实不满，鄙弃功名富贵、超然出世的思想感情的表现。"我醉君复乐，陶然共忘机"，这不正是道家反对机巧，淡泊人生的心境么！

李白诗另一个突出的形象就是大鹏。他在《上李邕》诗里写道："大鹏一日同风起，搏扶摇直上九万里，假令风歇时下来，犹能簸却沧溟水。"在大鹏的形象中李白寄托了自己的理想，倾注了极大的热情。他的《大鹏遇希有鸟赋》就是本着庄子《逍遥游》来铺写的。《大鹏遇希有鸟赋》的一开始说庄子"吐峥嵘之高论，开浩荡之奇言"。"高论"、"奇言"就是指庄子在《逍遥游》中所表现出来的浪漫主义精神和手法，李白对这种精神和手法大加赞美。《大鹏遇希有鸟赋》不仅写了大鹏的自由逍遥，还写它怒无所搏，雄无所争的力量。当鲲初化为鹏时，"一鼓一舞，烟朦沙昏，五岳为之震荡，百川为之崩奔"。它展翅飞翔时，景象更雄伟："簸鸿濛，扇雷霆，斗转而天动，山摇而海倾。"它在广阔无际的宇宙间自由地翱翔。《大鹏遇希有鸟赋》的结尾说："此二禽已登于寥廓，而斥鷃之辈空见笑于藩篱。"李白以强烈的对比手法，自比大鹏，以斥鷃比一般庸人，这是何等伟大的抱负和自命不凡。李白诗中所体现的浪漫主义精神和豪迈的风格，同庄子是一脉相通的。

李白诗的形象群体中，除了"游仙"与"大鹏"外，还创造了"槛中虎"、"簴上鹰"、驰骋的"骥骏"、孤傲的"凤凰"、奔腾的"大河"、峻峭的"险峰"、剑侠豪杰、清风明月等形象。在这些形象的创造中，诗人以激越的感情，大胆的想象，驰骋于无限的空间和时间，穿插以神话、传说、历史、梦境，表现了诗人对黑暗现实的不满和狂放不羁的性格，渴望打破牢笼自由地驰骋。这种浪漫主义精神正是庄子《逍遥游》主旨的继承和发展。

道家著作中超现实的人物形象对司空图诗歌美学的影响尤为明显，特别是司空图又接受了魏晋玄学贵无派王弼等人的影响，使他的诗歌美学增加了新的特色。他从"道"、"玄"的根本精神出发，使它落实到物上，正如清许印芳所概括的"比物取象，目击道存"。司空图在《诗品》中创造了许多超越现实的理想形象，"畸人"就是他创造的理想人物之一，他借此以体现他所倡导的高古、飘逸、超逸等的美学思想。"畸人乘真，手把芙蓉。泛彼浩劫，窅然空踪，月出东斗，好风相从。太华夜碧，人闻清钟，虚伫神素，脱然畦封。黄唐在独，落落玄宗。"（《诗品·高古》）"畸人"源于庄子《大宗师》："畸人者，畸于人而侔于天。"这就是说，畸人奇异古怪，不同于世俗的人而却与天相通。这样的人，手把芙蓉，乘真气上升，跨越人世各种磨难，飘然而去，遨游太空，神情自若，不染尘俗，唯以玄妙的"道"为旨归。这样的"畸人"，不过是庄子的"真人"、"至人"、"神人"、"畸人"在司空图诗中的体现。

在同类形象中，还有"幽人"、"高人"、"可人"等。"载瞻星气，载歌幽人"（《洗炼》），"幽人空山，过雨采蘋"（《自然》），"忽逢幽人，如见道心"（《实境》），这样的"幽人"，体素储洁，一尘不染，如星日之光，望之而可见，歌之而可思，又如"缑山之鹤，华顶之云"（《飘逸》），性情高古，神采飘逸，超尘绝俗，乘月返真，是"道心"的外化。司空图笔下的这些理想人物，虽然都是超越现实，稀奇古怪，实际上不过是作者以道玄思想和审美情趣对封建社会隐士的幻化而已。

如果说上述形象不染人间烟火气息，那么，"壮士"的形象则由仙境回到了人间，是富于现实意义的形象了。在《悲慨》

中这样写道:"大道日丧,若为雄才,壮士拂剑,浩然弥哀。"唐代末年,战乱频仍,唐王朝江河日下,岌岌可危。在这样的社会形势下,司空图希望有回天之力的"雄才",挽狂澜于既倒,扶大厦于将倾。但是如同"壮士拂剑,浩然弥哀"一样,空怀忧国忧民志的司空图,无可奈何,只能为李唐王朝覆亡而殉国。如果说,庄子"体道之士"的形象是超越现实的一种幻想,那么司空图笔下的"畸人"一类的形象同样具有这一特点,所不同的是司空图的形象终于由仙境回到了人间,由幻想回到了现实,他更发展了"道"、"玄"思想中消极的一面,他的形象带着一种哀愁的色彩。

其二,同一"家"由于理想性质的不同,也会形成不同性质的浪漫主义。

老子对社会现实不满,他逃避社会矛盾,向往回到古代的社会去。他在《老子》中对已往的理想社会作了这样的描绘:"小国寡民。使有什伯之器而不用,使民重死而不远徙。虽有舟舆,无所乘之,虽有甲兵,无所陈之。使民复结绳而用之。甘其食,美其服,安其居,乐其俗。邻国相望,鸡犬之声相闻,民至老死不相往来。"(第八十章)老子的社会政治理想就是要毁掉一切文明,倒退到无知无识的原始社会,这是违背人类社会发展规律的,是没落贵族反对社会变革的思想感情的表现。

庄子走得更远,他对社会的变革无可奈何,于是宣扬宿命论,主张放弃斗争,随俗沉浮,在神秘的精神境界中寻求解脱。他否定一切文化知识和法智,主张"绝圣弃智"、"掊斗折衡"(《胠箧》),使人类回到无知无识,与禽兽同居,与万物混一的原始社会。这种落后倒退的社会理想对中国浪漫主义文学产生了不可忽视的消极影响。

陶渊明就是在一定程度上受到这种影响的作家之一。他生活的时代正是门阀士族制度的全盛时期，在这样的制度下，出身低微的陶潜自然会遭到排斥和打击。而司马氏集团又是生活腐朽、穷凶极恶、横征暴敛、压榨人民的统治者，他们内部又互相倾轧、争权夺利、自相残杀。这种政治的腐朽黑暗与自己的生活贫困使陶潜产生了不满的情绪，这些构成了他浪漫主义的积极因素。

除了现实生活的影响外，儒、道两家对他的思想也有着很大的影响。陶渊明本来是有政治抱负的，他从小受儒家的思想教育，希望通过从政的途径实现他济世济民的宏愿。但是这个理想被现实所粉碎，他仕途受阻，政治失意，这种状况很容易接受道家的思想影响。老庄愤世嫉俗、蔑视权贵，不与统治者同流合污，但又无力改变现状，因而逃避现实，向往回到过去的时代，在乌托邦的王国里寻找精神安慰。陶渊明被称为"隐逸诗人"，他把仕途叫做"尘网"，深以挣脱"尘网"为快。"久在樊笼里，复得返自然。"（《归田园居》之一）他对官场的黑暗是厌恶的，对社会生活中的丑恶现象进行了无情的批判。现实不能相容，他只有构筑理想的王国，《桃花源记》就是他建构的幻想的社会。在桃花源中，没有统治者的剥削和压榨，人人自由平等，日出而作，日入而息，"春蚕收长丝，秋熟靡长税"，淳朴、安静、和谐、欢乐，这种美好的图景，和当时人民受统治阶级残酷剥削和压迫，弄得家破人亡的黑暗现实形成了鲜明的对照，这种对照毋宁说是对现实的一种暴露和批判，一种无言的抗议。同时，它还暗示着对于君权的否定。因为在桃花源中，没有帝王，没有王朝的更迭，"不知有汉，无论魏晋"。汉魏晋三朝的更换，在他们听来也无关紧要，只不过令人惋叹而已。这种无君、无剥削的社会，实际上是基于作者对现实的不满，对自给自足的小农经济向往的描绘，是农民意识和幻想的反映，也是道家"无为而治"

的思想表现，陶渊明《桃花源记》的积极意义于此可见一斑。但是桃花源式的生活不过是一种乌托邦的空想，是根本不可能实现的，它会引导人们逃避现实，沉湎于过去的历史回忆，甚至借酒浇愁，在精神领域内求解脱。庄子在《天地》篇中这样写道，圣人在天下无道时，"千岁厌世，去而上仙，乘彼白云，至于帝乡，三患莫至，身常无殃，则何辱之有!"当陶渊明的幻想不可能实现时，他在《归去来辞》中则说："富贵非吾愿，帝乡不可期"，这种矛盾失望的心情不正是庄子精神的体现吗？所以陶渊明在《桃花源记》中的浪漫主义精神不论是积极的方面或消极的方面都与老庄的思想分不开。

第八章　风格论

　　道家哲学影响到文学艺术和理论批评的各个方面，艺术风格也不例外。艺术风格是作家艺术家在创作中所表现出来的艺术特色和创作个性。作家艺术家由于生活经历、立场观点、艺术修养、气质个性的不同，在艺术创作中，确立主题、处理题材、驾驭体裁、描绘形象、表现手法、运用语言等方面，各有特色，这样就形成了作品的风格。风格体现在文学艺术作品的内容和形式的各个方面，是各种要素的总和。个人的风格是在时代的、民族的、阶级的风格的前提下形成的，但时代、民族、阶级的风格又是通过个人的风格体现和显示出来的。道家哲学对中国文学艺术风格的影响，一是学说的影响，一是文章风格的影响，现就这两个方面加以分析论述。

一　道家哲学与艺术风格

（一）老庄的筋骨说和养生学

　　布封说："风格即人。"（《论风格》）可见其对艺术风格形成的重要性。在先秦的哲学中道家最重视人的自然生命，也是最早谈到养生问题以及人体的筋骨血肉一类问题的。在先秦，明确谈到这些问题的是老子，具体内容有以下几点：

首先，是人的生命的寿夭问题。老子说："出生入死。生之徒，十有三；死之徒，十有三；人之生，动之于死地，亦十有三。"（第五十章）老子认为在人的生命过程中，能够长命的，约占十分之三，短命的，也约占十分之三。有些人本来可以长寿，但却早死了，因为这类人，过于"厚生"，酒肉厌饱，骄奢淫逸，伤残身体，自残生命，故而短寿。只有善于"摄生"（养生）的人，才能长寿，这里老子提出了护养生命，使之长寿的问题。

其次，关于"养生"。老子说："治人事天，莫若啬。"（第五十九章）严灵峰解释说："'天'犹身性，以全其天也。事天，犹治身也。"（《老子达解》）所以"事天"就是养生。老子认为养生莫过于"啬"。所谓"啬"，就是爱护、珍惜。养生，就要保养身心，爱惜精力，蓄养天赋的本性。所以老子所说的养生，既要养身，养形，又要养性养神；既不能心神外驰，劳心伤神，也不能残损身体，外伤形骸。而要藏蓄能量，充实生命力，做到形神并重，"营魂抱一"（第十章）。

老子认为养生养身，既要使之"骨弱筋柔"（第五十五章），又要达到"强其骨"（第三章），这似乎是矛盾的，其实不然。这是从不同的角度来说的。关于前者，老子说："专气致柔，能如婴儿乎？"（第十章）所谓"专气"，即集气"致柔"，使之柔和，也就是要心平气和，达到极其静定的境界，如同婴儿那样，"骨弱筋柔"，精力充沛饱满，气质坚韧柔和。关于后者，即"强其骨"，这是就人体的骨肉机能而言的。老子说："是以圣人之治，虚其心，实其腹，弱其志，强其骨，常使民无知无欲，使夫智者不敢为也。"（第三章）只有饮食充足，才能筋骨健壮，生命力旺盛。然而老子却又说，要民"弱其志"，"无知无欲"互相"不争"，这样使治者才好管理，实现"无为而治"。所以老子的"实其腹","强其骨"的出发点，就是要使民"无知无欲"，"使民不争"。这实际上是老子愚民思想的表现。如果这种思想在这里表现得还不够明显的话，那么，在另一个地方，他就说得更露骨。他在第六十五章中还说："古之善为道者，非一明民，将以愚之。民之难治，以其智多。"有些学者把"愚"解释为"淳朴"，如范应元说："将以愚之，使淳朴不散，智诈不生也。"（《老子注译及评介》）这从老子的"顺任自然"的角度说，固不无道理，但总觉得有些勉强。倒是王弼的解释近乎辞义。王弼说："愚谓无知。"（《老子注译及评介》）老子更多是从统治者出发看待百姓的，他认为百姓智多了，就难以管理，只有无知无欲，才好驾驭，这与儒家的"民可使由之，不可使知之"（《论语·泰伯》）的思想是一致的，这应该说是老子思想的糟粕部分。

再次，人的秉性的差异性。老子说："夫物，或行或随，或歔或吹，或强或羸，或载或隳。"（第二十九章）这里的"物"，主要是指人，意谓人的秉性各不相同。薛蕙对这段话解释说："天下之物（人），或行而先，或随而后，或响而温，或吹而寒，或强而刚，或羸而弱，或载而动，或隳而止，其相反而不齐如此；行者不可使之随，句者不可使之吹，是故因其势而导之者，易简而理自得也。"（《老子集解》）在老子看来，人的秉性既然如此之不同，就应该因其性而导之，顺其自然，不应该逆其性强为之，否则就违反了"顺其自然"的精神了。

在人的秉性中，有刚有柔，老子很重视柔的一面，他说："柔弱胜刚强。"（第三十六章）"守柔曰强"。（第五十二章）"弱之胜强，柔之胜刚，天下莫不知，莫能行。"（第七十八章）"天下之至柔，驰骋天下之至坚。"（第四十三章）意谓天下最柔弱的东西能驾驭天下最坚硬的东西，水就是这样。老子的秉性说，对后世作家认识人的个性、性格以及对艺术形象的塑造，有着重要的启示。

庄子也重视人的生命。第一，重生思想。他在《让王》中通过许多辞让王位的寓言故事，写生命的可贵。例如，在第二节，通过大王亶父避狄入侵，而迁到岐山一事，说："夫大王亶父，可谓能尊生矣。能尊生者，虽富贵不以养伤身，虽贫贱不以利累形。"他并批评了那些高官尊爵者，"见利忘其身"的行为。在第七节，通过中山公子牟身在江湖草野而心想宫廷富贵的寓言故事，强调了"重生"的思想，指出像这一类人，既"重国伤生"，又"重利伤形"，不能控制自己，而纵情放性，就会有物质和精神上的双重损失，"重伤之人，无寿类矣"，即不能长命。

第二，重生就要养生。他在《庚桑楚》中，通过庚桑子回答南荣趎的问题时说："全汝形，抱汝生，无使汝思虑营营。"养生既要护养形体，又要护养精神。庄子对养形体很重视。养形体就要有物质基础，所以他说："备物以养形"，这与他在《达生》篇中所说的"养形必先之以物"是同一个意思，如果没有必备的物质条件，就不能生命力充足，筋强骨健。养形也不能"思虑营营"，如果思想负担过重，或思想感情变化过大，也会伤害形体，所以他说："人大喜邪，毗于阳，大怒邪，毗于阴，阴阳并毗，四时不至，寒暑之和不成，其反伤人之形乎!"（《在宥》）养形还要注意方法，他说："吹嘘呼吸，吐故纳新，熊经鸟申，为寿而已，此导引之士，养形之人，彭祖寿考者之所好也。"（《刻意》）在养生中，庄子更注意养神，他说："无视无听，抱神以静，形将自正。必静必清，无劳汝形，无摇汝精，乃可长生。目无所见，耳无所闻，心无所知，汝神将守形，形乃长生。"（《在宥》）这就强调了养神对长生的重要意义。庄子重养神的问题，在本书第四章"形神论"中已有论及，此处就不再赘述了。

第三，庄子在养生中还强调了养气。气是人的生命最重要的因素庄子说："人之生，气之聚也，聚则为生，散则为死……通天下一气耳。"（《知北游》）气与血也是形成作家的个性和气质，形成作品风格的重要因素。

气与筋骨、血性等一样，是构成人生命的要素，是形成作家气质和个性的重要内容。气与血又不可分，生理学认为"气为血之帅"。气有推动血液流转全身的作用；而气又必须获得血液的营养才能发挥作用，使人体各部分进行活动，所以又认为"血为气之母"。人的气质是人的生理心理的素质。据巴甫洛夫的研究，认为气质是高级神经活动类型特点在人和动物行为中的表现，他把气质分为四种类型，即兴奋型、活泼型、安静型、弱型。西方的医学生理学研究，也把人的气质分为四种类型：性情急躁动作迅猛的胆汁质、性情活跃动作灵敏的多血质、性情沉静动作迟缓的粘液质、性情脆弱动作迟钝的抑郁质，这些不同的气质，都是不同的人不同的气血所致。作家的个性也是这样，所谓个性，是指一个人稳定的心理特征的总和，是人在生理素质的基础上，经过生活教育等各方面的因素而形成的。作家之间的个性差异很悬殊，由于人的气质和个性不同，在行为和动作上就大不一样，思考问题的深度和广度，克服困难的勇气和毅力，感情的开朗与深厚，创作中对各种问题的思考分析和处理，就各有不同，这些都和一个人的气血才性有关，不同的生理心理特点，形之于文学艺术作品，就会有不同的风格。所以刘勰在谈到作家的才力和血气的关系时说："才力居中，肇自血气。"（《文心雕龙·体性》）当然，由于历史条件的限制，才力和血气是什么关系，刘勰不可能说得很透彻，但这却说明了道家的养生学和筋骨气血说对后世风格论的重要意义。道家的这一学说就影响到刘飔，他曾以鹰隼和翚翟为喻说，鹰隼"骨劲气猛，翰飞戾天"，而翚翟"肌丰力沉，翩翥百步"（《文心雕龙·风骨》）。这说明了作家的生命力，会使作品呈现出不同的风格。

（二）庄子的文学风格

在中国文学的发展中，最早的文学样式是诗歌，"诗三百"就是其代表作。时至春秋战国之际，随着社会的发展和政治的需要，散文崛起。在诸子散文中，大都是记事论辩性的散文，而富于情感和形象的散文很少，唯有庄子和孟子的散文、寓言具有鲜明的文学色彩。庄子在自己的文学实践中，显示了自己浪漫主义文学的风格，并对这种风格作了概括说明。他在《天下》篇中说："芴漠无形，变化无常……以谬悠之说，荒唐之言，无端崖之辞，时恣纵而不傥，不以觭见之也。"又说："其于本也，弘大而辟，深闳而肆，其于宗也，可谓稠适而上遂矣。虽然，其应于化而解于物也，其理不竭，其来不蜕，芒乎昧乎，未之尽者。"庄子在这里描绘了自己"独与天地精神往来"、芴漠恣纵的心态和倜傥不羁的性格。这种心态和性格表现在文学作品中，就是那种言语谬悠、情节奇特、想象丰富、狂放不羁的浪漫主义风格。这种浪漫主义的文学风格从他的各类性质的文章中体现出来，对后世的文学风格产生了一定的影响。就唐代而言，李白、柳宗元、刘禹锡、李贺、李商隐等，其文风都与庄子有着或多或少的联系。如柳宗元谈到自己的文学经验时说："参之庄老以肆其端。"（《答韦中立论师道书》）"肆"是恣肆放纵之意，"端"是端绪，意谓从老庄那里学得兴发无端、狂放不羁的精神。这里老庄并举而实则是指庄子。庄子的文章在阐述道理时往往用寓言的形式，出奇无穷，恣纵无端，柳宗元的"以肆其端"正说明了他自己受庄子浪漫主义文学风格的影响。鲁迅在《汉文学史纲要》中说："庄子……著书十余万言，大抵寓言，人物土地皆空言无事实，而其文，则汪洋辟阖，仪态万千，晚周诸子之作，莫能先也。"这不仅说明了庄子著作的文学价值，而且也说明了庄子文学从精神到手法的浪漫主义特点。郭沫若对庄子的评价更高，他在《庄子与鲁迅》一文中说："但不仅'晚周诸子之作莫能先之'，秦汉以来的一部中国文学史差不多大半在他的影响下发展的。"又说："他的寓言，多是由他那葱茏的想象力所构造出来的。立意每异想天开，行文多锵锵有韵，汉代的辞赋分明源于这里，一般的散记文学也应该推他为鼻祖。足以和他分庭抗礼，在韵文方面，当数屈原，在散文方面或当推司马迁吧。"这也足以说明庄子对中国文学影响之广和深。

二 以风骨品人与论文

（一）以风骨品人

老庄的养生学发展到魏晋时期，则表现为玄学家的风骨论。魏晋之际，儒家的思想统治削弱了，玄学之风兴起，当时思想界的主要倾向是崇尚老庄，高谈玄理，行为放诞，不涉世务。由于受老庄自然生命论和门阀制度的影响，玄谈家以"风骨"、"神采"等术语，品评一个人的精神风貌。《晋书·和峤传》："峤少有风格，慕舅夏侯玄之为人，厚自崇重。"又《裴楷传》记载：裴"风神高迈，容仪俊爽"。《安平献王孚传论》："安平风度宏邈，器宇高雅。"刘义庆《世说新语·赏誉》记载："王弥'有隽才美誉'，张天锡闻名去拜访，'既至，天锡见其风神清令，言话如流……天锡讶服。"又："王右军目陈玄伯，垒块有正骨。"《世说新语·品藻》载："时人道阮思旷（裕）骨气不及右军（王羲之）。"沈约《宋书·武帝纪》说刘裕"风骨不恒，

盖人杰也"。上述这些记载，都是当时在门阀制度下贵族士大夫
玄谈清议的重要内容，他们以"风骨"作为品评人物的重要标
准，以显示世族士子的仪采风度。这些品评，不论是"风骨不
恒"、"容仪俊爽"也好，还是"风神高迈"、"器宇高雅"也
好，都是骨强筋健，生命力充沛，加之贵族的文化教养，因内而
符外，在形体和精神上形成各种不同的风度，这与老庄的生命学
说的影响是分不开的。魏晋时期这些对现实生活中人物风格的品
评，还没有运用到文学理论批评上去，把"风骨"等这些概念
运用到文学理论批评中的，则是刘勰、钟嵘等理论批评家。

（二）以风骨论文：刘勰的文学风骨论

刘勰的思想是复杂的，有儒家的思想，有佛家的思想，也有
道家的思想。在道家的思想影响中，他对老子和庄子也不是一视
同仁的，其倾向是扬老抑庄。刘勰在《文心雕龙》中之所以
扬老抑庄是有原因的。就时代和社会来说，齐梁时期，社会风气
日益世俗化，统治阶级把安富尊荣放在首位，生活腐化，贪图享
受。对庄子的超尘脱俗、安贫乐道的生活情趣也失去了兴趣，不
像魏晋时期门阀士族那样重视，庄学随之也衰落了。就刘勰个人
来说，庄子的愤世嫉俗，对儒家仁义道德礼智信的批判，对孔孟
的讽刺嘲笑，很难引起他的共鸣。但刘勰对庄子并不反感，相
反，庄子的审美思想对他还有着很大的影响。因为庄子重视审美
特性，重视情感和想象，其诸多论述即使是谈哲学的，精神亦与
文学艺术相契合。刘勰在文学艺术的风格问题上则受老子的影响
更多更明显。魏晋玄学家以风骨品评人物的精神风貌则是老庄筋
骨强弱说的具体体现，它对刘勰文学理念中的风骨论有着直接的
影响。

刘勰的风骨论集中体现在《文心雕龙》的《体性》和《风

骨》两篇文章中。《体性》篇是专门论述文章的风格与作家个性的关系的。"体"是指文章的体貌，即文章特定的风格；"性"是指作家独特的个性，这两者是性内而体外。刘勰从创作的原理出发，曾说："夫情动而言形，理发而文见，盖沿隐以至显，因内而符外者也。"（《体性》）由隐藏在作家内心的情理到表现为明显的外在的语言文字以至文章就是性和体的关系，也就是作家的个性和文学作品的风格的关系。作家不同的个性，决定着作品不同的风格。刘勰说："才有庸俊，气有刚柔，学有浅深，习有雅郑，并情性所铄，陶染所凝，是以笔区云谲，文苑波诡者矣。"（《体性》）作家作品之所以千差万别，风格多样，是因为作家的"才"、"气"、"学"、"习"这些主观的因素各不相同的缘故，即"情性所铄"和"陶染所凝"的结果。"各师成心，其异如面"。作家的个性特点与其作品风格的特点总是相适应的，而作家的个性、才气、学习对作品的风格起着决定的作用，这是一个普遍的规律。刘勰并举出一系列的实例加以说明："是以贾生俊发，故文洁而体清；长卿傲诞，故理侈而辞溢；子云沉寂，故志隐而味深；子政简易，故趣昭而事博。"（《体性》）这些都说明，一个作家有什么样的个性特征，他的作品风格也就有什么特点，这是由作家的先天禀赋所决定的。

《风骨》篇是刘勰继《体性》之后专谈作品风格美学要求的，这一审美观念的形成，既受道家思想的影响，也受儒家的思想影响。

"风骨"这一概念是"风"和"骨"两个概念联缀而成的。关于"风"，刘勰在该篇一开始就写道："《诗》总六义，风冠其首，斯乃化感之本源，志气之符契也。是以怊怅述情，必始乎风。"可以看出，这是对《毛诗序》观点的继承和发展。《毛诗序》说："风，风也，教也，风以动之，教以化之。"可见，所谓的"风"就是指文章思想感情中所显示的感化人心的一种力量。艺术作品之所以能够动人心魄，就是因为其中体现着作家的情感和意志。这种情感和意志通过语言或其他艺术形式体现出来，就具有强烈的感染力量，所以刘勰说"怊怅述情，必始乎风"。关于风与情的关系刘勰打了比喻说："情之含风，犹形之包气。"一个人的形体，由于包含着生气才能成为活人，如果没有了气就成为行尸走肉。文章也是这样，正因为其中有强烈的感情，作品才具有感人的风力，否则就只是干巴巴的说教。"风"包含在情中，离情则无"风"。但情和风又是两个概念，不能混同，所以黄侃说："风缘情显"，"情外无风"（《文心雕龙札记》），这是符合刘勰原意的。

关于"骨"，刘勰说："沈吟铺辞，莫先于骨。""结言端直，则文骨成焉。"由此可知，所谓"骨"是就文辞而言的，有赖于作家对文辞的锤炼和技巧的安排，它是由端直精当而劲健的文辞中所显现出来的一种骨力。"骨"和"辞"的关系犹如"风"和"情"的关系，骨包含于辞中，骨凭辞来显现，辞外无骨，两者密不可分，但又是两个不同的概念。刘勰用通俗形象的比喻说："辞之待骨，如体之树骸。"这就是说，辞好比人的形体，骨好比支撑形体的骨架，形体没有骨架就立不起来，但骨架并不等于形体，所以黄侃说"辞缘骨立"，"言外无骨"（《文心雕龙札记》），正切合刘勰本意。

刘勰在分头阐述了"风"与"骨"的含义及其相互关系后还指出："若瘠义肥辞，繁杂失统，则无骨之征也，思不环周，索莫乏气，则无风之验也。"又说："捶字坚而难移，结响凝而不滞，此风骨之力也。"这一正一反、一分一合的论证，说明了"风"主要取决于作家对外界感受的深刻程度和创作激情的强烈程度；"骨"则主要取决于作家对语言运用和锤炼的精妙程度。

所以我们认为"风"、"骨"在创作中的有机结合，便构成一篇文章、一部作品特定的风骨，只有具有风骨的作品，才可能动人心弦，产生巨大的感化和教育作用，从而也才可能成为一篇优秀的作品。

怎样才能写出具有风骨的作品呢？刘勰把它归之于"熔铸经典之范，翔集子史之术"，他把作家作品风格的形成归之于学习儒家的经典，这正表现了他的思想偏见和落后性。但同时他又从创作的角度论述了作家的个性气质对文学风格形成的重要意义。他说："是以缀虑裁篇，务盈守气，刚健既实，辉光乃新。"这是因为风骨与文气息息相关；而文气与作家的气质密切联系，作家创作时具有刚健充沛之气，写出的作品才会有刚健的风骨，这是刘勰的最高美学要求。这一审美思想是对道家的筋骨才性说和养生说的继承和发展，也是魏晋玄学家以风骨品人的做法在文学理论批评上的运用。但他把才性血气完全看成是先天的，则表现了先验论的局限性。

以风骨论文，除刘勰外还有陆机、钟嵘等。钟嵘也以风骨评论作家作品，如说曹植"骨气奇高，词采华茂"，评刘桢，说"真骨凌霜，高风跨俗"，评刘琨，说"善为凄戾之词，自有清拔之气"。钟嵘评论作家作品除用"风骨"这一概念外，还提出了"风力"这一术语。他在《诗品·序》中谈五言诗时说："宏斯三义（兴、比、赋），酌而用之，干之以风力，润之以丹彩，使味之者无极，闻之者动心，是诗之至矣。"他在谈到建安文学时说："爰及江表，微波尚传，孙绰、许询、桓、庾诸公诗，皆平典似《道德论》，建安风力尽矣。"其实"风力"和"风骨"含义基本相同，刘勰以风骨论文，也以风力论文，如他说："相如赋仙，气号凌云，蔚为辞宗，乃其风力遒也。"（《风骨》）不过钟嵘对建安风力的评论，有其独特的含义。所谓建安风力，是指这一时期的诗，能反映民间疾苦，现实性强，形象鲜明生动，风格遒劲，艺术感染力强。但是这一诗风，晋宋以后，特别是齐梁时期，被形式主义和淫靡的诗风所中断。为此许多进步的诗文作家和理论批评家，纷纷加以反对、矫正，但未能彻底扭转颓波。直到唐初陈子昂才高举诗歌革新的大旗，从"风骨"和"兴寄"两方面进行革新。他在《与东方左史虬修竹篇序》中说："文章道弊五百年矣！汉、魏风骨，晋，宋莫传。"李白在《宣州谢朓楼饯别校书叔云》一诗中也说："蓬莱文章建安骨，中间小谢又清发。"由于进步诗文家和理论批评家的倡导，汉魏风骨在唐代诗歌的黄金时代又大放异彩。

三 风格的分类及其特点

文学风格的形成和多元化，是随着文学创作的繁荣和发展而出现的，人们在对文学现象和各个作家文学创作特点研究的基础上，才能区分出各类风格及其特点。

对文学风格的分类始见于曹丕。他在《典论·论文》中把文体风格分做四类。他说："夫文本同而末异，盖奏议宜雅，书论宜理，铭诔尚实，诗赋欲丽。"这四类曹丕把它们叫做科，每科文体不同，风格特点也就不同。他对各科的特点概括为"雅"、"理"、"实"、"丽"。这一说法固嫌笼统，但在文评兴起之初也就难能可贵了。到了陆机，他在曹丕分类的基础上作了进一步的发挥。他在《文赋》中谈了人们的爱好不同之后说："诗缘情而绮靡，赋体物而浏亮。碑披文以相质，诔缠绵而悽怆。铭博约而温润，箴顿挫而清壮。颂优游以彬蔚，论精微而朗畅。奏平彻以闲雅，说炜晔而谲诳。"陆机从创作的角度出发，把文体分作十类，并进一步阐述了各种文体的写作特点和风格特点。他对各种文学风格的认识深入了一步，如对诗歌既强调内容上的抒情特点，又强调语言形式上的"绮靡"特点，从内容到形式揭示出诗有别于其他文学的体裁和风格的特点。到了刘勰，他在前人的基础上把文体和风格分开来谈。他在"囊括杂体"并作了"诠别"之后（《定势》），对文章的风格作了分类和诠释。他在《体性》篇中谈了作家的个性气质对文章和文学作品风格的影响之后说："若总其归途，则数穷八体：一曰典雅，二曰远奥，三曰精约，四曰显附，五曰繁缛，六曰壮丽，七曰新奇，八曰轻靡。"他对这八种风格进行了具体的解释，并举出作家作品加以印证。他认为最好的风格是"典雅"，而"典雅"的标准是以儒家的思想为指导，融合经典而作的文章，从而合乎刘勰所要求的"典雅"风格，充分体现了刘勰审美思想的倾向。

如果说此前的风格论多受儒家思想的影响并且和文学体裁结合谈风格，那么，唐以后随着文学美学要求的深入，作家、理论批评家受道、佛思想的影响，则多把文学风格和意境结合起来进行探讨，这在审美理论上无疑深入了一步。唐代的皎然以佛论诗，把诗的风格意境概括为十九个字："高、逸、贞、忠、节、志、气、情、思、德、诚、闲、达、悲、怨、意、力、静、远。"他并说："其一十九字，括文章德体风味尽矣。"（《诗式·辩体有一十九字》）其实这十九个字并不都是风格，有的仅属于思想内容，有的好像是谈意境的，与风格相近而难于区分。但他着眼于艺术特征而探讨诗的风格或意境，却对司空图的风格论有着重要的影响。司空图在前人对风格分类研究和在唐诗繁荣的基础上，概括提出了二十四种风格和意境，并加以形象化的分析论述。在这二十四种风格中，有的是属于风格意境的，如"雄浑"、"高古"等，有的则是涉及艺术经验和表现手法的，如洗炼、委曲、形容等。

  司空图对诗歌风格的主张是多样化的,他既欣赏雄浑、豪放
的风格,也赞美绮丽、纤秾的风格,既称许高古、典雅的风格,
又爱好清奇、自然的风格。他这种不拘一格主张多样化的观点,
从其《题柳柳州集后序》中可以看得出来。他在该集后序中说:
"愚观文人之为诗,诗人之为文。始皆繫其所尚,既专则搜研愈
至,故能衒其功于不朽。亦犹力巨而斗者,所持之器各异,而皆
能济胜以为勍敌也。尝观韩吏部歌诗累百首,其驱驾气势,若掀
雷揭电,奔腾于天地之间,物状奇变,不得不鼓舞而循其呼吸
也。其次,《皇甫祠部文集》所作,亦为遒逸,非无意于深密,
盖或未遑耳。今于华下方得柳诗,味其搜研之致,亦深远矣。俾
其穷而克寿,抗精极思,则固非琐琐者轻可拟议其优劣。又尝觐
杜子美《祭太尉房公文》,李太白佛寺碑赞,宏拔清厉,乃其歌
诗也。张曲江五言沉郁,亦其文笔也。岂相伤哉?噫!世之学者
褊浅,片言只句,不能自辩,已侧目相诋訾矣。"可以看出,司
空图对韩愈雄浑奔放的风格是欣赏的,对皇甫祠遒逸的风格也赞
许,对李太白宏拔清丽的风格很爱好,对张曲江沉郁的风格也很
喜欢。基于此他在《诗品》中提出了二十四种风格和意境,并
以富于情感和形象的语言加以描绘和评述,每首既是一种理论,
又是一首诗,使人在诗美的欣赏中,领会和理解诗的风格理论。
当然,司空图对多种风格的爱好也并不是无所偏重。他在这众多
的风格意境中最推崇的还是"飘逸"、"超诣"、"冲淡"、"自
然"、"高雅"的风格,这显示出隐逸诗人审美趣味的局限性。
  司空图审美趣味的形成不是偶然的,就思想影响而言,他是
受了道家特别是庄子和魏晋玄学思想的影响。庄子对社会现实的
变动不满,魏晋玄学家如嵇康、阮籍亦与现实不合,他们无力改
变现状,但又不愿与之同流合污,于是遗世独立,超尘脱俗,以
虚无的思想处世接物,"不谴是非,以与世俗处"。在诗美思想

上，司空图与王维、孟浩然、韦应物等重艺术一派的审美思想相唱和，对这一派诗歌创作经验进行总结。王孟诗派受佛教思想的影响，淡泊世事，缺乏人间烟火气，因而诗风飘逸、冲淡，正如司空图所说："王右丞，韦苏州澄澹精致，格在其中"（《与李生论诗书》），"右丞，苏州趣味澄夐，若清风之出岫"（《与王驾评诗书》）。司空图之所以对孟浩然、王维一派的诗评价高，就因为他们都是隐逸诗人，世界观、人生观、审美趣味相同或相近的缘故。反之，他对于那些暴露现实、思想性强的讽喻诗人，则颇有微辞。例如他评元稹、白居易的诗说："元白力勍而气孱，乃都市豪估耳。"（《与王驾评诗书》）元白所倡导的新乐府运动，在当时和后世都产生了深远的影响，而司空图竭力加以贬斥，其审美趣味的褊狭于此可见。

文学风格的分类始于曹丕而奠基于刘勰，嗣后皎然、司空图等都各有分法，各有贡献。不过风格愈分愈细，名目繁多，至姚鼐则从美学的角度把各种风格分为阳刚美与阴柔美两大类，凡是雄浑、劲健、豪放、壮丽等风格，归入阳刚美一类；凡是淡雅、高远、自然、飘逸等风格，归入阴柔美一类。这种分类，去繁就简是对前人风格理论的概括和总结。

姚鼐的阳刚阴柔说，就传统的风格论而言，更多地接受了刘勰和严羽的影响，就其哲学思想影响而言，可溯源至老、庄和《易传》。

在姚鼐以前，宋严羽在研究了李白、杜甫等人的诗歌创作后说："其大概有二，曰优游不迫，曰沉着痛快。"（《沧浪诗话·诗辩》）他从丰富多彩的艺术风格中概括出这两大类，前者接近于柔美，后者接近于壮美，而"入神"则是两美的最高境界。他以形象的比喻，把李白诗的风格喻为"金鹉劈海"，把杜甫诗的风格喻为"香象渡河"，两人的诗与上述两类风格相适应，各有特点。姚鼐沿用了严羽的两种分法，但摒弃了他的释家审美观，而主要是从道家的阴阳刚柔说和刘勰的才能说展开论述。他认为文学风格主要是作家的才性和气质在艺术作品中的显现，他说："文字者，犹人之言语也。有气以充之，则观其文也，虽百世而后，如立其人而言于世，无气则积字焉而已。"（《答翁学士书》）姚鼐认为言与文都要有气，人有气则生，言与文有气则活，能永久相传，否则，只是死文字的堆积而已。作家的生气从何而来？他认为作家的才性气质禀之于天，天地之道，阴阳刚柔而已，发之于文，自然成为阴柔阳刚两种美。他在《海愚诗钞序》中说："吾尝以谓文章之原，本乎天地。天地之道，阴阳刚柔而已。苟有得乎阴阳刚柔之精，皆可以为文章之美。阴阳刚柔并行而不容偏废，有其一端而绝亡其一，刚者至于偾强而拂戾，柔者至于颓废而阍幽，则必无与于文者矣。"可以看出，这段议论实则导源于《易》。《易》是谈天的，《易》云："一阴一阳之谓道。"本于此，姚鼐说："天地之道，阴阳刚柔而已。"他又认为文章是"天地之精英而阴阳刚柔之发也"。但是阴阳刚柔相生相克，相辅相成，不可偏废，孤阴孤阳或唯刚唯柔就没有事物的发展，也不会产生双美。

　　《易》是中国文化的源头，各家各派都从《易》中吸取自己的思想素材，道家的阴阳刚柔、才性血气、骨强筋柔、养气之论都是对《易》的继承和发展，所以魏晋玄学家也推崇《易》，把《易》与《老》、《庄》并列称为"三玄"。姚鼐的刚柔风骨说，虽导源于此，但更多继承和发展的是刘勰的文道观。刘勰在《文心雕龙·原道》中论述了自然之道和人文之道及其关系之后，把文章的风格分作八类（《文心雕龙·体性》），又对各种风格概括提出"刚柔以立本"（《文心雕龙·镕裁》）的命题。姚鼐就是在上述各种论述的基础上提出了自己的理论主张。他在

《复鲁絜非书》中用了一系列形象的比喻，说明了两种不同的风格美以及它们在语言艺术上的特色。其属于阳刚美一类的，如掣电、流虹、喷薄出之，以雄伟劲直为尚；其属于阴柔美一类的，如烟云舒卷，蕴藉出之，以温深徐婉为贵。依姚鼐的看法，倘若不能达到这样的要求，那就是"刚不足以为刚，柔不足以为柔"，不能算是完美的风格。

姚鼐在阐述两种不同风格美的同时，又论述了两者的联系，阳刚和阴柔二者是对立的统一，相反相成的，自然之道是这样，文章之道也是这样。人的气质有刚有柔，偏胜是难以避免的，但偏胜之极一绝刚，一绝柔，两不相济，皆不可以言文。姚鼐并以欧阳修为例，说明他"能取异己者之长而时济之"（《复鲁絜非书》），也就是说欧阳文能以阳刚济阴柔，所以才能形成风格上的波澜起伏，意态不穷的阴柔之美，而不是陷于**"阍幽"**（《海愚诗钞序》）。姚鼐的阳刚阴柔论具有朴素的辩证法因素，它对文学的风格论有着重要的意义。

四　道与"平淡"、"古朴"的风格

（一）平淡的风格

老子说："乐与饵，过客止。'道'之出口，淡乎其无味，视之不足见，听之不足闻，用之不足既。"（第三十五章）又说："为无为，事无事，味无味。"（第六十三章）王弼注曰："以恬淡为味，治之极也。"（《老子道德经注》）老子把无味当做味，这就是说，仁义礼乐之治，虽然如音乐美食，可以吸引过客，但不如自然无为的道，它能使人民平居安处，道虽然淡乎无味，而实际上其味至浓。艺术上平淡的风格也是这样。司空表圣曾对这种风格作了形象而诗意的描绘："素处以默，妙机其微。饮之太和，独鹤与飞。犹之惠风，荏苒在衣。阅音修篁、美曰载归。遇之匪深，即之愈希。脱有形似，握手已违。"（《诗品·冲淡》）前四句描写平淡的形貌，后四句写平淡的精神。意谓平居淡处，静默守神，涵养既深，与天机自合。如同春风和畅，微风动竹，其声清和，其境恬静。又如独鹤与飞，恬淡安逸。这种诗家之境，若无心寻求，即可遇到，若有意撷取，脱手已违。

在中国文学艺术风格的千姿百态中，平淡的风格其始就条发颖竖、独树一格，但并未引起人们的重视。但自唐宋以来，平淡愈来愈受到人们的关注和追求，这自然有其时代和社会的种种原因。而道家思想的影响，无疑是重要原因之一。

形成文学上平淡自然风格的，首先当推陶渊明。陶诗平淡风格的艺术魅力，在于他抒发了自己的真情实感，没有矫揉造作之弊。"真"是艺术的生命，庄子就特别强调真，认为"真者，精诚之至也，不精不诚不能动人"（《庄子·渔父》）。陶渊明每首诗都有自己的真情实感，他"率性而发"，形为歌诗，如《和郭主簿》第二首中的松菊，《咏贫士》中的孤云等，都是作者那种孤高傲世，不愿同流合污人格的象征。诗人在作品中不能伪造自己，每首诗都应该是诗人人格的显现，那些矫揉造作，虚伪粉饰的作品，就不会有自己的风格。

陶诗平淡朴素自然的诗句，看起来似乎全不费力，然而却包含了高度的匠心，正如王安石所说："看似寻常最奇崛，成如容易却艰辛。"（《题张司业诗》）诗人如果没有对事物的真情实感，没有对语言的千锤百炼以至达到炉火纯青的地步，就不可能神妙自如，栩栩如生显现出事物的形象，如大家所熟知的名句："暖暖远人村，依依墟里烟。狗吠深巷中，鸡鸣桑树巅。"（《归园田居》第一首）这里没有什么典故，没有什么秾辞艳藻，只是抓住客观事物突出的特征，用"白描"的手法，淡淡几笔就把事物的形象和神态生动逼真地刻画了出来，不言闲适而闲适的心情自见，这正是他的天才和功力之所在。所以明王圻说："陶诗淡，不是无绳削，但绳削到自然处，故见其淡之妙，不见其削之迹。"（《稗史》）这个评语准确地谈出陶诗风格平淡之奥妙所在。

陶诗平淡朴素自然的风格，又是浑然一体，天衣无缝，宋严羽谈汉魏古诗风格上的成就是"气象混沌，难以句摘"（《沧浪诗话·诗评》）。陶诗的风格亦浑然一体，毫无斧凿痕迹，如《饮酒》等就是如此，其中的名句如"采菊东篱下，悠然见南山"等，简洁含蓄，淡而实秾，情与境和谐完整，浑然一体，耐人咀嚼，其味无穷。

陶诗风格的形成与道家思想影响是分不开的。道家以虚无为本，以自然为宗。在社会生活中，忘情世事淡泊人生，这对于中国的隐士文化、山林文学和田园山水诗有着深远的影响。道家又认为"道"浑然一体，不可分割。庄子以"忽"和"倏"为"浑沌"日凿一窍，七日而浑沌死的寓言故事，说明"道"是一个不可分割的整体，这也启发了后人用以比喻说明高度完美的艺术境界。老庄哲学对陶渊明艺术的启示是多方面的，高诱《淮南子注》一书的《叙目》谈陶渊明时说："其旨近老子，淡泊无为，蹈虚守静，出入经道。"可以看出，陶渊明平淡风格的形成是受了老庄思想影响的。陶诗在晋代华艳诗风炽盛的情况下出现，更是难能可贵。正如元好问论诗之三所云："一语天然万古新，豪华落尽见真淳，南窗白日羲皇上，未害渊明是晋人。"（《论诗三十首》）

陶诗平淡的风格在晋至南北朝这一历史时期并未引起人们的重视，其原因是复杂的。就哲学思想说，这一时期佛教大盛，社会众生无不从佛教中寻求精神解脱。而陶渊明受道家思想影响较深，对佛教中的"神不灭论"、"因果轮回报应"等无甚兴趣，这就使他的作品不受统治者青睐，不为时代所重视。再者，陶渊明愤世嫉俗，蔑视权贵，不愿与统治者同流合污，而齐梁时期许多文人附依权贵，与统治者相唱和，歌功颂德，阿谀奉承，宫廷诗，齐梁体，风行一时，"不为五斗米折腰"的陶渊明，当然不会为时所重。还有，更重要的，齐梁诗风淫靡艳丽，形式主义，充斥文坛，"楚艳汉侈，流弊不返"（《文心雕龙·宗经》）。齐梁文体多用赋，雕章琢句的文风，与陶诗平淡的文风大异其趣。基于这些原因，陶诗在六朝不为时人所重，就连钟嵘在《诗品》中也把陶潜列为中品，放在陆机等人之下，而刘勰在《文心雕龙》中也未提到陶潜。陶诗的风格与时代风范大异其趣，不为时尚所重，也就是自然的事情了。

陶诗平淡的风格到了唐宋时期，逐渐引起人们的重视，追逐之风也日盛，不过这种诗风却染上了禅宗空幻的色彩，王维就是其中的代表，至于诗僧如寒山、拾得等人，诗虽平淡，但佛家的色空观念甚浓，有的甚至是偈语，只有到了宋代，陶渊明平淡自然的风格才成为艺术风格中的一种突出重要的风格，而且被人从理论上加以分析论证。

平淡的风格之所以成为宋文坛令人瞩目的重要问题是有它的历史背景的。宋初诗文界为了反对晚唐五代的淫艳文风和本朝西昆体的形式主义文风，在诗、文两方面展开了以复古为旗帜的革新运动。在散文方面，要求继承韩柳古文运动传统；在诗歌方面，要求继承元、白的新乐府运动传统。这两方面的代表人物有柳开、石介、王禹偁、苏舜钦、梅尧臣、欧阳修、苏轼等。这两个革新运动都反对淫艳的和形式主义的作风，主张诗文要有充实的思想内容和平易自然、通俗易懂的文学形式，这样，平淡自然的风格就成为作家理论批评家所倡导和追求的重要问题。当然，宋诗、文革新运动的指导思想是儒家思想，但对平淡风格的追求，却和道家、释家的思想影响又是分不开的。

苏舜钦是诗文革新的重要人物，诗与文兼胜。他主张诗文要有充实的内容和平淡近人的风格，反对形式主义。他强调风格要"古淡"，说："将取古淡，先可去浮嚣。"他在《赠释秘演》中说："不肯低心事镌凿，直欲淡泊趋杳冥。"可见他对平淡风格的追求与淡泊的生活情趣是联系在一起的。

梅尧臣是诗歌革新运动的重要人物，被誉为宋诗的"开山祖师"（刘克庄《后村诗话》）。他反对时弊，强调文学的现实主义和为社会服务的作用。在诗的风格上力主平淡，这是他追求诗美的最高境界。他在《读邵不疑学士诗卷》中提出："作诗无古今，惟造平淡难。"但这里所说的"平淡"不是平庸浅显，而是和含蓄结合在一起的。欧阳修在《六一诗话》中说："圣俞尝语余曰：'诗家虽率意，而造语亦难。若意新语工，得前人所未道者，斯为善也。必能状难写之景，如在目前，含不尽之意，见于言外，然后为至矣。'"可见，他所要求的平淡，是要用朴素自然的语言和高度的艺术技巧，表现出丰富的思想内容，含蓄深厚，耐人咀嚼，这才是平淡风格的真正含义。

苏轼是宋诗文革新后期最重要的作家，他在诗、词、文、书、画各方面都有很高的成就，他的风格清新豪放，纵横澎湃，开豪放派一代词风。关于苏轼的风格，沈德潜说："天马脱羁，飞仙游戏，穷极变幻，而适如其意中所欲出。"（《说诗晬语》）到了后期，苏轼又倡导"高风绝尘"、清逸平淡的风格。他对陶渊明、韦应物、柳宗元的风格评价甚高。他在《与子由书》中说："吾于诗人，无所甚好，独好渊明之诗。"在《答程全父》中又说："书籍举无有，惟陶渊明一集、柳子厚诗数册，常置左右，目为二友。"他在《书黄子思诗集后》中说："魏晋文以来，高风绝尘，亦少衰矣。……独韦应物、柳宗元，发纤秾于简古，寄至味于澹泊,非余子所及也。"又说:"所贵乎枯澹者,谓其外枯而中膏,似澹而实美。"(《评韩柳诗》)即外在的质朴平淡与内在的含蓄浓郁相结合,这种外淡而内秾的风格特点,正概括了陶渊明、韦应物、柳宗元一派诗风的特点。苏轼为什么由豪放的风格转而追求平淡的风格呢?这自然有政治生活、哲学思想各方面的原因。

就政治生活说,他参加了司马光与王安石两个集团的矛盾斗争,既受王安石革新派的打击,也受司马光旧派的指斥,一贬再贬,生活坎坷,因而产生了消极的思想。就哲学思想来说,既有儒家的思想,也有道家的思想,还有释家的思想。他在《祭龙井辩才文》中说:"孔老异门,儒释分宫,又于其间,禅律交攻。我见大海,西北南东,江河虽殊,其至则同。"这实际上是唐以后儒道释三家合流的趋势在苏轼思想上的反映。就道家思想的影响而言,苏轼对平淡风格的追求,是与受魏晋玄学思想的影响分不开的。王弼在《老子道德经注》中说:"道之出言,淡兮其无味也,视之不足见,听之不足闻,然则无味不足听之言,乃是自然之至言也。"道、玄的平淡无味说,表现在艺术论上,就是阮籍的《乐论》。阮籍反对"以悲为乐"、"以哀为乐",主张"乐"应该给人以欢乐,不应使人悲哀,主张"乐"的最高境界是"道德平淡,故无声无味"(《乐论》);阮籍认为"乐"应该"应物而不累于物"(王弼《周易注》),表现"至人之情",可见阮籍的《乐论》要把人们引导到一种同自然合一的不为各种物欲所束缚和平欢乐的境界,也即是玄学家所追求的超脱玄远的境界。苏轼由原来的豪放的风格,转而追求清逸淡远的风格,是与道、玄的思想影响分不开的。他在政治上失意,转而以道、释作为精神支柱,寻求精神上的解脱。"用道书方术之言厚自养炼。"(《答秦太虚书》)如他自述,被贬到琼州海岛时,买得檀香数斤，每日闭门焚香，思考数十年之非，就是这种"养练"的表现。好在苏轼性格开朗，看问题比较达观，这使他的文学风格始终有积极的一面。

（二）古朴的风格

古朴与平淡相近而又不完全相同，它是自成一体的风格。古朴的风格是中国文学史上重要的风格之一，这也是道家思想之树上开出的花朵。"道"的特点之一是"朴"，其本意是构成物的原始材料。老子又把"道"称作"朴"，"复归于朴"（第二十八章），"处其厚，不居其薄；处其实，不居其华"（第三十八章）。其意是要求质朴，反对浮华。"朴"在庄子那里包含了两个含义：一是具有单纯质朴原始的意思；二是指初民之性，即恢复人的自然本性，使民具有淳朴厚道无知无欲的性情。道家的"朴"的思想对后世产生了很大的影响，韩非就是受其影响之一。他强调为文要重内容，重质的美，反对形式的浮华。他在《韩非子·解老》中说："礼为情貌者也，文为质饰者也。夫君子取情而去貌，好质而恶饰。夫恃貌而论情者，其情恶也；须饰而论质者，其质衰也。何以论之？和氏之璧，不饰以五采，隋侯之珠，不饰以银黄，其质至美，物不足以饰之。夫物之待饰而后行者，其质不美也。"这一理论主张被后人引进文学领域，就要求作品质朴醇厚，许多作家、理论批评家以此作为创作和欣赏的审美标准。刘勰就倡导恢复原始初民纯朴浑厚的性情和单纯朴实的文学风格，《文心雕龙》中的《时序》、《通变》等文章就表现了这样的审美观。《时序》是表现刘勰文学史观的，他认为文学发展与时代发展密切相关。"时运交移，质文代变。""昔在陶唐，德盛化钧，野老吐'何力'之谈，郊童含'不识'之歌。有虞继作，政阜民暇，'薰风'诗于元后，'烂云'歌于列臣，尽其美者，何乃心乐而声泰也。……幽厉昏而《板》、《荡》怒，平王微而《黍离》哀。故知歌谣文理，与世推移，风动于上，而波震于下者。"刘勰对古代的政风文风是赞美的，因为那时"德盛化钧"、"政阜民暇"，其诗表现了人们欢乐安康的心情，所以是古朴醇美的。在《通变》中这种思想表现得更为明显。他说："榷而论之，则黄、唐淳而质，虞、夏质而辩，商、周丽而雅，楚、汉侈而艳，魏晋浅而绮，宋初讹而新。从质及讹，弥近弥澹。"刘勰认为这种发展是"风味气衰也"。刘勰这种观点有合理的一面，这就是他反对齐梁华丽淫靡的文风，强调质朴淳厚的文风，表现了健康进步的审美观。另一方面，他从叙述中得出了"从质及讹，弥近弥澹"的结论，认为一代不如一代，愈来愈衰落了。他没有看到"踵其事而增华"（《昭明文选序》）是事物发展的规律，因而他的文学发展观带有一定的片面性。而且，他为矫正时弊而提出的"矫讹翻浅，还宗经诰"的主张，表现了他思想的落后性。

刘勰"还宗经诰"的主张虽不足取，但他要"正末反本"的目的却是值得注意的。他所说的"本"，实际上也就是庄子所说的初民的淳朴本性吧，因为早期的民性质朴，所以早期民歌如《弹歌》、《薰风》、《烂云》等，从内容到形式都是"质之至"、"尽其美"的，没有矫揉造作、淫艳浮华之弊。刘勰认为这样的文风是"本"，而要恢复这样的文风，最根本的是要学习儒家的经典。所以他所说的"本"虽指的是后者，但也包含了前一层意思，这是刘勰为矫正时弊时所开的"药方"。

以古朴纯厚的风格为美，这是古代许多诗文家都倡导的。司空图在《诗品·疏野》一则中说："惟性所宅，真取弗羁。"意谓身为性之宅，诗人要随性所至，率性而发，不要受任何拘束和限制。诗人如果"适意"，就应该把自己的"意"淋漓尽致地抒发出来，这样才能达到如他在《实境》中所说的："性情所至，妙不自寻，遇之自天，泠然希音。"这样的表现也就是"天放"的意思，毫无矫揉造作的痕迹。古民歌的淳朴是古民性的表现，司空图的《疏野》也是民性民情真实自然的流露，所以司空图的这一审美思想实际上是庄子"天放"思想在司空图诗歌美学上的体现。作家只有"真取弗羁"，率性而发，才能创造出古朴自然纯真的风格。

第九章 意境论

道家思想对中国古文论的影响也表现在意境问题上。中国古文论中意境论的产生源远流长，就其哲学思想而言，儒、道、释各家都有影响，而且释家对此更重视，言论更多。但道家和儒家一样，是中国传统的思想文化，论意境更具有中国的民族特色。因此探讨道家的意境论对中国古代文学意境论的影响更具有重要的意义。

一 老庄的"道"与意境

在老庄之前，"境界"的词义就在先秦古典文献中出现了，如《诗·大雅·江汉》："于疆于理。"郑笺："正其境界，修其分理。"可见"疆"就包含着"境界"。这里的"境"、"界"，都是实义词，指的是疆土界线。"境""界"又有"终""极"之含义，如《说文·音部》释曰："竟，界也"，《说文·音部》释"竟"是"乐曲尽为竟"。"界"、"竟"二字互训是由于"界"的意义是田地界线，"竟"的意义是指音乐的终极，"界"与"竟"都有终极的意义。后来人们给"竟"加土旁专指空间界线，与专指时间界线的"竟"有了区别，语义更为准确。随着生活和语言文字的发展，"境界"一词，逐渐由实词被运用到意识领域表现人的精神状态，这一转变首先从庄子的文章中可以看得出来。他在《逍遥游》中谈宋荣子时说："且举世而誉之而不加劝，举世而非之而不加沮，定乎内外之分，辩乎荣辱之境，斯已矣。"这里所谓的"荣辱之境"已经是一种精神上的境界了。

（一）道的境界与人生的境界

道家影响到古文论"意境"论的形成，还要追溯到老子。老子谈"境界"，主要是道的境界，这就是"浑全之境"。

老子的"道"有多种特征，而最主要的特征就是宇宙的生成论和本体论。作为这两种特征，都看不见"道"的本身，都只能由物及"道"，在对事物的观照中领会道的本体。与这个特征相联系的就是"道"的浑然一体，不可分割。老子用了许多比喻来说明"道"，如"大方无隅"、"大器晚成"、"大音希声"、"大象无形"（第四十一章）等，这些都说明"道"的境界浑然一体。

"大象无形"。王弼注曰："大象，天象之母也"，"有形则有分，有分者，不温则炎，不炎则寒，故象而形者，非大象。"（《老子道德经注》）这说明一有了形就有了分别，就不成其为大象了。老子又说："执大象，天下往"（第三十五章），意谓只要按大象办事，天下就可以大治。可见所谓的"大象"实际上就是无形无象的"道"。在老子看来，这"道"与"大象"是同义语。"道"无形无象，"大象"也无形无象，两者都不能以有限的形体局限它，也不能分割它，它似乎是精神的，又是物质的，混沌一体，只能在想象中去体认，去领会，否则就不成为"道"，也不成为"大象"了。

"大音希声"。老子说："听之不闻，名曰希。"（第十四章）

王弼注曰:"听之不闻名曰希,不可得闻之音也。有声则有分,有分则不宫而商矣。分则不能统众,故有分者非大音也。"(《老子道德经注》)这就是说最美的乐声反而听来无音响。它一方面是属于感觉范围的对象;另一方面却是感官所不能感觉到的。而能感觉到能听到的却是部分声音,这部分的声音则是对"大音"的分割和破坏。"大音"和"大象"一样,都是老子用形象的比喻说明"道"幽隐未显,不可以形体求之,如果形体求之,则分割和破坏了"道"的完整性,破坏了"道"的浑全境界。

老子的"大音希声"、"大象无形"说,为文学艺术树立了内部的审美标准,以此来与外观的文学艺术相对立,用以否定为封建统治者服务的文学艺术。老子说:"五色令人目盲,五音令人耳聋,五味令人口爽,驰骋畋猎,令人心发狂,难得之货,令人行妨。"(第十二章)他目击上层统治者追求官能生活的刺激,声色犬马,淫逸放荡,这样的生活使人心灵不安,给社会带来很大的危害。在老子看来,一个人愈是追求物欲生活的刺激,愈是自我疏离,心灵就会愈加空虚,因而老子主张"为腹不为目",务内不务外,意在唤醒人们要摒弃外界物欲生活的诱惑,保持内心的安定,废除外观的文化,树立内视内听精神领悟的文化艺术,以保持固有的纯朴天真的精神美。

老子很少谈人生的境界,如果有,那就是他所说的"玄同"。他说:"挫其锐,解其纷,和其光,同其尘,是谓玄同。"(第五十六章)王弼注曰:"'兑',事欲之所由生,'门',事欲之所由从也。"(《老子道德经注》)这就是说,塞住嗜欲的孔穴,闭住嗜欲的门径,不露锋芒,消解纷扰,含敛光辉,混同尘世,这就是玄妙齐同的境界。这种境界只有得道之士才能够达到,一般的凡夫俗子是达不到的,可以说这是道的境界,这是道家人所追求的目标,因为老子哲学所力求维持的是人和自然的和谐一致，在这个融合体中，老子一方面主张纯任自然，"辅万物之自然而不敢为"（第六十四章）；另一方面，要求主体贵柔处弱，清静无为，他认为静胜躁、雌胜雄、柔弱胜刚强。在与外物的接触时，排除主观意念，"天门开阖，能为雌乎？"（第十章）使主体适应客体，人适应自然，如同与光和尘，浑然不分，达到高度的统一。

庄子的境界论。

庄子继承了老子的"道"论，也强调道的境界是浑沌一体的。他说了一个寓言故事："南海之帝为儵，北海之帝为忽，中央之帝为浑沌。儵与忽时相与遇于浑沌之地，浑沌待之甚善。儵与忽谋报浑沌之德，曰：'人皆有七窍，以视听食息，此独无有，尝试凿之。'日凿一窍，七日而浑沌死。"（《应帝王》）这里庄子以浑沌象征道，说明道是浑然一体，不可分割。分割了，"道"就不存在了。庄子还以音乐为例说明"道"不能分裂。他在《齐物论》中说："是非之彰也，道之所以亏也。道之所以亏，爱之所以成。果且有成与亏乎哉，果且无成与亏乎哉？有成与亏，故昭氏之鼓琴也，无成与亏，故昭氏之不鼓琴也。"在庄子看来，"道"本是浑成而不可分割的，是至大至美的，任何语言文字都不能表达它，如果强要表达，就会有损于"道"，如同"大音希声"一样，奏鸣出的乐声就损害了"大音"的浑融性。所以郭象释之曰："夫声不可胜举也。故吹管操弦，虽有繁手，遗声多矣，而执籥鸣弦者，欲以彰声也，彰声而声遗，不彰声而声全。故欲成而亏之者，昭文之鼓琴也；不成而无亏者，昭文之不鼓琴也。"（《庄子注》）"道"见之于社会，则是社会的统一、古朴、完美，而不应分裂混乱。庄子在《天下篇》中说："古之所谓道术者……无乎不在"，"后世之学者，不幸不见天地之纯，古人之大体，道术将为天下裂"。这里所说的"纯"、"大体"都是整体的意思，对社会整体的分割破坏，也就是对"道"的破坏。庄子通过这些事例，都意在说明"道"是宇宙的本体，是至高无上的，浑然一体而不可分割的，它的境界就是"浑全"的境界。

庄子从"大音希声"出发提出了"天乐"说。庄子在《齐物论》中对各种声音进行了辨析，把音乐分成三等，即人籁、地籁、天籁。靠人力吹奏的箫管乐曲是为人籁，这是最下等的乐曲；地面窍穴孔隙借助风力而发出的声音是为地籁，这自然之声高于人为的声音；宇宙间一切发自本身的天然声音谓之"天籁"，天籁之乐是最高最美妙的音乐。庄子通过子綦的话用形象的语言描绘说："夫天籁者，吹万不同，而使其自己也，咸其自取，怒者其谁邪！"（《齐物论》）这就是说，天籁是由于大自然状态所形成的，丝毫不假外力，所以庄子把它称作"天乐"，庄子所说的"咸池之乐"就是这种天乐。庄子在《天运》篇中通过虚拟的"北门城"和黄帝对咸池之乐进行了描绘。"北门城"问于黄帝曰："帝张咸池之乐于洞庭之野，吾始闻之惧，更闻之怠，卒闻之而惑。荡荡默默，乃不自得。"帝曰："汝殆其然哉！吾奏之以人，徵之以天……奏之以阴阳之和，烛之以日月之明，其声能短能长，能柔能刚，变化齐一，不主故常，在谷满谷，在坑满坑，涂却守神，以物为量，其声挥绰，其名高明。"这种《咸池》之乐只有圣人才能领会，因为"圣也者，达于情而遂于命也。天机不张，而五官皆备，无言而心说，此之谓天乐。故有炎氏为之颂曰：'听之不闻其声，视之不见其形，充满天地，苞裹六极。'"不论称之为"天籁"也好，或"天乐"也好，都是无限之大，浑然一体，不能视听，不能分割，它是高妙的"大音"，人们只能从想象中去领悟。"昭氏鼓琴"绝对不能演奏出这样的音乐，他演奏的音乐，只会以破坏天乐的自然之美。

　　与老子不同，庄子着力阐扬的是人生境界，这就是绝对的自由。他在《齐物论》、《逍遥游》等许多篇章中，都阐扬了这种思想。《逍遥游》主旨在说明，只要"顺万物之性"，"游变化之途"（郭象《庄子注》）超然物外，便无往而不适。篇中借用大鹏和小鸠、大椿和朝菌为比喻，说明任何事物，都不能超越自己的本性和客观环境，主张任其性，放弃一切大小、荣辱、生死、寿夭、名利差别观念，就能逍遥自在，自由快乐。大鹏展翅九万里，小鸟在树丛间飞跃，井坎之蛙在尺壁之间跳上跳下，各任其性，各有乐趣。在人的精神上，只有"至人"、"神人"才能超越现实，达到"绝对自由"。庄子拒绝以"重金""高位"拜他为相的楚威王事例，也说明了他所追求的是人生的绝对自由。

（二）物化论

　　庄子在《齐物论》中，主张齐生死，齐是非，齐寿夭，齐贫富，齐贵贱，要消除一切矛盾对立，泯灭一切事物的界线，达到"万物与我为一"。在这审美主体和客体"为一"中，"不将不迎，应而不藏，故能胜物而不伤"（《应帝王》），也就是说，主体要抛弃自我，通过"我"来"忘我"。这是庄子所追求的人生最高的境界，并认为这种境界是最高的美，这种美学思想用理论术语来说就是"物化论"。

　　什么是"物化"呢？这就是物我界线消解，万物融化为一，这种物我一体、万物与我为一的境界就是物化的境界。对于这种境界庄子作了生动形象的描绘：

　　　　昔者，庄周梦为胡蝶，栩栩然胡蝶也，自喻适志与！不知周也。俄然觉，则蘧蘧然，周也。不知周之梦为胡蝶与，胡蝶之梦为周与，周与胡蝶，则必有分矣。此之谓"物化"。

——(《齐物论》)

且也相与吾之耳矣，庸讵知吾所谓吾之非吾乎？且汝梦为鸟而历乎天，梦为鱼而没于渊。不识今之言者，其觉者乎，其梦者乎？造适不及笑，献笑不及排，安排而去化，乃入于寥天一。

——(《大宗师》)

这两段都是对"物化"的具体描写和叙述，在"梦蝶"等的审美活动中，主体与客观对象处在一种物我不分、交融统一的状态中，主体感到自己化为对象，与对象不可分。庄子把世人的自我意识梦幻化，认为当一个人达到物化境界的时候，会忘记自我的存在，把自我幻化为天空飞翔的鸟和水底游弋的鱼，物我界线泯灭，由物我双忘，到物我同一。这一切都呈现为自然的状态，而不经过人为的有意识的安排，就进入了这种浑沌的境界，庄子把这种境界又称之为"纯一"。

在"物化"的过程中，"物"与"我"之所以能够"同化"，是有一定条件的。首先，客观的"物"要具备一定的审美因素；其次，审美的主体，要具有相同的审美情趣和生活体验，这样才能引起共鸣；最后，而审美主体设身处地地把自己想象为"物"，与物融为一体。庄子与惠子在濠梁上观鱼，河水清澈见底，鱼在水底自由地游弋，这一审美对象引起庄子和惠子不同的心理活动：

庄子曰："鲦鱼出游从容，是鱼之乐也。"惠子曰："子非鱼，安知鱼之乐？"庄子曰："子非我，安知我不知鱼之乐？"惠子曰："我非子，固不知子矣；子固非鱼也，子之

不知鱼之乐，全矣。"庄子曰："请循其本。子曰'汝安知鱼乐'云者，既已知吾知之而问我，我知之濠上也。"（《秋水》）

庄子与惠子既互相排斥，又互相促成，即所谓相反相成。清魏源《默觚下·治篇六》说："相反相成狷与狂，相嘲相得惠与庄"，这也就是对立体的同一性。在惠与庄的这场辩论中，庄子追求的人生的最高境界是"绝对自由"，那么作为审美对象的"鱼"的行状，引起了庄子的共鸣，在鱼和我交感的过程中，由鱼及我，由我及鱼，互相交融，由物我两忘到物我同一，从而产生了"物化"的境界即审美的最高境界。

物我之间高度融合的境界即"物化"的境界是庄子美学思想的特征之一，在中国古文论中，"物感论"是强调客观的物作用于作家主观的情意而产生的诗情观念和艺术境界，这是构成境界论的一个重要方面，这是朴素唯物主义的反映论在艺术境界问题上的体现。但客观的物象怎样才能形成诗的意境，还要靠诗人主观的心灵起重要的作用，如同刘勰所说："目既往还，心亦吐纳"（《文心雕龙·物色》），用黑格尔的话说就是要经过"心灵化"的作用。在这一问题上庄子的"物化说"早就解决了，庄子哲学所追求的"万物与我为一"的境界，就不仅仅是从审美客体方面探讨艺术的境界，更主要的是从审美主体以及主客体的关系方面探讨艺术的境界，并进而追求一种超出狭隘范围之外的更高一层次的境界，这却更是难能可贵了。

物化论是审美主体与审美客体、物与我的精神交融，两者融为一体，水乳交融而不可分离。我国古代画论家曾谈到过此般体验："方其落笔之际，不知我之为草虫耶？草虫之为我耶？"（罗大经《鹤林玉露·论画》）文与可画竹入神，苏辙曾作《墨竹赋》赠文与可，并云："庖丁，解牛者也，而养生者取之；轮扁，斫轮者也，而读书者与之，今夫子之托于斯竹也，而予以为有道者，则非耶？"文与可画竹之所以能传神，就是因为能"身与竹化"，长期观察竹子的生长规律、特点、各种不同情况下的形态，能够做到创作前"胸有成竹"，这样画出的竹子才能外形生动优美而又能传神入化，文与可之竹之所以能达到这样的造诣，正是因为他能够做到"身与竹化"。又例如，唐时的韩干画马所以能传神，也就是因为他能够进入"物化"的境界。清人贺裳在《邹水轩词筌》中说："稗史称韩干画马，人入其斋。见干身作马形，凝思之极，理或然也。作诗文亦必如此始工。"韩干画马时，凝思专一，忘身忘心，主体与客体完全融合一致，达到了"与物俱化"的境界。他对马进行了长期的观察、体验、分析、研究，掌握了马的习性、神态，所以画马才能传神，如果不能与马物化合一，画诣就达不到这样的境界。物我同化的过程之所以能实现，关键在于审美主体要能像庄子所说的，实行"心斋"、"坐忘"。只有通过这样的途径和方法，才能超越人世的是非得失、功名利禄，以致忘掉自我的存在，从而达到"物化"的境界。

"物化论"是庄子心理活动中的一个哲学命题，它与艺术创作和欣赏的心理活动相类似，所以它对艺术创作的心理活动有重要的启迪和借鉴意义，但又不完全相同，如果艺术创作要完全达到"忘我"，那么艺术创作也就无法进行了。所以王国维的"入乎其内"、"出乎其外"说（《人间词话》）就是对"物化论"的一个重要补充。"入乎其内"就是要设身处地地把自己想象为"物"，要忘掉自身，泯除物我的界线，与物融为一体。也就是高尔基所说的，要描写牝羊，必须把自己想为牝羊，只有这样，才能深刻地了解审美对象，描写好审美对象。但是审美主体即艺术的作者又必须"出乎其外",保持清醒的头脑,摆脱审美对象的是非曲直的局限,站在审美对象之上,以更高、更美、更理想的审美思想认识它,描写它,这样艺术作品中描写的生活,才能比实际的生活更具典型性。这也就是毛泽东所说的文学作品中的生活比实际的生活更高更美等的六个"更"字的问题,庄子的"物化说"只强调了审美主体与物为一,而未能强调审美主体对"物"的"心灵化",这就表现了很大的局限性。

二 魏晋玄、佛的意境说

魏晋时期是玄学思想发展的重要时期,也是佛教形成和发展的重要时期,玄、佛两家对"境界"都有重要的论述,这对文学艺术境界论的形成和发展起了重要的作用。

(一) 玄学家的境界论

老庄哲学发展到魏晋时期就以玄学的精神面貌出现了。玄学家的思想方法不完全等同于道家,因而其理论色彩也就不完全一样。王弼、郭象重在谈"道"的境界,但却使"道"的境界更加玄虚化。嵇康、阮籍则重在谈人生的境界,强调精神的自由。

老庄的"道"本来具有"隐"与"显","精神"与"物质","有"与"无"这样相互矛盾的对立面,而王弼发展了精神的一面,提倡"贵无"。他说:道"不温不凉,不宫不商,听之不可得而闻,视之不可得而彰,体之不可得而知,味之不可得而尝"(《老子指略》)。在这里,老子所说的"物"、"精"、"象"不见了,没有任何诉诸人的感官的属性,纯粹是精神的现象了。这里王弼把"道"解释成了"空无",所以他说:"道者,无之称也,无不通也,无不由也,况之曰道,寂然无体,不可为象。"(《论语释疑》)老子用"大象无形"、"大音希声",庄子用"天籁"、"人籁"说明"道",一方面是"象"、"音"、"精"的物质因素;另一方面是体现于这些物质因素中的精神因素,两者浑然一体,构成"道"的"浑全之境"。这种浑全之境,只能通过想象去领悟,不可通过实践去认识,而王弼的"贵无"说使"浑全之境"更玄虚化了。

郭象《庄子注》也发展了老庄"道"玄远渺冥的状况。老子喻"道"是"玄之又玄,众妙之门"(第一章)。庄子说:"不过乎昆仑,不游乎太虚。"(《知北游》)意谓道家的理论是深奥之理。郭象则认为庄子的思想"与化为体,流万代而冥物","神气独化玄冥之境","绵邈清遐,去离尘埃而返冥极"(《庄子序》),这样就把道家的思想进一步神秘了。

玄学家阮籍、嵇康则侧重强调人生的境界。

嵇、阮的哲学思想亦源渊于老庄,但与何晏、王弼不同。他们都反对儒家的名教,主张法自然,要求精神的绝对自由,认为达到这样的境界就是美。阮籍说:"法自然而为化",认为天地万物是浑然一体的,"天地合其德,日月顺其光,自然一体,则万物经其常"(《达庄论》)。即从这个原则出发,和时代的要求相适应,把人格理想化,要求摆脱儒家礼教的禁锢,追求个性的解放与自由。阮籍也像庄子一样把这样的人格称为"至人",其性格特点是:"恬于生而静于死,生恬则情不惑,死静则神不离,故能与阴阳化而不易,从天地变而不移。生究其寿,死循其宜。"(《达庄论》)这就是说,人生的目的应当像自然那样,对于活着感到幸福,对于死去也恬然处之,正如庄子所说:"适来夫子时也,适去夫子顺也,安时而处顺,哀乐不能入也。"完全顺应自然,这样的人才算体现了"道"的精神,"至道之极,混一不分,同为一体"(《达庄论》),达到了人生理想的境界。

　　嵇康也主张"法自然",认为天地万物都是禀气而生,循自然而发展。"天地合德,万物资生,寒暑代往,五行以成,章为五音,发为五色。"(《声无哀乐论》)这种自然观体现在音乐上,发而为"声无哀乐论"。在嵇康看来,声音和人的感情是两种不同的事物,音乐所发的客观的音调,它不会有哀乐的感情,而哀乐的感情,则是出于人的内心,完全是主观的,"心"与"声"明为二物是当然的。"物之诚然,则求情者,不留观于形貌,揆心者不借听于声音也。"(《声无哀乐论》)嵇康反对儒家的礼乐教化思想对人性的束缚,追求个性的自由这是对的,但他又认为心与物无关,把主观与客观割裂开来,这一观点曾受到王夫之的批评,王夫之说:"嵇康曰'声无哀乐,哀者哀其乐,乐者乐其哀也,哀乐中出而音不生其心,奚贵音哉?'然而非也。当飨而叹,非谓叹者之亦欢也,临丧而歌,非谓歌者之亦戚也……事与物不相称,物与情不相准者多矣。……故君子贵夫乐也,非贵其中出也,贵其外动而生中也。彼嵇康者,坦任其情,而召于物理之贞胜,恶足以与于斯。"(《诗广传·论鼓钟》)王夫之是唯物主义的文艺理论家,他从反映论的角度批评嵇康把声音与客观事物分开的错误,这是对的,但嵇康作为玄学家谈音乐,其目的是为了反对儒家的礼乐对人性的禁锢,是有其积极意义的,讨论"声无哀乐"应充分关注到这一点。

(二)佛教的境界论

　　佛教哲学是探究人生怎样摆脱苦难的宗教哲学。由于对宇宙、人生、成佛的认识不同,佛教中分为许多不同的派别。佛教自两汉之际传入中国后,与中国传统的思想如儒家、道家、墨家以及后来的玄学家等,既有矛盾斗争,又互相融合,形成中国化的佛教哲学。由于道家思想与佛家思想有着共同相通的东西,因而在境界的问题上佛教推波助澜，对中国文学及其理论上境界论的形成和发展起了重要的作用。

"境界"这一概念在中国佛教中最早出现在汉魏时期小乘禅学的典籍中。《阿毗达摩俱舍》和《阿毗达摩俱舍颂》就讨论了"境界"问题，其主要论述有以下几点：

> 色等五境为境性，是境界故，眼等五根各有境性，有境界故。
>
> 若于彼法，此有功能，即说彼为此法境界。
>
> 彼法者，色等六境也。此有功能者，此六根六识，于彼色等有见闻功能也。
>
> 功能所托，各有境界，如眼等见色，识能了色，唤色为境界。
>
> 实相之理，为妙智游履之所，故称为境。
>
> ——（法宝著《俱舍颂疏》三十卷、园晖著《俱舍颂疏》十五卷）

法宝、圆晖所释境界问题，提出了几个概念，即"五根"、"五境"等，五根即眼耳鼻舌身，加上意为六根，五境即色声香味触加上法为六境。六根和六境相对应，六根作用于六境而产生六识，即眼识、耳识、鼻识、舌识、身识、意识而形成境界。在小乘禅学看来，单纯主观因素的六根或单纯是客观物质因素的六境，都不能形成境界，只能主观的六根作用于客观的六境，也就是说要经过"妙智游历攀缘"之后，才能产生境界，这是小乘禅学认识人生以至宇宙的人生观和方法论。小乘禅学是中国早期的佛教派别之一，它的理论主张重在佛教修持，标榜契坐专念，构成"心专一境"，从而达到理想的佛国境界。

　　以支谶为代表的"般若学"的境界论，是以《般若经》为根据，偏重于教义的研究和宣传，以论证现实世界的虚幻。该派属于大乘空宗，它所持的观点基本上是印度大乘佛教"中观学派"的观点，以"中道缘起论"为出发点，否定有无、生灭两个极端看法，用不偏不倚的观点解释万物的缘起，说明宇宙现象，强调人们认识世界是以感性开始，而感性无非是内根与外境相互作用而产生的，十二处的"六根"、"六境"相互交织的因果、观察分析人生和宇宙现象，为众生成佛达到最高境界提供理论根据。这种境界论本来具有朴素唯物主义因素，但它又认为一切事物都是"自性空"，"真"、"俗"二谛说都是为了说明宇宙间一切都是"假有"、"真空"，所以"般若学"的"中观说"其归宿就是为了证得寂灭是佛教修持的最高境界。

　　般若学的"空观说"发展到南北朝时为"涅槃学"所代替。"涅槃学"为大乘有宗，其代表人物为竺道生，他的学说主要有两方面，即涅槃佛性说和顿悟成佛说。晋宋间的一些佛教学者往往把般若学和涅槃学对立起来，以般若的"空"否定涅槃学的"有"，以"人无我"否定"佛性我"。而竺道生把般若学和涅槃学统一起来，说："理既不从我为空，岂有我能制之哉，则无我矣。无我本无生死中我，非不有佛性中我矣。"他把佛性真我和般若无我统一起来，强调涅槃和生死不二，众生都能成佛，并强调一经顿悟即能寂灭一切烦恼和圆满一切清净功德，达到涅槃境界。

　　不论是小乘或大乘，不论是有宗或空宗，又不论是渐悟或顿悟，尽管主张不同，对境界的涵义不同，但殊途同归，都是要通过修持达到"彼岸世界"，即佛家最理想的王国。"境界"一词在佛教文化中一般是指理想天国，神仙妙境，极乐世界，如"诸天种种境界，悉皆殊妙。"（《法苑珠林·六道篇》）"神足威灵振动境界。"（《杂譬喻经》）"心存佛国，圣境冥现。"（《楞严经》）"极佛境界，亦未有此。"（《洛阳伽蓝记》卷一）"入佛境界，于取非取"，"斯义弘深，非我境界"（《佛说无量寿经》），"了知境界，如幻如梦"（《华严经·梵行品》）等。这些"境界"概念，涵义各有不同。有的是佛教徒希望通过修行达到佛的最高理想境界；有的是表示理论的深浅或真实虚妄；有的是说佛的尊严和不可思议的作用等。当然，这里所说的"境界"在佛教中并不是美学范畴，而是指经过修心见性达到涅槃妙境。那么如何达到这种妙境呢？不论是"空宗"也好，"有宗"也好，都离不开人类一般认识的规律，即离不开主客观及其相互作用，必须在"六根"所及（感觉），"六根"所识（知觉）的基础上，依靠大脑神经中枢即意识的作用，使主客观两要素相互融合，才能达到涅槃境界。

佛家的境界论和道家的境界论内容虽然不同，但其本质基本上是相同的。道家把"道"视为最高境界，佛家把"涅槃"视为最高境界。道的境界是浑全一体，不可分割，涅槃的境界是无限美妙，宏深难测。佛家要达到涅槃境界的途径和方法是修持，通过定慧进入涅槃境界。道家则是通过虚静坐忘而体道，获得精神上的"绝对自由"。不论道家的"道"也好，佛家的"涅槃"也好，它们都是虚造的幻影，玄奥神秘，都与科学的认识论相背谬。也正因为二者有共同相通之处，所以魏晋南北朝这一历史时期，佛、道两家在境界的问题上互为羽翼，对中国文学中意境论的形成和发展起了重要的作用。

三　古文论中的意境论

在中国诗论文论的发展中可以看到，大约在唐以前，中国古诗论、文论中，在内容上强调言志、缘情，在艺术上强调风格、声律，这在艺术的审美探索上比秦汉时期前进了一大步。南北朝以后特别是到了唐代，对艺术审美的探索集中于意象、意境、意味，走向玄虚化，比前更深入了一步，这与道家"尚虚"的主张是分不开的。

（一）意境说的雏形

老庄以"道"为中心的"浑全之境"说，影响到文学艺术领域，则形成为"意境"或称为"境界"。这一概念在画论、乐论中出现和运用得较早，在文学领域内则是从陆机的《文赋》中初见端倪。

陆机的《文赋》，着重探讨文学创作中怎样才能"意能称物，文能逮意"的问题。在这个过程中，作者以"意"为中心分析论述了意物文的关系。作者首先从"感物"谈起，客观的物也就形成意境中的"境"。瞻万物的"物"也好，"芳春"、"劲秋"也好，它们都是客观的自然之物，是它构成了"意境"的客观因素。其次是"情"、"意"。客观事物的变化引起作者主观感情的变化，"喜柔条"、"悲落叶"都是感物起情。作者在这里情、志、意并提，它们都是属于意境的主观因素。在意境形成的过程中，陆机突出了"意"而落实于"文"。在情意与物的交感作用过程中，作者用形象进行思维，"情曈昽而弥鲜，物昭晰而互进"，物的表象和作者的审美情感融成一体，形成了以意象为中心的作品的意境。陆机在《文赋》中虽然还没有提出意境这些概念，但他所说的"清虚以婉约"、"防露与桑间"、"雅而不艳"等情况，实际上都是一种意境。

刘勰在《文心雕龙》中亦未明确提出"意境"的概念，他在这个问题上的持论也仍然是以客观的物象与主观的神、情、思及其交融这两方面着眼的，一方面是客观事物的感召；另一方面是由于客观事物的刺激而引起作家创作的冲动。"物以貌求，心以理应"（《神思》），"情以物迁，辞以情发"（《物色》），正是在这内心与外物相接相融的过程中，形成以意象为中心的意与物、情与景相统一的意境，并以语言文字把它物化在作品中。在这个历史时期，像陆机、刘勰这样的作家和理论批评家，他们论诗论文，尽管都接触到了意境这一审美理论的重要方面，但都不是明确而自觉地进行论述，更没有明确提出"意境"这一概念，所以这一时期只能说是意境的孕育时期。

（二）意境论的提出

随着文学创作的发展，到了唐代，诗文作家和理论批评家，日益重视对艺术创作中的意象和意境的探讨。有唐一代，王昌龄开其端，皎然、柳宗元、司空图等的探讨日益深化，特别是司空图"思与境偕"论的提出和论述，标志着这一美学理论的成熟和发展的高峰。

在唐开元时期，托名王昌龄的《诗格》说：

> 诗有三境：一曰物境。欲为山水诗，则张泉石云峰之境，极丽绝秀者，神之于心，处身于境，视境于心，莹然掌中，然后用思，了然境象，故得形似。二曰情境。娱乐愁怨，皆张于意而处于身，然后驰思，深得其情。三曰意境。亦张之于意而思之于心，则得其真矣。

这里不仅明确提出了"意境"这一概念，而且提出了"物境"、"情境"、"意境"的区别及其怎样构成。所谓"物境"则是诗中的自然景物，但这自然景物的"象"，不是纯客观的物象，而是心物交融的结果，是渗透着诗人审美情感的意象。山水田园诗的许多名家，如谢灵运、王维等人诗的意境，就是以自然景物的意象为主而呈现出来的。所谓"情境"，是略于物而突出情，在诗的意境中，其意不是物象，而是抒情主人公的形象，即使有物象也是为抒情而设，是以抒情主人公的情感需要为转移的。所谓"意境"，则是诗的意象中除情感以外，理性的因素更浓一些，甚焉者，一些哲理诗就属于这类。王昌龄《诗格》对于三境的说法是一种创见，后世及当时许多有名的诗，其意境确有所侧重，因而不能混为一谈，这表明对诗的意境的研究深入了一步。但对于三境的构成的分析论述，则语焉不详，使人难于作出确切的理解和解释，虽然如此，但从古今的许多诗来看，有的诗以"物境"胜，有的诗以"情境"胜，有的诗以"意境"胜，至于"心"与"物"怎样交融而形成不同的"意境"这就有待于诗歌美学家进一步深入地研究和阐释了。

与王昌龄《诗格》大体相同的意思在《唐音癸签》中也有记载："处心于境，视境于心。""搜求于象，心入于境，神会于物，因心而得。"在《文镜秘府论》中是这样说的："抒情以入理。"（《文镜秘府论》地卷，十体）"诗不可一向把理，皆须入景语始清味。""事须景与意相兼始好。凡景语入理语，皆须相惬。"（同上《十七势》）

上述引文表明，诗文中的意境，一方面是客观的"物"、"景"、"象"，另一方面是作者主观的"意"、"情"、"理"，二者在交构过程中融为一体，在作品中构成一个以意象为中心的画面，即意境。但是对于包蕴着特定内涵的意境来说，意与境、主观与客观是如何统一的呢？古代的诗文论家只是说"处心于境，视境于心"，"神会于物"，"心击其物"。这种说法尚嫌笼统，未能作深入细致的分析论述，使人还不得要领。揣其意，无非是说，诗人描写外物，必须使内心的情意有所感受，心灵与物交融起来，达到"神会"的妙境，也就是黑格尔所说的，"在艺术里，感性的东西是经过心灵化了，而心灵的东西也借感性化而显现出来了"（《美学》第一卷），这样一来，"情"与"物"浑然一体，物中有情，情以物现。反之，如果作者对于所描写的对象毫无感情，冷冰冰地无动于衷，这样就不会产生意境鲜明的艺术作品。唐代关于这一问题的探讨，说明了随着诗歌和文学艺术创作的繁荣和发展，人们日益认识到诗人的审美情感在意境构成中的重要作用，这就比过去"物感论"深入了一步，对"感"的探讨更深刻、更具体化了。如果说，过去的"物感论"只是说明了诗歌产生的原因，但是反映外物的诗为什么是美的、动人的，研究者却并未揭示出其中的奥秘。现在探讨意境问题，把重点放在作者主观的审美感情在其中的作用，由外而内，这表示中国文学艺术发展到中后期理论研究的深入和更符合艺术的特点及规律了。同时，在诗文的研究中以意象和意境立论，比以前以内容和形式、情志和声律立论更符合诗的特点。内容和形式、情志和言声，是作为语言艺术所共有的特征，而意境则是诗所独有的本质的特征，而且具有鲜明的民族特色。因此，唐代对意境的提出及其形成原因的探讨，对中国文学艺术特别是对诗歌的繁荣和发展有着十分重要的意义。

（三）"境生象外"和意境的"虚"、"实"

随着诗歌创作的发展，意境和意象的关系，意境的虚实问题，也被提了出来。

1. 境生象外

皎然说："诗情缘境发，法性寄筌空。"（《秋日遥和卢使君游何山寺宿易上人房论涅槃经义》）又说："采奇于象外。"

（《诗评》）刘禹锡说："诗者其文章之蕴邪？……境生于象外，
故精而寡和。"（《董氏武陵集记》，《刘梦溪文集》二十三卷）
皎然所谓的"境"，指的是客观存在的景物、事物、人物，它是
引起诗人审美情感、激发诗人创作冲动的外在事物，是构成意境
的客观因素。所谓的"诗情"，指的是诗人主观的审美情思。一
般地说，有什么样的"境"就会引起诗人什么样的情思。而诗
人的情思，又受他的世界观、人生观的制约，同一客观的
"境"，不同的诗人会产生不同的审美感受，产生不同性质的诗
情诗意。皎然是诗僧，他所说的情意，又带着浓厚的佛家色彩，
所以他说了"诗情缘境发"之后，紧接着又说"法性寄筌空"。
这筌空说，本是道家的说法，如庄子说"得鱼忘筌"。皎然的说
法，明显是从道家那里脱胎而来的，不过庄子舍"筌"而得的
是"道"，皎然舍"筌"而得的是佛家的"真谛"。所以皎然由
境而激发的诗情，是佛家的诗情诗意。他把这样的诗情诗意，融
进客观的物象之中，从而构成诗的审美"意象"。但是这个"意
象"，是否就是诗的"意境"呢？皎然认为不是，他说："境象
非一"。可见"意象"和"意境"并不是同一个概念，有的诗有
意象而不一定有意境，有的诗有意象也有意境。所以诗以意境为
尚，意境是诗的深层次的审美要求。那么意境是怎样构成的呢？
这就是皎然、刘禹锡所说的"境生于象外"。这"象"就是在诗
中直接出现的"意象"，也就是今天所说的艺术形象，它直接显
示着渗透在物象中的作者的思想情感，显示出"意象"的生活
意义。除此之外，在这个意象中，诗人还用比喻、暗示、象征等
手法，创造出更深层次的"象"与"意"，以这个意与象为中心
而形成的"意境"，更能引起读者的想象和联想，反映出生活和
思想的深度和广度，以最大的限度满足人们的审美要求。例如王
昌龄《芙蓉楼送辛渐》："寒雨连江夜入吴，平明送客楚山孤。

洛阳亲友如相问，一片冰心在玉壶。"这是一首送别朋友的诗，其中有雨夜饯别，平明送客，依依难舍的感情等。但诗人在殷勤致意时，不说思念亲友之情和客居寂寥之感，而用象征的手法，以冰心之在玉壶的比喻，表白自己的操守，以此来告慰诸亲友。这样在诗的表层的意象外，就出现了一个光明磊落、廉洁自守的形象和意境，耐人玩味，发人深省。

诗的意境的品格，取决于诗人审美情思的高低。皎然说："夫诗人之思初发，取境偏高，则一首举体便高，取境偏逸，则一首举体便逸。"（《诗式》）皎然是诗僧，他追求的是"高"、"逸"。所以在他的诗的意境中，既有佛家的超尘脱俗的色空观念，又有道家"得鱼忘筌"的意识，还有封建隐士的审美情趣，这些都是不可取的，而值得重视的，是他把境、情、意联系起来，论述了诗的深层审美意识，加深了人们对意境的建立和诗美的认识。

2. 意境的"虚"、"实"

皎然说："境象非一，虚实难明。有可睹而不可取，景也；可闻而不可见，风也。虽系乎我形，而妙用无体，心也；义贯众象，而无定质，色也。凡此等，可以偶虚，亦可以偶实。"（《诗议》）这说明诗的意境和意象虽然有联系，但又不是一回事，意象是构成意境的核心内容。二者都是物象与作者的审美意识的融合。从"虚"、"实"的角度看，二者却有程度的不同。意象由景色等构成，可感可睹，意境由暗示象征等构成，要靠联想领悟而得，所以比较而言，可以说象实而境虚。例如温庭筠的两句诗："鸡声茅店月，人迹板桥霜。"这里鸡声，茅店，月光，人迹，板桥，霜冻，是诗中直接呈现出来的画面，表现了一个人在荒凉乡村的道路上踏霜而行，这个意象可睹可感，比较"实"。然而在这个具体的"象"、"景"之外，读者经过感情的再体验和形象的再创造，还可以隐约看到一个旅人离乡背井，长途跋涉，披星戴月，辛苦恣睢、为谋求生计而奔波的形象和意境，这个意境，是由前一个象暗示而得，就比较"虚"。不过正像皎然所说，意象和意境"虚实难明"。由意象为中心而构成的意境，虽然有直接的可感性、视觉性，却"可睹而不可取"，虽然有直接的听觉性，却像风一样，可闻而不可见。它既是实的，又是虚的，如同"镜中花"、"水中月"那样。人们要掌握诗的意境，就要用"神明之主"、"妙用无体"的"心"，去感受和领悟，否则，一味执著于"实"或"虚"，胶柱鼓瑟，都不可能了解意境。例如，皎然所说的"静"和"远"两种意境就是如此。他说："静，非如松风不动，林狖未鸣，乃谓意中之静"，"远，非如渺渺望水，杳杳看山，乃谓意中之远"（《诗式·辩体有一十九字》）。所谓"意中之静"、"意中之远"，都不可能从"实"处着眼，而要从"虚"的方面去体悟，只有虚实结合，才能掌握诗的意境。其实，皎然所说的意中的"静"和"远"，实不过是道家和佛家的"虚静说"在诗的意境问题上的体现。皎然是佛教徒，又谙于诗的特点和规律，他所揭示的诗的意境这一特点，启示后人，在诗的创造和欣赏中，既可以实，也可以虚，虚实结合，重在体悟，否则，执著于一端，就不可能正确地掌握诗的意境。

（四）"思与境偕"说

意境论到了晚唐，司空图则进一步总结了王维、孟浩然一派的诗歌创作经验和理论批评家对意境的分析论述，提出了"思与境偕"说，发展了诗歌创作"虚"的方面，使诗的审美理论体系化。他在《与王驾评诗书》中说："右丞苏趣味澄复，若清风之出岫……王生寓居其间，浸渍益久，五言所得，长于思与境偕，乃诗家之所尚者。"这里的"思"，指的是情、意、思，既有感性的，又有理性的，是构成意境的主观因素。这里的"境"，指的是景物、人物和事物，是构成意境的客观因素。这里的"偕"，指的是诗人主观的情思与客观的物象完美融合而构成诗的意境，司空图认为这是"诗家之所尚者"，是司空图对诗美的最高要求。问题不仅在于对他的意境说的表层理解，还在于对他的意境说的内涵的开拓，以及怎样才能达到"偕"。如果说皎然的意境说是建立在佛家的境界论基础之上的，那么，司空图的意境论则是在道家和魏晋玄学家的哲学基础上立论的，就连表述他的诗美思想的一些术语概念，也是从道家和玄学家那里借用过来的。例如，关于"思"。他用"素"、"心"、"性"等术语来表示，说明意境的主观因素。在老庄哲学中，"素"、"性"指的是人的自然本性，如云"见素抱朴，少私寡欲"（《老子》第十九章），"同乎无欲，是谓素朴。素朴而民性得矣"（《庄子·马蹄》）。王弼在《老子指略》中云："见素朴以绝圣智"，"朴散真离，事有其奸"。在司空图的诗学中，"素"、"性"、"心"具有同样的内涵，如"素处以默，妙机其微"（《冲淡》），"忽逢幽人，如见道心"（《实境》），"惟性所宅，真取弗羁"（《疏野》），"体素储洁，乘月返真"（《洗炼》）等。司空图所说的"道心"，即是道家的精神，而"素"、"朴"、"性"即是"道"的精神的体现，是构成道家意境论的主观因素。老子的"道"，有时指的是物质实体，有时指的是精神实体，其本身就是矛盾的。这里的"道心"则指的是精神实体，司空图认为，只有具备了这种"道心"，才能认识美的事物，创造出诗的意境美。又如，关于"境"。司空图也从道家和玄学家那里借用了"物"、"象"、"用"等这些术语，来说明意境的客观因素。但是老庄的"道"，既是不可见不可闻的"无"，又是要通过"物"来显现的，如同清许印芳所解释的"目击道存"。佛家也是这样，慧远认为"法身"亦即具有佛性的圣人之身，其神明是"精极而为灵"的，它无形无名，但又寄身于各种有形有名的事物之中，无所不在，而人们认识佛也是由物及佛，感受和领悟佛的存在和伟大。司空图也是这样，他认为诗美的本源是"道"，而道又是通过万事万物体现出来的，因而诗美的对象是多样性的。诗人只有具备了"道心"，才能够感受和掌握各种各样的审美对象，创造出丰富多彩的"物境"和"意境"，以体现大自然之美。如"荒荒油云，寥寥长风"之所以具有"雄浑"的意境，就是因为它是宇宙本体——"道"精神的体现。再如，关于"偕"。这是最重要的一环，意与境，情与景，主观和客观，虽然要交互作用，但是要达到完美和谐的统一，并非易事，在诗人感物造境的创作过程中，并非都能达到这样的境界。其间或者突出了物象，描绘出了客观的景物、事物、人物，而诗人的情意不明显，是所谓"境胜"；或者突出了诗人的情感，而物象不鲜明，甚焉者，作者置眼前的"境"于不顾，直抒胸臆，诗中出现的是抒情主人公的形象，是所谓"情胜"；或者，以诗喻理，发议论，表宣言，是所谓哲理诗，如魏晋时期的玄言诗，唐代诗僧类同偈语的诗。上述这几类诗，都与司空图所要求的"偕"不相符。在司空图来看，思与境要"偕"，就要情与景、意与境，水乳交融，天衣无缝，这是司空图对意境的最高要求，这样的诗，才算是达到了"全美"的境界。他所谓的"全美"，正像他在《与李生论诗书》中所说的，要"近而不浮，远而不尽"，也就是说，诗的形象具体、鲜明、生动而又不浮浅，诗的意境极为深远而又不模糊，不是意尽于句中。也正如他在《与极浦书》中所引用戴容州所说的："诗家之景，如蓝田日暖，良玉生烟，可望而不可置于眉睫之前也。"这样的诗境，不即不离，若即若离，含蓄深远，耐人玩味。要创造出这样的意境，诗人就要像体道之士那样，在主观上要具有"道心"，以"素"、"朴"、"性"等天真自然的人性，去玄览、感受和摄取体现"道"的客观事物的真美。以自然的人，合自然的天，才能创造出"思与境偕"的"全美"的意境，这是司空图道家的美学观在诗的意境问题上的体现。

（五）严羽的"气象浑沌"说

如果说，司空图是从道、玄的立场、观点出发论述"思与境偕"，提出对诗的"全美"意境的要求，那么严羽则偏重于从佛家的视角论述"兴趣"对意境的构成，提出了"气象浑沌"的最高的意境要求。

"兴趣"说是严羽意境论的核心。他说："盛唐诗人惟在兴趣，羚羊挂角，无迹可求。故其妙处莹彻玲珑，不可凑泊，如空中之音，相中之色，水中之月，镜中之象，言有尽而意无穷。"（《沧浪诗话·诗辨》）严羽的"兴趣"说，上承殷璠的"兴象"说，而溯源于"诗三百"中的"兴"，但随着诗的发展，到了宋代又有了新的含义。在严羽的诗学理论中，所谓"兴"是指诗人因外界事物的感触而产生的审美情感和含蓄委婉的表现方法。所谓的"趣"是指诗的情趣韵味，即诗人用文学语言把形象物化在作品中从而流露出的艺术感染力。兴与趣有意有象，构成以意象为中心的意境。它发展了意境中的"虚"的方面，使意境玄虚化，实际上与戴叔伦的"蓝田日暖，良玉生烟"，司空图的"近而不浮，远而不尽"说都是相同的，无非是描写意境的空灵蕴藉、含蓄委婉、若即若离的特征，含不尽之意于言外，令人神往，回味无穷。

严羽从意境论出发，鉴赏和评价文学作品，提出了"气象浑沌"说，这是他对意境提出的最高要求。他说："唐人与本朝人诗，未论工拙，直是气象不同。"（《诗法》）又说："汉魏古诗，气象浑沌，难以句摘。""建安之作，全在气象，不可寻枝摘叶。"（《诗评》）还说："词气可颉颃，不可乖戾。"（《诗法》）他批评孟郊诗气象局促，说："孟郊之诗，憔悴枯槁，其气局促不伸，退之许之如此，何耶？诗道本正大，孟郊自为之艰阻耳。"（《诗评》）"气象"不等于意境，但又和意境紧密相连。气象是诗的神情气概风貌总的表现，属于诗的风格范畴，与个人的性格气质密切相关，它是构成诗的意象的重要因素，因此它与意境联系在一起。严羽在《答吴景仙书》中，就把作者的笔力看作是构成"气象浑沌"艺术境界的重要因素之一。笔力虽与艺术技巧有关，但主要取决于诗人的性格气质，"凌云健笔"与"力屡气弱"这两种笔力的不同，表现为诗文的气势，就是取决于诗人性格气质和他的艺术修养，因而也构成诗的不同的意境。

从严羽的"兴趣"说到"气象浑沌"说，可以看出严羽对诗的风格意境的要求是雄浑壮阔而不锋芒毕露，空灵蕴藉而含蓄深厚，委婉多姿而不雕琢镂刻，质朴自然而不浅俗浮薄。这种意境论就其哲学影响而言，既有佛家的思想影响，也有道家的思想影响。因为在宋代儒道释合流的趋势日益加强，反映在意境论上，自然把浑然一体作为对意境的最高要求。不过严羽的诗学思想受释家的影响更多一些，更明显一些，这和宋代以禅论诗的时代风气是分不开的。正因为其美学思想有多种因素，所以后世不同倾向的作家批评家都可以接受，姜夔就是从道家的角度接受严羽影响而倡导"气象浑沌"说的。姜夔把"三百篇"都看作是"天籁自鸣"（《白石道人诗集自序》），说它"美刺箴怨皆无迹，当以心会心"（《白石道人诗说》），又说："大凡诗自有气象、体面、血脉、韵度，气象欲其浑厚，其失也俗。"他强调"晴空淡远"的意境，倡"自悟高妙"之说，与严羽的美学思想很接近。清初倡"神韵"说的王士禛一再表示欣赏白石道人的诗论，实际上他与严羽的审美思想都是一脉相通的。

（六）王国维的"意与境浑"说

王国维是中国意境论的集大成者，他的意境论包括的内容范畴很广，如意境的概念，境与真、境与情、境与现实、境与理想、境与风格、境与创作方法，但他认为最高的境界是"意与境浑"。这是王国维在皎然、司空图、严羽、王士禛、王夫之等人的基础上进一步提出来的。

境、境界、意境在王国维的美学理论体系中是同一个含义。他对"境"的概念曾作过这样的诠释："境非独谓景物也。喜怒哀乐，亦人心中之一境界。故能写真景物真感情者，谓之有境界，否则谓之无境界。"（《人间词话》）境又称为境界，也可以称为意境，可以这样用，也可以那样用。在王国维的著作中，一般情况单言之称境，重言之则称境界，换言之又称意境，不管怎样用，其概念的含义则一。其次，王国维把境不单看成客观的物、景，而把主观的情也称为境。也就是说，境可以是物境，也可是情境，这是对前人说法的延用。所不同的是他强调要"真"，只要写出"真景物真感情者，谓之有境界，否则谓之无境界"。可见真是意境的关键。怎样才算是"真"？庄子对"真"界定为："真者，精诚之至也。"（《渔父》）他认为不真不诚不能动人。这与明李贽的"童心说"也就是"真心"有一脉相承之处，所以王国维把意境的好坏、高下、有无取决于"真"，这是他吸取了前人的意见，并把它运用到意境问题上，也不失为一种创见。但是"真感情"也有性质好坏之别，而形成的"情境"也自有高尚与卑下、雅与俗之不同，并非所有的"真感情"都有同等的价值。再者，即使作者对景物有了真实的感受，也还有个"表达"的问题。"意翻空而易奇，言征实而难巧"（刘勰《文心雕龙》），作者虽"了然于心"还有个"了然于口于手"的问题（苏轼《答谢民师书》），所以诗人把自己的真感受、真感情如实地描写出来，与客观景物的本质面貌符合到什么程度，以及写意画、写意诗等所描写的物貌虽不是景物的原貌，而是意真，这同样也是"真景物"。所以"真景物"的难度很大。王国维的"真景物"、"真感情"的境界说，突出了"真"字，它不仅要求真实地感受和领悟外界的事物，而且要求真实地孕育意象和表达意象。就一部作品而言，只有当物化在作品中的意象以及渗透在其中的审美情感激起读者类似的印象和感受时，这样的作品才可以称之为有境界。

王国维的意境中，虽然有各种不同的"境"，但在王国维看来，最高妙的"境"则是"意与境浑"。他在托名"樊志厚"所写的《人间词乙稿序》中说："文学之事，其内足以摅己，而外足以感人者，意与境二者而已。上焉者意与境浑，其次或以境胜，或以意胜。"在王国维看来，构成文学的根本要素是主观的情和客观的景，情景互相作用而产生诗，正如刘熙载所说：在我者为情意，在物者为景事，二者相磨相荡而赋出焉。在文学创作中，作家主观的审美感情与客观景物怎样"相磨相荡"，这是极为复杂的事情，要从作家的审美结构中的表象、意象、想象、思维的交互作用进行具体的分析而求得，远比"相摩相荡"的说法复杂得多。所以抒情诗的"境"的形成，或以境胜，或以情胜，或以意胜，而王国维认为最理想的境则是意与境水乳交融，或者说意与境两忘，物我一体，简言之即"意与境浑"。这样的境界王国维把它叫做"不隔"，他举的例子就是陶渊明、谢灵运、苏东坡等人的诗，就具体诗句而言，如"池塘生春草"，

"采菊东篱下，悠然见南山"，"空梁落燕泥"等就是"不隔"，达到了"意与境浑"的地步。

王国维的意境论的哲学思想比较复杂，有道家哲学思想的影响，有佛家哲学思想的影响，也有儒家思想的影响，他还接受了近代西方资产阶级美学思想的影响，就"意与境浑"的美学要求说，则主要是受道家的"浑全之境"的影响而形成的，正因为如此，使他的意境论增加了民族的特色。

四 意境的民族特色

意境是中国美学的特殊范畴，在中国文学艺术美学中占有很重要的地位，特别是抒情诗中。意境构成了诗的本质特征，舍意境而谈诗，则是舍本逐末，甚至就不成其为诗了。意境的民族特色有以下几点：

第一，意境重意。任何文学艺术，总是由客观的物、事、景及作者主观的情、思、意及其相互作用而形成的，无论那些自然主义者或主观唯心主义的诗人怎样诡称，总逃不出这个法则。诗的意境也是这样，它是由意与境及其相互作用构成的。由于主观作用于客观的审美思维方式方法不同，就形成作品不同的风格意境。在这方面中国的文学艺术显然有别于西方的文学艺术。西方文学艺术重视对"境"的描写，对人生活的环境，往往作多方面的刻画，如巴尔扎克的小说对"伏盖公寓"的描写就是一例。小说是这样，诗歌，绘画也是这样。而中国的文学艺术则重"意"，重视主观的"意"对客观物境的感觉、感受和领悟，不重视对客观事物详细的描写。如写意画《李白行吟图》对李白的肖貌衣饰几乎没有描写，而是略施数笔，勾画出一个轮廓，但人物的仪态神情，跃然纸上，栩栩如生，给人很深的印象。如写意诗："君不见黄河之水天上来，奔流到海不复回，君不见高堂明镜悲白发，朝为青丝暮成雪。人生得意须尽欢，莫使金樽空对月。"（李白）在这里对黄河的描写，并不是对黄河面貌的如实的描绘，而是诗人意象中的黄河，但把黄河奔流的气势本质地表现了出来，以这样意中黄河为衬托，表露出诗人对人生感叹的情思，表现了李白人生观、审美思想的本质方面，所以"写意"往往比对事物详细具体的描写更能表现出人或事本质的精神面貌。

第二，意境重虚。文学艺术是生活的反映，生活无限广阔而又质实，文学艺术的体裁和形式又是有限的，即使长篇小说，也很难把生活全部嵌入进去。诗，抒情诗尤其是这样，正因为这样，在艺术表现上要虚实结合，在不同的艺术样式中又有所侧重。在戏剧中更多采用虚拟的手法。在诗中，特别是抒情诗中，意境的创造也更重虚。皎然所说的"境象非一，虚实难明"（《诗议》）就是意境的虚实问题。其中象实而意虚，意象实而意境虚，以意象为中心构成的意境，有虚有实，虚实结合。司空图所说的"近而不浮，远而不尽"也就是意境的虚实问题，以及严羽所说的"水中月"等都是以形象的比喻说明意境的虚实问题。它既是实的，又是虚的，虚与实，若即若离，真假难辨，只可意会，难以言诠，这是意境的上乘。西方文学则不同，他们重视对物的刻画，重视布景实物，使人有身临其境之感，这是现实主义文学的特色，小说戏剧如此，诗也是这样，即使是浪漫主义诗人，如拜伦、雪莱的诗也是这样，至于那些长篇叙事诗更不用说了。一般说来，实难而虚易，所谓"画鬼容易画狗难"。但是要虚到好处也非易事，要虚而不妄，反映出生活本质的实。诗也如此，写诗过于质实了，是现实生活的翻版，胶柱鼓瑟，束缚人们的想象力；但过于玄虚了，迷离恍惚，使人难于捉摸，如李商隐的《锦瑟》就有类似之嫌，只有虚实结合，才能达到艺术的真实。

第三，意境重领悟。中国诗与艺术有别于西方还在于：西方诗人和艺术家重在观察客观现实，重在对人从外部的观察，深入到内心世界，从而创造出典型的形象或典型的性格，以反映社会生活，进行审美的教育。这是西方人认识世界，处世求知，向外拓展的精神在艺术领域内的体现。

中国诗和文学艺术重在主体心境对客观事物的感受和体悟，重在对人的精神世界的揭示。在艺术表现上，不是追求对境、象的如实描绘，往往去繁就简，"略形貌而取神骨"（许印芳《与李生论诗书·跋》），从人物的神态上，就可以引起人们的遐想，推想出他的精神品质，以及可能做什么而不会做什么，我国古代的写意画和写意诗尤其是这样。如果说通过对人物外在的衣饰容貌、举止言谈的表现以窥测其内心世界还比较容易的话，那么略去外在的表现，而直接写对人物精神世界的感受而又要诉诸读者，这就比较难。这就要作者能够深刻地感受和领会表现对象的精神品质，攫取其能充分体现其本质的某些现象、细节，以形写神，从现象到本质去抒写。作者既要进行形象思维，又要抽象地辨析思考，把客观人物、事物的精神面貌，通过作者自己的感受领悟表现出来。这种思维模式和中华民族处世求知、待人接物、向内拓展的精神是分不开的。

第四，意境的哲学基础。意境的重意、重虚、重内心领悟这些民族特色，与西方诗、艺术的重境、重实、重观察的特色，形成了鲜明的差别，意境的这些民族特色，与中国传统的哲学思想的影响是分不开的。道家思想是中国最重要的传统思想文化之一，它轻物质而重精神，轻实际而尚虚无，轻实践而重体悟，这种重内轻外的思维模式是中国诗歌意境论的哲学基础。佛教虽然是外来的思想文化，但它重修持、重省悟、重内轻外的思维模式，与道家有许多相同之处。佛教传入中国后，与道家的思想文化既互相排斥，又互相吸收。道、佛的思维模式与艺术的思维特点如此契合，所以在中国文学艺术的发展中，愈到后期愈受到艺术家们的重视。如果说"典型"是西方文学艺术体现的主要范畴，那么"意境"则是中国诗歌独有的特征了。诗歌创作的繁荣和发展，给意境论提供了理论经验，而意境论则促进了诗歌创作的发展和繁荣，所以唐宋以后，谈意境可以说就是谈诗，谈诗也可以说就是谈意境，特别是抒情诗更是如此。由此可见道家的哲学思想对中国文学艺术影响的深远，使中国的诗和文学艺术深深地打上了民族的烙印，这也是道家哲学对中国民族文化和文学艺术最宝贵的贡献。

后　记

　　我在教学和读书过程中，心有所得，思欲写这样一本书，于是开始构思书的框架，考虑理论之间的联系，安排章节顺序，搜集整理资料，到 1986 年初，准备工作大体就绪，并开始写作。当第一章的草稿快要写完的时候，1987 年 3 月，我忽然患了脑溢血病，经过抢救治疗，性命算是保住了，但却留下了后遗症，左肢瘫痪，无法工作，被迫搁笔。

　　经过数年的治疗、锻炼，情况逐渐好转，于是重操旧业，开始写其他章节。由于中断了几年，原来考虑好了的问题生疏了，笔墨干涸了，资料凌乱了，工作起来相当吃力。就这样断断续续写完了书的其他章节。然而运蹇时乖，当书的草稿快要写完的时候，有一段时间，我经常感到头疼，走路脚步不稳，情况不如以前了，到医院一检查，医生说是脑梗塞。与此同时，我视物模糊，视力下降，经检查，医生说是白内障。这样又忙于治病，写书的工作又放下了。当时想，写书之事就到此为止罢。于是把书稿和资料捆起来，往书架上一放，心想，"让耗子去批判吧"。一放又是几年。虽说不干了，可是思想上又经常处于矛盾状态。一方面感到书稿快要完成了，现在放弃，未免有点可惜，"为山九仞，功亏一篑"；另一方面又感到，要完成这"一篑"，却相当吃力，甚至后果不堪设想。有一次，我读杜甫的《蜀相》，当读到"出师未捷身先死，长使英雄泪满巾"，还有"国仇未报壮士老，匣中宝剑夜有声"等这类诗句的时候，心情总是不能平静。我当然不敢和"蜀相"、"英雄"、"壮士"比拟，但他们大业未就，壮志未酬却衰老身亡，这件事引起了后人的深情咏叹，也引起了我的共鸣。

随着时间的流逝，我的病情比较稳定了，于是本着"试试看"的心情，把书稿又翻了出来，改改停停，停停改改，于是就弄成了现在这个样子，并把它印了出来。岂敢云著书立言，只不过表示我在这方面用过一定的心血而已。由于我的水平有限，加上客观的原因，书中的错误和缺点肯定不少，希望读者多加批评指正。

高起学

2006 年 5 月 5 日

编后记

　　高起学先生的遗著《道家哲学与古代文学理论》即将付梓正式出版，作为高先生的学生，我们感到由衷的欣慰。该书的出版，可以让读者了解到一位 80 高龄的老学者在生命最后的 20 多年里，不顾百病缠身，依然坚持不懈、不屈不挠地从事学术研究的无畏精神。

　　高先生的治学领域和教学专业是文艺理论。他早年在天津的河北师范学院中文系求学，因成绩优异，大三时转入北京师范大学中文系学习，1953 年毕业留校，遂师从著名文艺理论家黄药眠先生，为北京师范大学中文系首届研究生，是黄先生所招的五位研究生中年龄最长的一位。当时跟随黄先生学习的还有两位，一位是黄先生的助教钟子翱，一位是华中师范大学派来进修的孙子威。作为新中国建立初期的第一批文艺理论研究生，高先生他们是幸运的。可是好景不长，当他们正倘佯在苏联文艺学体系的满园春花中的时候，国内的诸多政治运动打乱了他们平静、自在的读书生活。1956 年毕业时，先生毫不犹豫地响应支援大西北的号召，来到了 13 朝古都西安，被分配到了西安师范学院中文系任教。当时西安的两所师范学院：西安师范学院和陕西师范学院正需要大量教师，前者是由西北大学师范学院分出，后者则是为了适应当时西北地区中学教育的急需而新创办的。北京师范大学、东北师范大学的不少毕业研究生来到了这两所学院。20世纪60年代初，西安师范学院与陕西师范学院合并成立陕西师范大学，先生一直生活在那里再也没有离开过。50—70年代，陕西师范大学培养的对象基本上是中学师资，所以，教学、编写教材（特别是函授教材）就成为老师们的主要任务。先生长期担任文艺理论教研室主任，几乎把所有的精力和时间投入到了文艺理论课程的教学和建设方面。80年代开始，学术研究的春天来临，先生才得以从繁重的教学工作中摆脱出来，有了较为完整的时间从事学术研究。他起先研究的重点是马列文论，他从多年"马列文论"课的教学中凝炼出诸多问题，写成系列论文发表出来，得到了马列文论研究界同行的好评。80年代中期，先生将研究重点转向中国古代文学理论，他在查阅了大量古代文学理论史料后，提出了诸多研究计划。尤其是"道家哲学与古代文学理论"成为先生重点研究的方向。本书的框架就是在那时酝酿而成的。然而，正当先生全身心地投入学术研究之中的时候，1987年暮春，先生突然得脑溢血而半身不遂。经过住院治疗，病情大有好转，但先生的左侧腿脚留下了后遗症，走路出现了跛瘸的现象。医生忠告先生，不能再看书用脑，而应加强身体锻炼，尤其是多走路。先生谨遵医嘱，每天坚持走路，风雨无阻。于是，在陕西师范大学校园的操场上，留下了一位老人步履蹒跚却又坚定不屈的身影。几年下来，先生的身体恢复很快，他开始动手重操旧业。可是没写多少，组织上就给他办理了退休手续，而且，他的身体又出现了新的病症：脑梗、白内障等。他的写作不得不停止下来。于是，治疗、锻炼，又成为先生的主要工作。然而，每当身体有所好转时，先生就翻看一些资料，构思理论框架，时断时续地坚持写作。十多年过来，他竟然积累了二十多万字，自己托人打印成稿。又花了一些钱，搞了一个内部书号，自行印刷成书，分送几位好友和学生。当我捧读他的著作时，内心一阵酸楚，禁不住热泪涌动。先生一生清贫，全家只有他一人挣钱，家里几乎没有什么陈设。粗茶淡饭，孤灯书影，是先生一生的写照。一个退休老学者，著作写成了，竟然自己出钱印刷，真是让人感到难过。于是，我建议先生申请陕西师范大学优秀学术著作出版基金资助正式出版。不久，我收到了陕西师范大学送给我的资助学术著作出版匿名评审表。我再次认真细读先生的大著，深感书中的每一字都凝聚着先生的心血。于是，我写下了如下的评审意见：

　　中国古代文学理论是中国文学活动的一种理论形态。其中，文学理论的范畴又是其整套理论架构的核心和支柱。古代文学理论形成的资源主要来自两个方面：一是已有的文学创作实践，即需要有一定批量的文学作品出现，文学思想家和理论家们在总结这些文学创作的经验和特征之后，抽绎出一系列的思想、理论、范畴、术语；二是有一定的哲学理论作为基础背景，由此奠定其理论思维的方式和抽象思辩的能力等。研究这两个来源与文学理论的关系，形成了不同的侧重点，前者被称作"文学思想"研究，后者被称为"文学理论"研究。《道家哲学与古代文学理论》一书即属于后者。它以古代文学理论的一系列范畴：自然论、虚静论、形神论、言意论、意象论、意境论等为框架，旨在探讨其与道家哲学的关系，寻绎其理论内涵的渊源以及发展、衍变、延伸的过程，揭示其在整个文学活动中的理论的价值取向和实践意义。从整个论著看，这个目的已完全达到。

　　众所周知，中国传统思想文化的三大支柱是儒、释、道，一切中国前现代社会（pre-modern society）的意识形态皆体现了儒、道、释的主旨和精髓，文学理论也不例外。自以现代学术方法研究中国古代思想文化的一百多年来，中国哲学史界和中国文学史界的学者们多有从儒、释、道与中国古代文学理论的关系上着眼，探讨其密切关系。然因其跨学科、难度大，以往之论著多有浮光掠影之嫌。特别是道家哲学与文学理论之关系，因其思辨性强、范畴繁复、内含外延易游离等，往往令人望而生畏，不敢深入触及。该论著从选题上讲，难度大，啃了一块硬骨头，填补了这一领域长期出现的空白现象。

该论著的另一特点是，理论思辨严密，视野开阔，多角度、多侧面审视范畴来源及衍变情况，定其主次，辨其正误，因而推论公允、客观。如，对"虚静说"的探讨，儒、释、道三家都有相同或相近的看法，这就需要对这一范畴使用时的特定环境、状况以及理论家所属的思想派别等加以一一辨析。笔者尝就审美"虚静说"与五朝的佛教禅智论之关系做过深入探讨，引起了学界高度重视。① 而该论著则以道家哲学的"虚静"说为基础，对老、庄虚静说之异同加以仔细爬梳、甄别，指出虚静说"是人们认识世界的一种思维方式，也是一种修养的方式"。这一诠释，将哲学上虚静说的内涵揭示了出来，为下文探究文学理论的"虚静说"铺展了道路。在讨论文学虚静说则力求解释其性质、特点和意义，尤为可贵的是，论著从"意识与潜意识的统一"来挖掘文学"虚静说"的深刻内涵，发他人之所未发。又如"意象论"，也是文学理论研究中的一大难题。论著梳理道

---

① 参见普慧《慧远的禅智论与东晋南朝的审美虚静说》，《文艺研究》1998 年第 5 期。中国人民大学《中国古近代文学研究》1999 年第 1 期转载；《高等学校文科学报文摘》1999 年第 1 期摘转；收入罗宗强编"20 世纪百年学术文存"《古代文学理论研究》，湖北教育出版社 2002 年版。

家意象思想渊源，从直觉、体悟、灵感等方面分析文学意象的特征及其在文学创作中的作用，诸多分析颇为精到，并富有创见。

一般来说，跨学科研究，容易出现两张皮的情况，但该论著却能将道家哲学与文学理论的关系融会贯通，对每一问题的分析，均能糅合二者。由此也充分显示出作者深厚的学术功力和驾驭能力。

一般理论著作往往强调的是抽象能力和思辨能力，不太注意材料的使用。而该论著则在充分重视理论思维的同时，也特别注意搜索材料。这些丰赡、翔实的材料，又增加了该论著的观点可靠性和理论的坚实性。以材料说话，以思辨求是，则构成了该论著的又一大特色。

该论著也有一些遗憾，如诸多地方，尤其是注释尚欠现今的学术规范，对当前最新的研究成果关注不够等。

很快，陕西师范大学学术委员会对匿名外审的几份意见汇总后，又讨论一致通过了对先生论著出版的资助决定。校内外专家学者们的肯定和好评，表现出了对一个风烛残年、潜心向学的老学者的深深敬意。

说得客观一点，先生不是一个多产的学者，他的著述并不多，但每一篇文章，都包孕着真知灼见。在他 37 年（1956 年从教至 1992 年退休）的教学和学术生涯中，绝大部分时间花到了教学活动的过程中。其作风颇有点像 30、40 年代的一些述而不作的老先生。先生带出来的本科生很多，从 1982 年开始招收研究生，因那个年代招生名额极少，先生只带过两届，共 4 人。第一届是屈雅君、张荣翼，第二届是我和李英才。先生带研究生有一特点，就是特别重视理论思维的培养，尤其是注重思维空间的拓展和思想观念的提炼。他喜欢让研究生发表弘论，自己则像一个学生静心聆听。等到研究生讲完了，他才不紧不慢地提出几点注意事项，供我们参考。所以，我们在先生跟前，可以无拘无束，畅所欲言。他看我们的文章，重在论题、观点、逻辑、方法等方面，对字句等语言问题，几乎不管。他说过，语言词句表达，容易提升，而发现问题、论理思维、观点提炼等，是研究生急需加强的。先生的这些教诲，对我以后的学术研究一直有着深刻的影响。事实证明，先生培养研究生的方法是有效的。

　　先生为人极其善良，无论是同事还是学生，他都是真诚相待。在陕西师范大学，他是以为人著称的。据说，他几乎没有与同事发生争执，即使意见不一致，也是讨论、协商解决。他对学生，从不批评，即使学生没有完成作业，他也能耐心等待，直到你自我惭愧不已。他还从生活上多方关照学生，当时，张荣翼的妻子从重庆来校探亲，小夫妻没有地方住，先生在自己狭小的家里为他们腾出一间房，让张荣翼夫妇住。我和李英才上学时，生活拮据，有时竟跑在先生家里蹭饭吃。先生总是让师母多做点好吃的，改改我们的嘴馋。可是，他们老两口平时却吃得很清淡。

　　看着先生的书稿，回想着先生的恩泽，弟子们唯一的愿望就是尽快让先生的论著出版。先生的亲属里没有做学问的，这一任务理所当然落到了学生的身上。屈雅君是陕西师范大学文学院的教授、博士生导师，本来此事由她出面联系最合适。可是，屈雅君不仅是学者，还是一位热心的政治家和社会活动家，她的参政议政、她建设的妇女博物馆成为陕西省政协工作和陕西师范大学的一大靓点。这些工作把她忙得团团转。张荣翼是武汉大学文学院的教授、博士生导师，他在外地，也有诸多不方便。李英才是西安市人大常委会秘书长兼城市建设委员会主任，一个行政官员，似乎也不合适。这样，出版之事自然就由我来出面了。

深深感谢中国社会科学出版社的罗莉女士，当我向她提出出版事宜，便得到了她爽快的应允。在对书稿的编辑、校对等方面，她做得十分仔细、精到，让我们非常感动。感谢我的两位博士生李雷东、康庄，他们停下来手中博士论文的撰写，细致地校对了书稿两遍，一一核实了所引文句及其出处。

我还要感谢陕西师范大学文学院院长李西建教授、副院长邢向东教授、副院长张新科教授、《陕西师范大学学报》主编张积玉教授，他们为该书的资助、出版等事宜表现出的热情支持同样令人感动。张荣翼师兄虽远在武汉，却时时关心着先生论著的出版，在他参与编辑的《长江学术》杂志，早早预留了评论先生论著的版面。

我还要真诚感谢陕西师范大学文学院的畅广元教授、李西建教授、陈越副教授、《人文杂志》副主编杨立民编审。畅广元、李西建、陈越在先生于山西万荣老家去世后，不顾路途遥远，旅途劳顿，乘车前往吊唁、送葬。杨立民因在外地，特托我转送上"礼金"，表示他的哀悼。杨立民是先生指导的论文研究生。我永远忘不了屈雅君师姐在先生去世追悼会上代表我们弟子们所致的悼词。她那深情哀切的语句，感天动地，催人泪下，表达了我们对先生的一片缅怀之情。该书的出版则是我们对先生最好的纪念。

西北大学文学院　普　慧